Assédio moral contra mulheres nas organizações

EDITORA AFILIADA

*Conselho Editorial da
área de Serviço Social*

Ademir Alves da Silva
Dilséa Adeodata Bonetti
Elaine Rossetti Behring
Ivete Simionatto
Maria Lúcia Carvalho da Silva
Maria Lucia Silva Barroco

Dados Internacionais de Catalogação na Publicação (CIP)
(Câmara Brasileira do Livro, SP, Brasil)

Figueredo, Patrícia Maria
    Assédio moral contra mulheres nas organizações / Patrícia Maria Figueredo. – São Paulo : Cortez, 2012.

    ISBN 978-85-249-1981-7

    1. Ambiente de trabalho 2. Assédio moral 3. Discriminação contra mulheres 4. Mulheres – Trabalho 5. Psicologia industrial 6. Relações de trabalho 7. Violência 8. Violência contra mulheres I. Título.

12-11035   CDD-158.7

Índices para catálogo sistemático:

1. Mulheres : Assédio moral : Psicologia do trabalho e interações socioprofissionais   158.7

Patrícia Maria Figueredo

Assédio moral contra mulheres nas organizações

ASSÉDIO MORAL CONTRA MULHERES NAS ORGANIZAÇÕES
Patrícia Maria Figueredo

Capa: aeroestúdio
Preparação de originais: Jaci Dantas
Revisão: Maria de Lourdes de Almeida
Composição: Linea Editora Ltda.
Assessoria editorial: Elisabete Borgianni
Secretaria editorial: Priscila F. Augusto
Coordenação editorial: Danilo A. Q. Morales

Nenhuma parte desta obra pode ser reproduzida ou duplicada sem autorização expressa da autora e do editor.

© 2012 by Autora

Direitos para esta edição
CORTEZ EDITORA
Rua Monte Alegre, 1.074 – Perdizes
05014-001 – São Paulo – SP
Tel.: (11) 3864-0111   Fax: (11) 3864-4290
e-mail: cortez@cortezeditora.com.br
www.cortezeditora.com.br

Impresso no Brasil – novembro de 2012

À minha mãe, por ser uma mãe maravilhosa e o meu grande exemplo de mulher.
Aos meus avós Santolina e Waldemiro (in memoriam).
Aos que agem em prol de uma sociedade justa para as mulheres.

Agradecimentos

À minha mãe Marilene, por seu apoio amoroso fundamental durante o desenvolvimento desta obra.

Aos queridos amigos que me ajudaram com seus conselhos nos momentos difíceis: Lurdes Pulf e seu marido Renner, minha cunhada Juliana Thome e meu irmão George Tony Rodrigues.

À professora doutora Suzana da Rosa Tolfo, que foi a orientadora na dissertação.

Aos professores doutores Alexandre Marino Costa da UFSC e Margarida Maria Silveira Barreto da PUC-SP pela participação na banca que avaliou a dissertação com suas contribuições e incentivos.

A todas as mulheres pesquisadas, sobretudo as operárias. A maioria delas, a despeito da jornada de trabalho extenuante que enfrenta, sacrificou o pequeno intervalo de folga que tinha bem como chegou antes ou depois do expediente para participar da pesquisa. Sou profundamente grata principalmente pela grande confiança já que vivem em um ambiente repressor, o que se agravou diante das circunstâncias. Jamais esquecerei dessas mulheres que, apesar de uma vida tão sofrida, não perderam a alegria, o bom humor e tampouco a esperança. São pessoas doces, gentis e verdadeiramente boas. Desejo sinceramente que um dia a esperança de uma vida melhor que as move se concretize.

À gerente de recursos humanos da organização estudada, por ter autorizado a realização da pesquisa.

À Capes, pela concessão da bolsa de estudos.

"Para odiar, as pessoas precisam aprender. E se podem aprender a odiar, podem ser ensinadas a amar, pois o amor chega mais naturalmente ao coração humano do que o seu oposto. A bondade humana é uma chama que pode ser oculta, jamais extinta."

Nelson Mandela

Sumário

Apresentação
Margarida Maria Silveira Barreto 13

Prefácio
Roberto Heloani 17

Introdução 21
    A empresa Alfa 26
    Relato de pesquisa 29

1. O contexto macroambiental da disseminação do assédio moral ... 35

2. O fenômeno do assédio moral 43

3. Assédio moral e assédio sexual contra mulheres no trabalho 65

4. A trajetória histórica das mulheres no "mundo industrial" 78

5. Relações de gênero 84
    5.1 Identidade feminina 85
    5.2 Divisão sexual do trabalho 97

6. O assédio moral organizacional contra as operárias da
empresa Alfa 117

6.1 Assédio moral como instrumento de controle 118

6.2 Condições ambientais de trabalho: a convivência
com o perigo 135

6.3 A divisão sexual do trabalho na Alfa: flexibilidade e
rigidez dos "guetos femininos" 149

6.4 "O emprego *Kanban*": o jacaré vai comer! 163

6.5 Assédio misto e relações de gênero 172

6.6 Relações hierárquicas: violência, domínio e seus reflexos
entre as subordinadas 181

6.7 O que pensam as operárias da Alfa sobre o trabalho 209

Considerações finais 217

Referências bibliográficas 223

Lista de Quadros

Quadro 1. Manifestações de assédio moral nos setores
operacionais analisados 208

Apresentação

Tive o privilégio de conhecer a Patrícia Maria Figueredo em 2010, época em que defendeu sua Dissertação de Mestrado. De imediato, chamou-me a atenção a sua capacidade em desvendar os caminhos do assédio moral com seriedade, dedicação e muita reflexão, o que nos possibilita abrir novas portas do conhecimento, mostrando uma nova paisagem constituída pelas mulheres que trabalham na indústria de plástico. O livro vai tecendo, ao longo de seus capítulos, a trajetória das mulheres no mundo do trabalho e socialmente, o que torna visível a divisão sexual e social das tarefas entre homens e mulheres, enquanto construção social. Patrícia não se limita a historicizar o estudo de caso. Ao contrário: ela nos conduz pelas mãos, em busca de uma discussão viva do tema.

Suas reflexões são como uma bússola que nos guia e ajuda a compreender a presença das mulheres ao longo da história, suas lutas de enfrentamento e conquistas; a distinção dos papéis entre homens e mulheres instituídos culturalmente; a entrada das mulheres no mercado de trabalho e a relação da violência com a diferença de poder, sendo este incorporado pelas organizações, o que a faz afirmar que "a existência de políticas e práticas organizacionais voltadas à questão da diversidade são relevantes na prevenção da disparidade de poder".

Patrícia nos apresenta uma paisagem da sociedade moderna em muitos momentos paradoxal, ou seja, ao mesmo tempo em que promove uma distinção entre arquétipos masculino e feminino, tanto na sociedade quanto sua reafirmação no mundo do trabalho, temos, no plano teórico, um discurso que cobre as mulheres de honrarias e elogios à função biológica que as faz mães, não vendo sequer esse aspecto como uma importante função social das mulheres. Sem entrar na discussão do que foi e continua sendo até os nossos dias essa construção quanto à prescrição dos papéis de homens e mulheres, não podemos deixar de concordar com a autora que esse é um campo permeado por equívocos, o que reafirma a necessidade de refletirmos essa "verdade verdadeira" que pode vir tanto da escuta atenta e respeitosa da voz dos trabalhadores como da pesquisa empírica, da investigação, da reflexão teórica, da análise e revisão do material encontrado, como fez a autora neste estudo de caso. E aqui reside todo o esforço da autora: construir, de forma sincera e franca, reflexões objetivas, que nos possibilitem novas meditações, novas ideias, sem julgamentos de valores e com coerência. A autora nos mostra as mudanças na organização de trabalho, as novas formas de administrar associadas às novas demandas, o que nos leva a compreender o porquê da intensificação da violência no mundo do trabalho, mesmo quando se apresenta de forma sutil e com nova roupagem e novas configurações no contexto neoliberal das sociedades contemporâneas. A violência surge em cada época histórica sob novas formas e exatamente por isso é necessário que retomemos permanentemente a reflexão, a luta e novas formas de combate, pois a história da humilhação e opressão no trabalho é a história da sociedade autoritária desde sua origem. Aqui vale ressaltar o que fica evidente: a banalização da injustiça; quem a pratica não são os trabalhadores e sim os empregadores, na medida em que não dão o devido "tratamento" ao tema do assédio moral, omitem doenças, demitem os adoecidos e considerados improdutivos e têm uma atitude de fuga diante das práticas do assédio moral. É nesta "fronteira de eventos" que há um deslocamento da culpa, ou seja, o trabalhador moralmente ofendido internaliza a culpa, e passa a crer que é responsável pelo próprio adoecimento. Situação que se amplia no coletivo, ou seja, às testemunhas que são consideradas também assediados passivos. E, por isso, todo assédio em qualquer manifestação (individual ou coletiva) é organizacional e expõe múltiplas violações à dignidade e aos direitos fundamentais. Esse aspecto nos mostra que a organização do trabalho é um conjunto de procedimentos e normas que se renovam, exigindo e despontando em constantes reafirmações do processo histórico. Este livro examina as causas e consequências do assédio moral, constituindo um todo coerente, cuja seriedade da análise contribui para compreendermos as táticas e estratégias do assédio moral nas relações laborais e, em especial, no recorte de gênero que explicita a maneira como as mulheres são postas de lado, humilhadas, desqualificadas, desmoralizadas de forma repetitiva e sistemática. Por isso, considero a leitura deste livro de fundamental importância para homens e mulheres que vivem do trabalho.

Margarida Maria Silveira Barreto
Pesquisadora do Núcleo de Estudos Psicossociais da
Dialética Exclusão/Inclusão Social; professora convidada
da Pontifícia Universidade Católica de São Paulo;
professora da Faculdade de Ciências Médicas da Santa Casa
de São Paulo; e vice-coordenadora do Núcleo de Estudos
Psicossociais da Dialética Exclusão/Inclusão Social.

Prefácio

Todos nós sabemos que os comportamentos organizacionais violentos impostos a trabalhadores e trabalhadoras ocorrem diariamente no mundo do trabalho. Reproduzir e analisar — mediante um estudo de caráter científico — comportamentos, categorias e conceitos da esfera da psicologia, sociologia e administração, no que concerne às mulheres assediadas moralmente no trabalho, é o escopo desta obra que tenho a intenção de prefaciar.

Embora a violência seja um fenômeno complexo, que deve ser analisado de forma integral, há uma tendência a fragmentar o estudo deste fenômeno em áreas de interesse, sem estabelecer as relações existentes entre as diferentes formas de violência.

Este erro não é cometido pela autora desta obra, Patrícia Maria Figueredo, cuja razão norteadora do trabalho é elucidar um tipo de violência psicológica — o assédio moral — aplicada aos "colaboradores" e "colaboradoras" no seu ambiente de trabalho. A autora dirige o estudo às mulheres que continuam sendo mais assediadas do que os homens.

A luta contra esse mal no Brasil tem uma história: vários estudiosos brasileiros — Margarida Barreto, Roberto Heloani, Maria Benigna, Terezinha Souza, Jefferson de Freitras, Fernanda Giannasi e Carmem Quadros — criaram o *site* <www.assediomoral.org>, instrumento que muito auxiliou na divulgação e na conscientização sobre este fenômeno no Brasil. Idealizado no final do ano 2000 e inaugurado em 1º de maio de 2001 — com o intuito de pesquisar, divulgar e socializar um amplo espectro de informações sobre o assunto —, este veículo de comunicação registra hoje três milhões de acessos efetivados, o que bem demonstra o crescente interesse sobre este tema em nosso país.

Em sua concepção, os pesquisadores já citados partiram do seguinte conceito: Assédio moral é a exposição dos trabalhadores e trabalhadoras a situações humilhantes e constrangedoras, repetitivas e prolongadas durante a jornada de trabalho e no exercício de suas funções. Sua ocorrência é mais comum em relações hierárquicas autoritárias e assimétricas, em que predominam condutas negativas e relações desumanas e aéticas de longa duração, postas em prática por um ou mais chefes e dirigidas a um ou mais subordinado(s). Efetiva-se assim uma postura que desestabiliza a relação da vítima com seu ambiente de trabalho, em um desequilíbrio nefasto que muitas vezes pode levá-la a desistir do seu emprego.

Em 2008, no último livro editado, *Assédio moral no trabalho*, o conceito de assédio moral evoluiu para: *O assédio moral é uma conduta abusiva, intencional, frequente e repetida, que ocorre no ambiente de trabalho e que visa diminuir, humilhar, vexar, constranger, desqualificar e demolir psiquicamente um indivíduo ou um grupo, degradando as suas condições de trabalho, atingindo a sua dignidade e colocando em risco a sua integridade pessoal e profissional* (Freitas; Heloani; Barreto, 2008, p. 37).

Atualmente, assim como nós, outros pesquisadores e profissionais, a exemplo da que assina este livro por mim prefaciado, procuram participar da disseminação do conceito e da sensibilização da sociedade, tanto no âmbito político quanto no acadêmico.

Este trabalho não consiste um estudo de gênero propriamente dito, mas, talvez, com certa malícia, consequência da boa colheita dos dados de campo, a autora franquia o leitor a isso [...], acabando por dar luz sobre as relações sociais — de classe e de gênero — que permeiam o mundo do trabalho hoje. A temática desta obra obriga a autora a tratar das interfaces e transversalidades entre classe, trabalho e gênero, mesmo que esta não seja a sua intenção.

Passando ao longo de múltiplas faces do trabalho, a autora intercala, com riqueza de análise e pesquisa, tanto as dimensões sociais e identitárias quanto as econômicas. Rejeitando a lógica maniqueísta e as dicotomizações, tão frequentes nestes estudos, consegue uma articulação entre esses níveis analíticos constitutivos do ser social — mulher.

Roberto Heloani
Pesquisador e professor titular na Universidade
Estadual de Campinas (Unicamp). Também é
conveniado à Université Paris X, Nanterre (Sorbonne).

Introdução

Embora o assunto assédio moral tenha alcançado considerável notoriedade nos meios acadêmicos e na mídia, os atos decorrentes dessa violência ocorridos em situações de trabalho raramente são combatidos no Brasil. As condutas organizacionais e/ou interpessoais que implicam humilhações, constrangimentos, perversidades contra trabalhadores são assustadoramente comuns.

Esta obra é originada da dissertação de mestrado em administração intitulada "Assédio moral organizacional contra mulheres no trabalho: um estudo de caso na indústria do plástico" de autoria de Patrícia Maria Figueredo, orientada pela professora doutora Suzana da Rosa Tolfo, defendida na Universidade Federal de Santa Catarina. Sua finalidade foi caracterizar o fenômeno do assédio moral dirigido a mulheres no trabalho e o cenário selecionado para o seu desenvolvimento foi uma empresa fabril do segmento plástico localizada na região sul do país.

A escolha por estudar o assédio moral contra mulheres como um grupo social pode ser explicada pelo caráter particular que ainda reveste o trabalho feminino nos dias de hoje. Em uma breve retrospectiva histórica acerca das transformações na relação feminina com o trabalho externo ao lar, constata-se que o mesmo representava uma obrigação social inerente a ambos os sexos até a Idade Moderna. Embora as tarefas domésticas fossem atribuídas às mulheres, seu labor não se restringia de modo algum a essas atividades. A partir do século XIX, surge o ideal da mulher dona de casa como uma condição fundamental para a harmonia familiar. Exercer uma atividade profissional era considerado inadequado à "natureza" da mulher. Nesse período, o trabalho feminino somente ocorria em caso de extrema necessidade financeira e como decorrência da demanda de força de trabalho requerida pelo surgimento das fábricas (Beauvoir, 1980; Lipovetsky, 2000; Leite, 1994; Muraro, 1993).

A presença da mulher na esfera pública passou a ser socialmente legitimada a partir do século XX, inicialmente como consequência da Segunda Guerra Mundial — marcada por sua expansão quando ocupou o espaço de trabalho deixado pelos homens. Posteriormente, pelas transformações ocorridas em diversos campos a partir dos anos 1950, que marcaram essa época como a ascensão da sociedade de consumo, os movimentos feministas dos anos 1960 e 1970 bem como a universalização da educação formal. Essa conjuntura fez com que o trabalho feminino deixasse de representar meramente um complemento à renda familiar em face de uma situação de pobreza, para se tornar um fator fundamental na constituição da identidade de muitas mulheres.

Ainda nos dias de hoje, contudo, muitos estudiosos demonstram que existe uma segregação de profissões e cargos no mundo do trabalho que tende a dirigir as mulheres às atividades de menor exigência intelectual, remuneração, prestígio e poder (Barreto, 2006; Bourdieu, 2003; Bruschini, 2007; Bruschini, Lombardi, 2004; Calás, Smircich, 2007; Carvalho, 2007; Fonseca, 2000; Hirata, Kergoat, 2007, 2002; Lipovetsky, 2000; Lobo, 1991; Lombardi, 2006; Nogueira, 2006, 2004). Mesmo quando ocupam atividades equivalentes as de um homem, na maioria das vezes recebem um salário menor, o que é um fator que evidencia a inferioridade atribuída ao trabalho exercido por elas; essa disposição é denominada divisão sexual do trabalho. As profissionais ocupam posições compatíveis à "feminilidade". A sociedade estabelece um padrão que define o que é ser mulher, ou seja, o que é ter uma identidade feminina. As características dessa condição são assimiladas em maior ou menor medida desde que a mulher nasce pelas interações sociais, porém é revestida por um caráter biológico. Sua imagem é compartilhada por todos de modo geral e é expressa em forma de preconceitos. As consequências não somente nas identidades individuais, mas também nas identidades coletivas das mulheres explicam as diferentes propensões em suas carreiras profissionais e nas dos homens.

Por outro lado, embora semelhantes nas dificuldades que vivenciam como "o outro" (Beauvoir, 1980) ou um "ser percebido" (Bourdieu, 2003) as grandes diferenças sociais, étnicas, culturais e inúmeras outras fazem com que não se identifiquem como um grupo próprio, o que inibe reações em conjunto contra as desigualdades que sofrem em todo o mundo.

A discriminação sexual, que envolve também homossexuais e negros, por exemplo, presente nas organizações, já que essas assimilam as relações sociais, pode se manifestar por meio da violência conhecida como assédio moral. A subordinação da mulher no trabalho é caracterizada por fatores de discriminação que coincidem em vários pontos com as manifestações típicas do fenômeno como as formas de controle abusivas e a restrição ao acesso a cargos independente de mérito. Conforme Hirigoyen (2005), proeminente estudiosa do assédio moral, uma motivação para esse tipo de ataque é a recusa da distinção. Os próprios estereótipos alheios podem camuflar a sua ocorrência. Ainda que só recentemente tenha despertado atenção acadêmica, o assédio moral é considerado um dado antigo no mundo do trabalho. Existem algumas divergências conceituais entre os principais pesquisadores do tema, porém unanimemente certos pontos fundamentais caracterizam suas definições: a repetitividade ou a sistematização das agressões, sua direção a um mesmo indivíduo ou grupo e o caráter nocivo dos efeitos que acarretam aos atingidos.

O assédio moral é um assunto que desperta crescente atenção em diversos âmbitos da sociedade desde a considerável repercussão obtida pela primeira obra da psicoterapeuta francesa Marie-France Hirigoyen ao adotar o termo no final dos anos 1990. Não é à toa. Suas consideráveis consequências prejudiciais são sentidas no âmbito individual, organizacional e social. No âmbito individual, conforme o estágio de evolução da violência e atributos da pessoa, a vítima é afetada por graves transtornos em sua vida psicossocial e pode sofrer uma gama de doenças, principalmente as psicossomáticas. Gradativamente, incidem distúrbios psíquicos que podem abalar a própria personalidade do atingido. Os efeitos do assédio moral, ao contrário de outras formas de violência no trabalho, perduram após os estímulos serem interrompidos, o que o torna especialmente cruel e perigoso (Hirigoyen, 2005). Na Europa e no Brasil, estudos demonstram números alarmantes sobre a ocorrência de depressão, de pensamentos autodestrutivos e de atentados contra a própria vida entre os assediados (Freitas, 2007).

No âmbito organizacional, os principais prejuízos se referem ao clima de trabalho assim como ao comprometimento dos empregados e costumam ser expressos por altos índices de absenteísmo, *turn-over* e licenças médicas, aumento de acidentes de trabalho e queda de produtividade. Além disso, com a notoriedade crescente das discussões sobre o assunto, a ocorrência do assédio moral pode acarretar possíveis gastos com o pagamento de indenizações judiciais e deterioração da imagem perante a sociedade — o que abala a capacidade de recrutamento da empresa, principalmente de pessoas com maior escolaridade, bem como a captação de clientes e parceiros empresariais.

No âmbito social, mesmo que seus efeitos não sejam tão estudados, pode-se afirmar que a sociedade como um todo é prejudicada sob diversos aspectos, como, por exemplo, com os gastos públicos advindos de aposentadorias antecipadas e do sistema estatal de saúde bem como a perda de mão de obra produtiva, inclusive qualificada (Hirigoyen, 2005; Freitas, 2007). Na verdade, as decorrências sociais vão muito além dos prejuízos financeiros; o assédio moral coletivamente promove a ausência de sintonia e a impassibilidade acerca do trabalho que passa a ser visto com descrédito (Hirigoyen, 2005; Freitas, Heloani, Barreto, 2008).

Estudos realizados pela Organização Internacional do Trabalho (OIT) indicam que mundialmente a violência psíquica nas organizações vem crescendo e sob um ritmo acelerado (Freitas, 2007). Ainda não existem muitos dados que demonstrem a proporção de atingidos. Sob a abordagem de Hirigoyen (2005) em sua pesquisa realizada na França, o percentual de pessoas afetadas se coloca entre 9% e 10% da população. No Brasil, Barreto (2006) revela que práticas associadas ao assédio moral são comuns no universo operário.

Na sociedade atual dominada cada vez mais por uma lógica econômica de custo *versus* benefício e na qual a competitividade acirrada é advinda de fatores como a precarização do trabalho e os elevados índices de desemprego no contexto da reestruturação produtiva, o assédio moral é tolerado bem como muitas vezes estimulado e/ou gerado pelos dirigentes organizacionais.

Com o desenrolar da pesquisa, observou-se que o assédio moral praticado na empresa estudada não era originário de relações individuais isoladas, a violência era mesmo institucionalizada, gerada, assim como mantida pela gestão em diversas dimensões. Estava-se diante de um assédio moral em âmbito organizacional.

O assédio moral ainda é uma matéria que precisa ser mais explorada no meio científico e na gestão, sobretudo em estudos efetuados por pesquisadores da área de administração. Esse fato é verificável em nível mundial, mas especialmente no Brasil (Bradaschia, 2007). Presume-se que seja resultado, pelo menos em parte, de uma dificuldade de acesso às empresas para o pesquisador do tema em função da sua divulgação ainda que incipiente no país e da sua associação a crime. Este estudo foi empreendido dentro de uma empresa privada, o que é uma oportunidade rara e de grande relevância para se entender o assédio moral em nível organizacional. A carência de estudos sob a ótica do administrador precisa ser suprida a fim de que se possa compreender com profundidade os atributos de gestão capazes de estimular ou prevenir esse mal. Só assim é possível combatê-lo.

Paralelamente, ainda há poucos trabalhos acerca dessa violência dirigidos a investigar seus atributos quando investida especificamente contra mulheres como grupo. Estudos sobre a questão de gênero no mundo do trabalho são altamente relevantes, uma vez que as mulheres já representam praticamente metade da força de trabalho no Brasil (IBGE, 2009) e em grande parte dos países ocidentais. A forte discriminação que acompanha o trabalho feminino posiciona as trabalhadoras como um grupo vulnerável ao assédio moral (Hirigoyen, 2005; Barreto, 2006; Salin, 2003) que apresenta, quando dirigido a elas, características especiais derivadas das relações sociais de gênero (Hirigoyen, 2005; Barreto, 2006; Darcanchy, 2006).

A opção por estudar uma fábrica se deveu às maiores dificuldades de aceitação que as mulheres ainda enfrentam no setor industrial em relação aos outros. No segmento industrial do plástico, presumiu-se que a situação das trabalhadoras fosse ainda mais crítica por ser um ramo tradicionalmente masculino, o que foi confirmado em alguns estudos de Hirata e Kergoat (2002).

Os dados foram obtidos por meio de entrevistas, observação e análise de documentos da organização. Foram realizadas no total catorze entrevistas relativas ao nível operacional, das quais doze com operárias e dois com gerentes. O modo de seleção aplicado para as trabalhadoras foi escolha aleatória por meio de uma lista de funcionárias da empresa ou por observação da pesquisadora, indicações e apresentações voluntárias. Foram entrevistadas a gerente de recursos humanos da organização a fim de se conhecer características gerais da empresa e as principais diretrizes do setor, especialmente em relação ao tema proposto; e a gerente operacional responsável pelos setores de corte e solda e valvulado, nos quais as operárias entrevistadas trabalham, com o objetivo de avaliar as principais características de sua gestão, principalmente no que concerne ao assunto da pesquisa. As entrevistas foram realizadas individualmente, em um local privativo da empresa. As mesmas foram todas gravadas em áudio e posteriormente transcritas, o que resultou em 200 páginas de depoimentos.

Os dados colhidos por observação no refeitório e nos setores produtivos das mulheres eram registrados e complementados por entrevistas informais com funcionários e com as operárias quando explicavam as etapas do processo produtivo nos seus setores e o que deveriam executar em suas atividades à pesquisadora. A pesquisa foi realizada no período de outubro a dezembro de 2009.

A empresa Alfa

A empresa do setor de plástico voltada à produção de embalagens pesquisada será designada pelo nome fictício Alfa. A Alfa possui uma longa trajetória de atuação e hoje é uma empresa de médio porte, cujo número de funcionários é oscilatório, mas atinge cerca de 300 empregados no parque estudado que foi o de sua matriz.

A Alfa produz uma gama diversa de produtos em seu segmento, subdivididos em embalagem ao consumidor e embalagem industrial. Como embalagem ao consumidor, destacam-se as embalagens para os seguintes tipos de produtos: de higiene; de limpeza; de alimentos; de bebidas e de *pet food*. As embalagens industriais estão relacionadas aos setores de *agrobusiness*; químico e petroquímico; e construção civil. Além disso, oferece serviços de pré-impressão gráfica. No entanto, seu maior cliente é atualmente uma importante empresa de refrigerantes para a qual fornece rótulos para embalagens.

Com uma capacidade produtiva expressiva, seu capital social ultrapassa 25 milhões de reais. Quanto à distribuição de seu mercado consumidor nacional, predomina o Estado de São Paulo. O mercado externo que representa pequena parte de sua clientela é composto por Estados Unidos, Europa e principalmente por outros países da América do Sul.

Adepta à gestão da qualidade total, mantém o certificado ISO 9001 concedido a organizações que reconhecidamente apresentem processos produtivos que atendam a princípios de qualidade. As mensagens alusivas à gestão de qualidade que estão em quadros pendurados em todas as salas, em documentos emitidos pela empresa e na menção em algumas passagens das entrevistas ilustram bem esse contexto organizacional. A empresa conquistou alguns prêmios de reconhecimento e promove algumas medidas relativas à denominada "responsabilidade social".

A fábrica opera 24 horas por dia em três turnos, com pausa aos domingos. A estrutura hierárquica é simplificada, com poucos níveis dispostos da seguinte maneira: presidente; diretoria administrativa, operacional e comercial; coordenadores (ou gerentes) que se reportam diretamente aos diretores. Em seguida para as áreas produtivas: líderes, operadores de máquina, assistentes — esses apenas no setor de impressão —, e auxiliares; para as áreas administrativas, apenas assistentes. O controle é centralizado pelos chefes.

A gestão de recursos humanos na empresa exerce um papel tradicional, meramente de acordo com o conhecido como departamento de pessoal, responsável pelos processos administrativos e legais burocráticos concernentes ao quadro de funcionários (Marras, 2005). As coordenadoras entrevistadas admitem que a ARH na empresa "é bem deficiente", "falha". Os funcionários se dirigem ao RH movidos por problemas desse escopo assim como pedidos de assistência atendidos pelo Serviço Social de Apoio a Indústria (Sesi). Assim, problemas de relacionamento, conflitos éticos e morais ficam a encargo somente dos coordenadores dos respectivos setores; não há um envolvimento do departamento de RH nas incorrências dessa ordem. Essa política é justificada conforme a coordenadora do setor porque os subordinados "têm um relacionamento bom com os coordenadores".

As normas de conduta são estabelecidas em um "Manual de Integração", documento conhecido como um instrumento utilizado para contribuir com a adaptação de ingressantes em uma empresa, entregue a todos os funcionários recém-admitidos (Gil, 1994). Neste manual consta o aviso de que os funcionários estão sujeitos a revistas pessoais e em seus armários sem qualquer comunicado.

Esse item pode revelar um traço da cultura organizacional, a saber, o controle incisivo. O entendimento de que são estranhos contratados e indignos de confiança que, portanto, podem roubar objetos de valor. Revistas aos funcionários é uma prática comum no Brasil imposta aos operários (Barreto, 2006), assim como se sabe aos trabalhadores de baixa posição social no setor de serviços. Nesse caso, é aspecto curioso pelo tipo de produto que a Alfa produz que pouco suscita esse tipo de preocupação.

Outro tópico chama a atenção no documento de poucas páginas ao alertar com ênfase para a importância de não se comentar assuntos da empresa em outros ambientes. Pode-se atribuir logicamente questões de mercado como proteção à concorrência para cargos ou setores estratégicos em que tal orientação é tão óbvia que dispensa exposição, exceto em acordos formais. Mas, seria necessário expor em um Manual de Integração voltado a todos os funcionários por essas razões? Parece um cuidado estranho em relação à exposição social. Entende-se assim que o sigilo seja um valor realmente importante para a empresa. Talvez o *lay-out* nos setores administrativos reflita isso: as salas, se não todas quase todas, são separadas por divisórias compostas metade por vidro, de modo que todos podem ser observados, metade por um material que favorece a transmissão de som. Essa disposição estimula o cuidado ao se expressar e ao agir.

A maioria dos operários contratados hoje possui apenas até o nível fundamental e é grande parte oriundo da própria cidade da fábrica, no entanto, segundo as coordenadoras entrevistadas, a "melhor" mão de obra é procedente de duas outras localidades menos urbanizadas de onde a empresa também recruta funcionários por apresentarem menor rotatividade e maior empenho, "é um pessoal bem trabalhador" e "aqui é muito complicado, o pessoal não tem essa cultura assim". Líderes e operadores geralmente são provenientes desses lugares. Como elas mesmas explicam, são regiões com opções de trabalho muito restritas, o que esclareceria ao menos em parte a consagração dessas pessoas ao trabalho na empresa.

No discurso da empresa, "as pessoas não têm muito interesse em se instruírem", o que justificaria a falta de "uma política de crescimento". Um discurso que desconsidera os obstáculos que existem para o acesso à educação de pessoas com a posição social e econômica dos operários como um fator importante para a baixa escolaridade. As ações voltadas a recursos humanos são pouco formalizadas, o que propicia práticas, avaliações e punições pessoalizadas.

Relato de pesquisa

A autorização para a realização da pesquisa na Alfa me foi concedida por "P.", gerente de recursos humanos da organização, após eu lhe explicar o tema e os procedimentos metodológicos que a pesquisa requeria. Ela se mostrou muito receptiva e até entusiasmada com a proposta. Dessa forma, assinou um documento, como representante da empresa, no qual concedia a permissão devida.

Após entrevistar a gerente operacional "C." (uma entrevista longa na qual ela se mostrou amistosa e dedicada em responder satisfatoriamente as perguntas), estava segura de que tudo transcorria bem. Dez dias depois, durante entrevista, uma das operárias repete várias vezes subitamente a seguinte frase: "eles têm medo!". E continua: "não vai dar nada pra empresa? Porque eles têm medo!". "Eles têm medo!" "Que saia alguma coisa nos jornais?", eu pergunto. "É. Eles têm medo". Esse evento foi o prelúdio dos meus problemas com a Alfa.

Embora tenha um relatório detalhado, não irei me referir com pormenores às inúmeras vezes, a partir desse momento, em que foram marcadas e desmarcadas entrevistas com as operárias, inclusive depois de eu viajar até a cidade e já estar na fábrica ou em que a gerente não atendeu aos meus telefonemas nem retornou os meus recados, no que parecia o emprego da tática do "vencer pelo cansaço". Seria enfadonho aos leitores. Mas, foi angustiante para mim. Certa vez diante de minha insistência, "P." mentiu em relação ao período de férias coletivas da Alfa. Em seguida, ela alega que as entrevistas estavam levando muito tempo, assim transtornando o ritmo de produção. Respondo que só havia feito quatro entrevistas com operárias; um havia sido muito rápida pela timidez da entrevistada e outra foi na hora de folga. Então, não poderia ser por esse motivo. Nesse momento, eu havia feito dez entrevistas no total (parte com mulheres de setores administrativos) e já havia despendido dois meses do meu prazo de apresentação da dissertação e término da bolsa de estudos pesquisando o tema na empresa.

Eu a pressiono enfatizando o compromisso formal que assumiu e assim "P." permite que eu comece a entrevistar desde que já no horário de almoço para despender menos tempo de trabalho e que eu use a sala de treinamento anexa ao refeitório. Sem ninguém para me acompanhar, as operárias me indicam quem é a pessoa selecionada aleatoriamente pela lista de funcionárias a participar da pesquisa — ajuda que eu precisaria utilizar diversas vezes depois. A primeira entrevista obtida assim transcorria normalmente quando de repente a técnica de segurança "K." a interrompe e diz à funcionária que a entrevista não vai poder prosseguir porque "C." está ordenando que ela volte. Havia passado meros cinco minutos de sua hora de folga. A operária estranha e explica que "C." não costuma fazer isso e que a produção não estava em um ritmo naquele dia que justificasse a atitude. Perplexa com a situação, ligo para "P." e peço para dispor de mais vinte minutos com a entrevistada para a conclusão da entrevista. Contudo, ela diz que é para eu encerrá-la e continuar no dia seguinte. Visivelmente contrariada, a operária retorna à fábrica.

A pedido de "P." uma de suas funcionárias transmite um recado: deveria voltar à fábrica à noite "que não haveria problemas" e eu poderia prosseguir com as entrevistas. O líder do setor das mulheres já estaria avisado. Concluo que a ideia surgiu por "C." não estar presente em boa parte do período noturno. Retorno à noite quando me recebe o líder do setor a quem peço para que venha uma pessoa dentre alguns nomes que citei marcados na lista, mas é outra indicada por ele que aparece. Sem ninguém para me atender e com as salas adjacentes ao refeitório todas trancadas, inclusive a de treinamento, recorro a um funcionário que me cede a sala da nutricionista. Quando as mulheres chegam para o jantar, aproveito para contatar outra funcionária que aceita participar. Enquanto ela janta, falo com o líder sobre a terceira entrevista. Ele diz que vai falar com alguém para a segunda agora. Eu digo que já falei. Ele insiste para indicar alguém alegando que a pessoa poderia não concordar. Eu respondo que ela já concordou. Também me dirijo a outras pessoas que aceitaram e ficariam esperando eu terminar com a anterior. Lamento por acabar não tendo concretizado essas entrevistas. A cena da hora do almoço se repete. Passado um ou dois minutos da hora de folga o telefone toca incessantemente. Uma das cozinheiras entra na sala para atender. Era o líder ordenando que a operária regressasse ao posto de trabalho. Abalada, decido falar com ele para solicitar mais um pouco de tempo e argumento que a "P." autorizou a entrevista. Extremamente agressivo, ele diz que a máquina não pode ficar parada, que "P." manda no setor dela e não naquele, que estava fazendo isso escondido de "C." e que "P." nem falou com ele, só sua subordinada. Impotente e me sentindo enganada, fui obrigada a concordar e a encerrar a entrevista.

Nas duas ocorrências, as pesquisadas queriam muito continuar as entrevistas. Esses acontecimentos foram de violência e desrespeito comigo e com elas. Nervosa e tentando pensar em uma maneira de prosseguir com as entrevistas, permaneci alguns minutos no refeitório antes de me retirar. A operária havia saído correndo. O refeitório é isolado e localizado em um extremo oposto à saída do terreno da empresa e havia pouquíssimos e fracos pontos de luz no percurso. Não havia qualquer circulação de pessoas no momento; a área estava absolutamente deserta. No meio do caminho, pensei que já era de se esperar qualquer ato dessa empresa e lembrei que temiam que eu descobrisse algo. Aterrorizada, corri o máximo que pude até chegar à portaria.

No dia seguinte, procuro "P." e enfatizo mais uma vez que a empresa assumiu um compromisso formal não só comigo, mas com a universidade. Se não cumprissem com o acordado, eu iria procurar outra empresa e assim teria que justificar a prorrogação do prazo para a defesa da dissertação ao departamento, o que prejudicaria muito a imagem da organização, ameacei. O possível temor de prejuízo à imagem da Alfa era o recurso de que eu dispunha para tentar prosseguir.

Tinha medo de que as interrupções voltassem a ocorrer. Solicito para que me disponibilize pelo menos dez ou vinte minutos além do horário de almoço para que eu conseguisse concluir as entrevistas. Ela diz que não pode garantir nada. Sentia-me incomodada em pedir às operárias que abdicassem do pouco tempo de descanso que tinham para serem entrevistadas. Entretanto, não podia abrir mão dessa alternativa. Peço à gerente de RH que seja perguntado a elas se estariam dispostas a permanecer no horário de saída e eu as levaria até em casa de carro. Segundo ela, apenas um aceitou — talvez a única realmente convidada. Peço ajuda a uma funcionária do administrativo que entrevistei. Ela relata que nem mesmo o diretor de produção tem realmente poder sobre "C.", que ela usufrui de "carta branca".

Procuro a pesquisada cuja entrevista foi censurada no período diurno, para terminar a mesma durante o intervalo. Ela hesita um pouco em concordar, diz que só se fosse rápido. Durante a entrevista, comenta: "eu cheguei, ela tava lá me esperando na porta". Era uma ameaça sutil. Consigo finalizar a entrevista. Após muita insistência, faço com que a gerente de RH entre em contato com a outra trabalhadora do período da noite para solicitar que comparecesse ao trabalho antes do expediente para que pudéssemos continuar a entrevista.

No dia seguinte, após mais uma operária concordar em participar, uma trabalhadora (aquela que "P." me informou ser a única que aceitou permanecer após o expediente) aparece e diz que antes precisa fumar um "cigarrinho" com ela. Depois disso, a entrevistada surge na sala com uma feição assustada que destoava da aparência tranquila e descontraída de pouco tempo atrás. No meio da entrevista, começam a bater violenta e incessantemente na porta. Eu havia a trancado e decidi ignorar, mas não paravam, parecia um pesadelo. Abro e digo que estava utilizando a sala. Solicito que voltem em quinze ou vinte minutos. Um homem entra intempestivamente e informa de modo rude que "P." disse que era para ele guardar caixas no depósito que ficava junto à sala. Pelo material, vi que iria demorar. Aflita com o tempo contado, pedi ajuda a uma funcionária que me cedeu gentilmente sua sala para que continuássemos a entrevista e saímos correndo, eu e a entrevistada, para lá. Chegava a esperar duas horas entre uma entrevista e outra quando me preocupava em me manter discreta, até escondida, para não causar mais alarde.

Em outra entrevista, um funcionário causa novamente transtornos. Uma das salas que eu usei nesse período por ser anexa à entrada da fábrica foi concedida para as entrevistas no início da pesquisa após eu ter me recusado a fazê-las em uma sala com divisórias no meio da empresa por não preservar a privacidade das depoentes. Disseram-me que todas eram assim. Depois de eu dizer que as faria na rua, arranjaram-me essa. Mesmo com um aviso na porta para que não entrassem, entra um homem que parecia fazer questão de se demorar enquanto utiliza o bebedor da sala; toma dois copos cheios de água pausadamente diante dos apelos meus e da entrevistada para que saísse (nosso tempo era curto antes que ela ingressasse na fábrica). Durante outra entrevista, o celular da pesquisada tocou; ela disse que era da Alfa, mas não o atendeu.

Não consigo ser recebida por "P." nem por "C." com quem também tento falar. Uma das funcionárias do RH informa que se "C." autorizasse, eu poderia prosseguir. Certa vez, encontro "P." circulando pela empresa; digo que a organização não estava cumprindo com o compromisso assumido, que se não havia condições para a realização da pesquisa deveria ter recusado desde o início. Ela diz que as operárias não queriam mais participar porque estavam detestando e preferiam ficar na máquina (imita ofensivamente o que elas fazem em seu trabalho enquanto falava isso). Completamente diferente denotava o comportamento delas durante as entrevistas. Ela deixa claro que se eu quisesse continuar seria por minha conta, não faria mais nada nesse sentido. No dia seguinte, quando solicitei às operárias que participassem pela primeira vez, houve recusa. Uma delas disse "nenhuma mulher vai querer mais participar". Tudo indica que estavam sob ameaça. Mesmo assim, uma delas ainda aceita participar. Embora pudesse tentar ainda mais indicações com as operárias, decidi finalizar porque já estava muito desgastada e mesmo que não tivesse tido tempo de transcrever e analisar os dados acreditava que já havia recolhido o suficiente. Além disso, as operárias já se mostravam ameaçadas; seria um risco maior continuar.

Pude contar com a imprescindível colaboração das operárias — houve inclusive casos de indicação delas mesmas e de apresentação espontânea e inesperada para as entrevistas — bem como a de alguns funcionários que me possibilitaram condições para a operacionalização da pesquisa.

As oito entrevistas que ocorreram nesse período adverso foram cheias de tensão para mim. Sempre eu e a entrevistada ficávamos com o relógio na mão para que não passasse nenhum minuto do horário de entrada delas. Logo que terminava a entrevista, todas elas saíam correndo para a fábrica. Posso dizer que passei de observadora à integrante do meio que observava, em sentido estrito. Pude experimentar um pouco do que é viver naquele universo de injustiça, violência, desrespeito e a sensação de impotência que o mesmo gera. Uma atmosfera sufocante. Creio que pude entender melhor minhas entrevistadas. Apesar do ambiente repressor, elas se mostravam muitíssimo preocupadas em responder correta e minuciosamente as perguntas, dedicadas em colaborar, o que revela um destemor, considerando a situação em que estávamos que só a esperança pode explicar. Essa pesquisa é um meio para que essas trabalhadoras com as quais tantas nesse país podem se identificar sejam ouvidas.

1

O contexto macroambiental da disseminação do assédio moral

Freitas, Heloani e Barreto (2008) atentam para a importância de se compreender as origens históricas de um processo que transformou a economia e a lógica de mercado em valores fundamentais e preponderantes das sociedades atuais para se compreender a prática disseminada da violência no trabalho, particularmente do assédio moral. Esse processo, segundo Weber (1978), teve início com a disseminação do protestantismo em conjunto com o desenvolvimento do sistema capitalista e o processo de industrialização que culminaram no ápice da administração racionalista, uma administração voltada somente para corresponder à lógica custo *versus* benefício imposta pelo mercado na sociedade moderna. Conforme o teórico, essa configuração tenderia a expandir seus domínios a todas as áreas da vida humana, sem qualquer critério, até se tornar a mola mestra da vida social; estágio que denomina como "gaiola de ferro". Com efeito, "a gestão tornou-se a ideologia dominante de nosso tempo" (Gaulejac, 2006, p. 413).

Foi a partir da conjuntura social, econômica, política e histórica mundial estabelecida no século XX, que essa trajetória de sobreposição da economia nas demais esferas sociais foi impulsionada (Freitas, Heloani, Barreto, 2008). No período posterior à Segunda Guerra Mundial, o desenvolvimento econômico dos países capitalistas foi extraordinário em função de diversos fatores: da reconstrução dos territórios afetados pelo conflito, o que ampliou as demandas de consumo e produção dessas nações; da facilidade de acesso a financiamentos estrangeiros; da evolução da tecnologia; dos surgimentos de novas estruturas organizacionais tais como *holding*; das fusões e diversificação de investimentos.

A crise do petróleo da década de 1970 viria a alterar esse panorama, compelindo as empresas a necessidade de adquirir matérias-primas e mão de obra de baixo custo, assim como de criação de modelos de administração, de processos de produção e de transações financeiras. Transformam-se assim as relações de concorrência e de trabalho bem como a configuração do mercado. Concomitantemente, nos anos 1980, o neoliberalismo, que favorece a supremacia da iniciativa privada nos setores econômicos e sociais, ascende em detrimento da interferência estatal na sociedade de um Estado debilitado pela crise econômica da década anterior. Para os autores, os anos 1990 representaram a promoção do domínio da economia na sociedade e a legitimação do modelo empresarial de gestão como ideal para qualquer organização.

Os estudos de Ramos (1989) corroboram a noção de "gaiola de ferro" e avaliam como esse processo que se principia no século XVII vem transcorrendo. Para o autor, tal expansão é resultado da disseminação ideológica de uma concepção demasiadamente restrita do ser humano, segundo a qual esse é apenas um ente econômico movido somente por interesses individuais de obtenção de poder e de lucro financeiro, o que entende como racionalidade instrumental. Essa imagem legitimada pela Ciência Social atual e que se constitui uma de suas bases fundamentais, reduz a complexidade humana em um único mecanismo de raciocínio e ação, logo descarta todo o universo de fatores incompatíveis a essa lógica como a ética e os valores coletivos emanados do que o mesmo designa racionalidade substantiva. A teoria da organização hegemônica nasceu dos pressupostos equivocados, de acordo com o autor, que sustentam a Ciência Social Moderna, portanto é "ingênua", pois ao não enxergar a racionalidade substantiva que se confunde com a própria essência humana não pode compreender, tampouco atender suas necessidades vitais. A teoria da organização atual é, por excelência, instrumental.

Gaulejac (2006) reforça o entendimento de Ramos ao analisar que todos os ramos da ciência são dominados atualmente pelo paradigma objetivista, segundo o qual um estudo científico para ser válido deve ser objetivo e a objetividade somente pode ser atingida por meio daquilo que pode ser mensurável, medido. Ao fazer uma ferrenha crítica às ciências da gestão, o autor coloca que essas representam meramente um conjunto de técnicas, de instrumentos, de procedimentos definidos em torno do objetivo pragmático de atender à operação eficaz da empresa. Assim, a ciência da gestão se encontra junto ao seu objeto de estudo. Essas técnicas, sob uma aparente neutralidade são sustentadas por uma ideologia que transforma os seres humanos em objetos e a produtividade em um valor supremo. Uma ideologia pouco suscetível a oposições justamente porque baseada em atos e no valor dos mesmos segundo o parâmetro de eficácia; não na validade de suas ideias, ou seja, por ser "a-ideológica". A ciência da gestão para Gaulejac (2006) não favorece a reflexão, apenas a sua aplicação e em contraposição o autor defende a ascensão de um novo paradigma construído em torno não somente da produtividade dos recursos para as empresas, mas do desenvolvimento da sociedade em que estão inseridas e da promoção de uma visão do ser humano não mais como recurso a ser explorado e sim como um sujeito, o que implica considerar as decorrências individuais e sociais de seus atos.

Hardy e Clegg (2001) no mesmo sentido expressam que os estudos sobre administração predominantes abordam fatores essenciais para se compreender o poder em uma organização, por exemplo, estrutura, ideologia, cultura, tecnologia e liderança, como neutros, objetivos e inquestionáveis. Na verdade, elementos como esses estão intrinsecamente relacionados ao poder e representam instrumentos de dominação. Parker (2002) também consolida esses preceitos ao alertar que a visão bastante limitada do que significa organizar de acordo com o pensamento hegemônico da sociedade atual como um mero instrumento de controle tornou-se um dogma amplamente aceito. Dessa forma, o autor compara os *experts* da administração com os jesuítas que anseiam converter o mundo à lógica instrumental de mercado.

A ascensão do fator econômico como diretriz da vida e a simultânea derrocada de outras instituições sociais como promotores de outros valores faz com que o trabalho profissional se torne o mais relevante componente da identidade social e pessoal, porque as pessoas são vistas praticamente de acordo com o que exercem nesse espaço. Assim, existe um grande temor de se perder o emprego porque significa não apenas perder a fonte de subsistência, mas também praticamente se tornar "ninguém". Esse sentimento é intensificado pelas formas de emprego que mais surgem atualmente que são os temporários e os de meio período, os quais apresentam vínculos mais frágeis e maior suscetibilidade ao desemprego. Além disso, o desemprego, fruto inevitável de reestruturações ou fusões, é um incentivo aos investidores, aumentando o valor das empresas no mercado financeiro, assim é visto no mundo empresarial como um benefício e não como algo a ser combatido (Gaulejac; Freitas apud Freitas, Heloani, Barreto, 2008).

Conforme Ramos (1989), as práticas guiadas somente pela lógica de mercado, além de provocar o desperdício e o provável esgotamento futuro dos recursos ecológicos, geram doenças psíquicas nos membros das organizações por negligenciarem a natureza substantiva de suas necessidades; quando muito a manipulam como um meio para atingir seus objetivos financeiros, o que instaura a competitividade acirrada entre seus membros. O assédio moral assim como outras formas de violência no trabalho é fruto dessa sociedade.

Para Dejours (2003), a competitividade acirrada deriva de uma verdadeira guerra econômica que se vive na atualidade. Como em uma guerra, vítimas correspondem a um sacrifício necessário em prol de uma "causa maior" (a estabilidade econômica da qual se acredita depender a "sobrevivência" e a liberdade das nações). Como em uma guerra, é necessário descartar os que são tidos como menos combativos (os mais velhos menos flexíveis, os mais jovens pouco experientes, os menos assertivos, por exemplo). Para justificar a exclusão, cria-se uma ideologia que culpa as pessoas pelas deficiências das empresas e que, portanto, justifica as demissões "como um mal necessário" para que o "organismo" organizacional "sobreviva" e progrida. Demonstra-se por expressões como "lutar contra a esclerose", "fazer faxina", "retirar a gordura". Um dos reflexos da perversidade e do cinismo do sistema é a presença da figura de um *cost-killer* contratado por empresas em dificuldades que o usam como um artifício para "enxugar" o quadro de funcionários de uma forma fácil e sem nenhuma responsabilidade. Entretanto, isso também é feito de maneira menos evidente (Hirigoyen, 2005).

Essa ideologia instaura a violência no interior das organizações, uma violência tida como sem importância, natural, reconhecida no medo e na vergonha dos funcionários. Dejours (2003), ainda que não trate particularmente do assédio moral, estabelece a influência que a organização do trabalho tem no fomento da violência. Embora tenha empreendido sua análise sobre a França defende que a mesma, sob algumas adaptações, seja válida para outros países da Europa e América, em especial o Brasil.

Costuma-se apregoar que essa guerra é decorrência forçosa do sistema econômico mundial ou do mercado gerido por leis incontroláveis pelas pessoas com um caráter de leis naturais, ou seja, independentes das ações humanas, as quais são compreendidas pela ciência econômica. Nega-se assim a responsabilidade de cada indivíduo e o senso de justiça. Diante da imensa massa de desempregados e da ameaça do próprio desemprego que o atual estágio do liberalismo econômico acarreta, assim como das graves práticas de espoliação, não há indignação, revolta, apenas a resignação de quem está diante de um fenômeno inevitável, o que revela a banalização do mal. "Se essa maquinaria continua a mostrar seu poderio é porque consentimos em fazê-la funcionar mesmo quando isso nos repugna" (p. 17). Esse processo ocorre como "uma evolução das reações sociais ao sofrimento, à adversidade e à injustiça" (Dejours, 2003, p. 23) e pode ser entendido como o desenvolvimento da tolerância à injustiça.

Os novos modelos de administração encerram um enfraquecimento dos direitos dos trabalhadores e originam dois efeitos perversos: um número gigantesco de demissões — que acarretam danos à saúde mental ou física, já que atinge severamente a identidade — e de vulnerabilidade aos trabalhadores empregados que também sofrem. Os indivíduos que conseguem permanecer devem apresentar performances altas e crescentes que requeiram o máximo de desprendimento da vida pessoal e de dedicação. As denúncias de espoliação ocorrem, mas diante da tolerância e da resignação social não surtem reações efetivas. Paradoxalmente, essas denúncias podem contribuir para a apatia social à medida que habitua as pessoas à injustiça ao controlar o sentimento de indignação e integrar um trabalho de disposição psicológica para "bem" conviver com a adversidade (Dejours, 2003). Para Hirigoyen (2005), o contexto atual gera o medo sutil entre os trabalhadores atrás de um discurso que exalta a autonomia e a iniciativa dos funcionários.

Segundo Dejours (2003), os trabalhadores desenvolvem estratégias de defesa individuais e coletivas que permitem manter a normalidade mental apesar de enormes pressões que sofrem no trabalho. A normalidade não seria uma manutenção passiva, mas uma luta constante contra o sofrimento impelido pelo trabalho. Se, por um lado, as estratégias coletivas de defesa possibilitam preservar a saúde mental, podem tornar impassível ao sofrimento alheio ou ao próprio sofrimento inerente a um sacrifício ético que o trabalho pode impor. O medo incessante tem como consequência a obediência e a submissão dos trabalhadores, o individualismo pela falta de sintonia com o sofrimento do colega e a segregação progressiva no plano subjetivo entre os que trabalham e os desempregados.

Para Hirigoyen (2005), o medo representa uma força fundamental para desencadear o assédio moral já que normalmente qualquer violência surge do medo. A autora aborda defesa no plano individual como uma explicação para o fenômeno: diante de uma ameaça, investe-se contra quem se considera o responsável em uma lógica de autodefesa preventiva; acomete-se para evitar ser acometido. Assim, os chefes repassam aos subordinados as autorias das deficiências, inclusive quando na verdade são deles mesmos, além de imporem o ajuste ao sistema insinuando-se que sem o qual provocarão adversidades. O medo também é um modo de impelir à padronização.

É a transmutação do mal como força moral o que pode explicar a adesão em massa das pessoas de bem a um sistema maléfico. O mal para Dejours (2003) se refere às práticas de espoliação, inclusive ilegais, impostas aos trabalhadores, à discriminação, ao desprezo, às aviltações e agressões verbais, às intimidações sexuais contra as mulheres, à indução do trabalhador ao erro para obter uma justificativa de demissão, entre outros atos torpes e comuns. A disposição em fazer "o que é necessário", por "uma causa maior" que seria o seu trabalho, e suas repercussões no sistema em que se insere, é confundida com coragem. Negar-se a cometer ações abjetas em prol do bem da organização é associado à covardia, porque evitar esses atos é supostamente desistir de suas atribuições. Quando na verdade é se recusar a praticar o mal, mesmo estando sujeito a retaliações, inclusive demissões, é que se constitui um verdadeiro ato de bravura. O ponto fundamental dessa transmutação para Dejours (2003) é a virilidade, entendida como produto social. A masculinidade representa um contraponto conceitual para o autor que a define como a capacidade do homem em não obedecer às ordens estabelecidas pelo conceito de virilidade. A virilidade está intrinsecamente ligada à violência, à agressividade e à dominação e pode ser assimilada pelas mulheres. Na sociedade atual, a virilidade é considerada inerente ao ser homem e as mulheres tidas como "femininas" não devem apresentá-la.

A coragem desarticulada da virilidade é uma realização atestada individualmente pelo próprio sujeito. A virilidade, ao contrário, depende do parecer dos outros e assim também de situações em que se possa demonstrá-la. As vítimas assumem um comportamento subserviente e assim contribuem para essa conjuntura como decorrência das relações de domínio, de medo e do ambiente ameaçador. Os trabalhadores em emprego precário, como os terceirizados, pela falta de qualificação, pela tirania dos chefes, pelo estilo de vida que são obrigados a levar por causa de uma insuficiente remuneração e da flexibilidade dos empregos, acabam por gerar muitas falhas "humanas", o que serve de sustento para a discriminação que sofrem (Dejours, 2003).

Conforme Freitas, Heloani e Barreto, vive-se em uma sociedade que criou uma nova violência e uma nova organização do trabalho (2008, p. 5):

> A competição generalizada reforça o sentimento de hostilidade, inveja e indiferença ao outro, que passa a ser visto como objeto de ódio e ressentimento, o que parece uma nova forma de violência social, latente e induzida, que se apresenta em um nível de profundidade diferente daquele que é próprio do recalcamento e das pulsões humanas.

Sob um discurso dominante que apregoa o fim de condições inadequadas de trabalho operário graças à tecnologia, reforçado pela mídia que se detém a transmitir uma imagem de emprego saudável, feliz e realizador quando se refere ao universo do trabalho, uma imensa parcela de trabalhadores vivencia o oposto (Dejours, 2003). Morgan (1996) considera que, embora tenham ocorrido significativas mudanças, comparado aos tempos da Revolução Industrial ou de contextos escravocratas nas condições de trabalho, a exploração segue como um dos pilares organizacionais, porém menos explícita do que foi outrora, o que se evidencia pelas maneiras com que disponibilizam as oportunidades de trabalho e preservam a estrutura de classes sociais, reproduzindo a discriminação a determinados grupos como mulheres; por como administram assuntos relacionados à segurança e saúde no trabalho; e por gerar conjunturas que estimulem o vício pelo trabalho, as quais desencadeiam *stress* mental e social.

Para além dos malefícios financeiros, o assédio moral exerce um impacto em nível coletivo que leva à apatia social acerca do trabalho, que passa a ser visto com desconfiança, assim como origina insegurança e aflição do trabalhador agravado pelo cenário corrente marcado pela globalização e por mudanças organizacionais (Hirigoyen, 2005; Freitas, Heloani, Barreto, 2008).

2

O fenômeno do assédio moral

Hirigoyen (2005) foi pioneira em popularizar o termo assédio moral com a produção de sua obra intitulada *Assédio moral, a violência perversa no cotidiano*, na década de 1990. Nela, a autora desperta a atenção para um fenômeno antigo no ambiente de trabalho, mas até então pouco entendido ou tido como irrelevante pela sociedade. O senso comum apresentava uma concepção distorcida dessa violência em uma postura que responsabilizava a própria vítima pelo mal que lhe acometera; o trabalho da autora promove uma inversão em que a figura do assediador e os mecanismos que ele utiliza ganham destaque. Inicialmente, a autora entende o fenômeno como de natureza particular ou individual, como o exercício do perverso. Anos mais tarde, em sua segunda obra, *Mal-estar no trabalho: redefinindo o assédio moral*, admite a dimensão social do problema e o situa paralelo a outras fontes de sofrimento impelidas aos trabalhadores em um cenário amplo de violência dentro e fora das organizações e que exibe relações de reciprocidade. Freitas, Heloani e Barreto (2008), prestigiados pesquisadores sobre o tema no Brasil, também o estudam sob essa ótica. Para se compreender o assédio moral, então, é necessário vinculá-lo ao contexto de violência que permeia as sociedades modernas e aos novos paradigmas organizacionais que banalizam o ser humano, considerando apenas objetivos de rentabilidade máxima. Mas, não se deve retirar a responsabilidade individual dos agressores e da organização em que a mesma acontece.

Não há dúvida de que existem ambientes de trabalho que são um campo fértil para a violência ou que contribuem para o seu surgimento pela negligência em relação ao assunto. De qualquer maneira, a organização é irrefutavelmente parte responsável. O reconhecimento do caráter social do assédio moral exige das instituições ações a fim de enfrentá-lo (Hirigoyen, 2005; Freitas, Heloani, Bareto, 2008). Gaulejac (2006) enfatiza sobremaneira a responsabilidade da organização, pois salienta que geralmente o assédio moral é decorrência de uma conjuntura coletiva e não de um desvio comportamental de certo indivíduo. Uma empresa não pode ser perversa; mas pode operar de modo a provocar comportamentos perversos, o que implica a necessidade de entender os processos organizacionais que desencadeiam essa prática. Uma empresa "pode operacionalizar modos de administração que favoreçam o assédio, isto é, as relações de violência, de exclusão, de crise, de vigilância" (p. 79).

Não se pode ignorar que os modelos perversos de organização, ou seja, que incitam a violência, estão em plena harmonia com a sociedade atual. Dentro e fora das organizações, é imperioso adquirir *status* social, ostentar poder e riqueza, exibir vitórias. O importante nesse contexto são as aparências. Mergulhado nesse sistema social, aprende-se a ver a todos como um possível rival, tanto na vida pessoal quanto na profissional. Nesse mundo egocêntrico por excelência, quem não desconfia constantemente dos outros é tido como ingênuo (Hirigoyen, 2005).

Posto que as organizações estabelecem direta ou indiretamente sua cultura, suas estruturas, as relações predominantes entre as pessoas e grupos, seus valores, o clima de trabalho, a amplitude de poder e os graus de liberdade dos subordinados, não há como negar a importância do contexto organizacional para essa questão. Ao mesmo tempo, por meio de políticas e recursos, os dirigentes têm poder para inibir essas ocorrências. A expectativa de impunidade é condição imprescindível para a realização do assédio moral e para sua assimilação como parte da cultura organizacional. Muitas vezes, ao receber as denúncias de violência, a reação dos dirigentes é de se evadir, banalizando os fatos narrados, se esquivando de intervir no problema, principalmente se este não afeta o alcance das metas. Uma das razões comuns que levam os membros da alta hierarquia a ignorar esses casos é não se importarem com o relacionamento dos funcionários. "Resolvem-nos" afastando o agredido. É fundamental uma política clara e imparcial de combate a essa prática, que se reflita não apenas no discurso dos dirigentes, mas também no estabelecimento de mecanismos que punam os envolvidos, quaisquer que sejam, e previnam essa violência (Freitas, Heloani, Barreto, 2008).

É importante ressaltar que a falta de políticas de controle dessas agressões e especialmente de penalidades aos agressores é uma condição fundamental para que o assédio moral aconteça. Assim, como uma cultura organizacional condescendente a esses atos ou que os estimula pautada na crença de que é uma forma de se alcançar primazia (Salin, 2003; Einarsen, 2005). Para Salin (2003), o assédio pode ser desencadeado simplesmente pela frustração como pode ser por um processo racionalmente calculado. Em organizações que implantaram certos tipos de sistemas de recompensas, por exemplo, essa incidência é mais frequente. Quando esses são baseados no desempenho do grupo, podem estimular indivíduos a perseguir os menos produtivos a fim de puni-los ou eliminá-los, assim como o sistema de remuneração baseada em *rankings* instiga parte das pessoas a sabotar o trabalho dos pares. Da mesma forma, se uma empresa promove alguém que utilizou o assédio como meio de ascensão, concomitantemente incentiva os demais membros a imitá-lo. Ambientes pautados por alta competitividade interna, de modo geral, também podem influenciar na motivação para cometer o assédio moral. Conforme Heloani (2007), para que o assédio moral ocorra, é necessário que a perversão moral individual se una à competitividade acirrada que marca o contexto organizacional corrente.

No mesmo sentido, Salin (2003) considera o assédio moral como um fenômeno complexo resultante de diferentes estruturas e processos organizacionais que interagem entre si e também da conjunção de outros fatores como os individuais e os macroambientais.

É bem verdade que certas conjunturas favorecem a sua ocorrência, como as instabilidades e a desordem que procedem as reestruturações. Outros processos incipientes associados a modificações no *status quo* tais como *downsizing* e outras transformações radicais ensejam um ambiente próprio para o assédio pelas seguintes razões: afetam a segurança quanto ao emprego; apresentam novas possibilidades de ascensão; instigam a competitividade; submetem os líderes a forte pressão e *stress*; e provocam a perda de poder de vários membros (Salin, 2003). Essas situações são oportunas para o assédio porque podem mascarar esse tipo de ato. Entretanto, é importante não perder de vista a capacidade das pessoas de decidir, de escolher. Os indivíduos possuem a liberdade de optar por se aproveitar ou não de uma conjuntura como essa para usar de meios ilícitos a fim de alcançar uma ascensão almejada. Assim, a justificativa comum de administradores acusados de assédio de que foram ordenados a agir dessa forma não é válida. Os omissos também não podem ser inocentados, uma vez que a indiferença à violência coopera com quem a principiou (Hirigoyen, 2005).

Paralelamente, os sindicatos também são responsáveis quanto a essa questão e contribuem para a manutenção e disseminação dessa violência quando assumem uma postura omissa. Barreto (2006) coloca que as ações dos sindicatos são muito restritas, assumindo um teor assistencialista com preocupações focadas em insalubridade, acidentes e doenças físicas do trabalho, as quais são tratadas juridicamente tendo em vista a indenização financeira do trabalhador. Assim, o tipo de violência que caracteriza o assédio moral é ignorado e entendido como supérfluo. Para a autora, o sindicato tem se dedicado a atividades voltadas à socialização, à qualificação e a atrativos para captar novos associados com pouca ação que afronte o empresariado, em uma postura submissa ao poder econômico.

> O assédio moral pode ser encontrado e consentido em diferentes situações, por isso é importante delimitar o que consiste essa violência. Apresentam-se definições fundamentais de relevantes autores do assunto. Como representa um campo de interesse para profissionais e pesquisadores de diversas áreas, que o definem sob diferentes óticas, o conceito de assédio moral ainda é um tanto difuso. Hirigoyen (2005, p. 17) acolhe um conceito que incorpora os atos e as consequências prejudiciais que gera para as pessoas que a ele foram submetidas:
>
> O assédio moral no trabalho é definido como qualquer conduta abusiva (gesto, palavra, comportamento, atitude...) que atente, por sua

repetição ou sistematização, contra a dignidade ou integridade psíquica ou física de uma pessoa, ameaçando seu emprego ou degradando o clima de trabalho.

Não há como desvinculá-lo de um caráter ético ou moral ao se pensar nas consequências que podem se abater sobre os que foram alvos desse tipo de violência, entre elas profundo sofrimento, debilidade psicológica e sequelas sobre suas personalidades. Além disso, as agressões reiteradas produzem efeitos sob a imagem de si mesmo e a autoestima (Hirigoyen, 2005; Freitas, Heleoani, Barreto, 2008). Hirigoyen (2005) explica o estabelecimento da expressão moral associada a assédio como uma apreciação crítica dessa prática dentro do campo moral, o que uma palavra técnica como psicológico, em sua neutralidade, não suscitaria.

Independente da definição está a sutileza que representa a insígnia do assédio porque cada agressão em si mesma parece insignificante e não provoca danos consideráveis. Na verdade, o conjunto de hostilidades constantes e sucessivas ao longo de certo tempo é o que provoca malefícios sérios (Einarsen, 2005; Hirigoyen, 2005; Freitas, Heleoani, Barreto, 2008). No entanto, as formas em que se manifesta dependem do contexto sociocultural e da categoria profissional em que se insere. Freitas, Heloani e Barreto (2008) assumem um conceito assertivo em relação à consciência e à intenção perniciosa do agressor:

> O assédio moral é uma conduta abusiva, intencional, frequente e repetida, que ocorre no ambiente de trabalho e que visa diminuir, humilhar, vexar, constranger, desqualificar e demolir psiquicamente um indivíduo ou um grupo, degradando as suas condições de trabalho, atingindo a sua dignidade e colocando em risco a sua integridade pessoal e profissional (p. 37).

Einarsen (2005) o define como uma situação em que, por certo período, um ou mais pessoas recebem persistentemente efeitos de atos negativos no local de trabalho vindos de uma ou mais pessoas das quais elas são incapazes de se defender por diferentes razões. Existem dois núcleos na definição: a repetitividade dos atos e um desequilíbrio de poder formal ou informal. Para o autor, o assédio moral (ou *bulying* como o denomina) pode se manifestar por meio de ataques que afetem diretamente as atividades que o agredido exerce ou podem se dirigir à própria pessoa como, por exemplo, fofocas, rumores e isolamento.

De acordo com Freitas, Heloani e Barreto (2008), o processo de assédio moral é composto pelos seguintes fatores: temporalidade (existe um fato que o inicia e que o serve de base); intencionalidade (objetivo de fazer com que a vítima abra mão de seu emprego, peça transferência ou simplesmente fique subjugado); direcionalidade (pode ser vertical ou horizontal, ou seja, com a presença ou não de hierarquia, descendente ou ascendente — parte de chefe para subordinado ou o contrário; repetitividade e habitualidade (recorrência de vários tipos de agressões e artimanhas); limites geográficos ou territorialidade (acontece no ambiente da rotina de trabalho ou em decorrência do mesmo); degradação deliberada das condições de trabalho (afetam o desempenho dos atingidos e as relações de trabalho do coletivo, o que abala a segurança, a saúde e a performance do conjunto). Ressalta-se que a intencionalidade do agressor é polêmica entre os principais autores do assunto.

Dependendo do agente que provoca o assédio moral esse é classificado por Hirigoyen (2005) como: assédio vertical descendente, assédio horizontal, assédio misto e assédio ascendente. O assédio vertical descendente é aquele oriundo de um superior hierárquico da vítima e é indicado pela grande maioria (58%) dos respondentes do estudo de Hirigoyen (2005). Segundo a autora, há grandes divergências em outros estudos com relação a essa questão, possivelmente como resultado de diferenças quanto à determinação do universo de pesquisa. Para a autora, quando a origem do assédio é a hierarquia, os efeitos concernentes ao estado de saúde do atingido são muito mais severos do que nos demais casos, o que se entende pela adversidade consideravelmente maior que enfrentam para fazer cessar a violência. A hierarquia em si promove um poder não equivalente entre superior e subordinado, o que restringe a possibilidade de a vítima reverter à situação. Segundo Barreto (2006), as altas metas de produtividade impostas aos chefes os fazem muitas vezes utilizar meios degradantes para atingi-las a fim de maximizar o desempenho das pessoas que estão sujeitas à suas autoridades. Conforme sua pesquisa realizada em 2005 (apud Freitas, Heloani, Barreto, 2008) as consequências das práticas de assédio moral no Brasil correspondem em 90% dos casos a barreiras impostas ao exercício do trabalho por um superior hierárquico. Essa constatação demonstra que a cultura organizacional no Brasil costuma ser fortemente marcada pela assimetria de poder.

O assédio horizontal ocorre quando é promovido por colegas de mesmo nível hierárquico. É típico de situações em que dois funcionários competem por um mesmo cargo ou ambos almejam uma posição mais alta na hierarquia. Para Freitas, Heloani e Barreto (2008), em pesquisas brasileiras, o assédio advindo de colegas tem o mesmo poder de destruição sobre o agredido.

Já o assédio misto pode advir do assédio horizontal que foi apoiado pela chefia por sua omissão. Na realidade, é incomum que o assédio horizontal consiga ir muito longe sem que conte com a negligência da hierarquia. Nesse caso também se deve distinguir a pessoa que desencadeou a violência daquelas induzidas a coparticiparem, a exemplo do que acontece quando o assediado sob tensão segue em uma série de erros ou se torna uma pessoa realmente desagradável em função das agressões que sofre. Ela também pode servir como um "bode expiatório" de alguém ou de certas pessoas em um processo ágil no qual acaba apontada por todos como culpada por qualquer problema no chamado "efeito do grupo", que leva os indivíduos a obedecerem à orientação do líder, mesmo que essa seja nociva. Os membros que discordam temem se expressar.

O assédio moral ascendente é o imposto por um ou mais subordinados a um chefe. Embora seja muito pouco contemplado, também pode ser nefasto. O agredido não encontra meios de apoio, já que não pode contar com o sindicato bem como com o próprio Poder Judiciário. No estudo de Hirigoyen (2005) somente 6 pessoas de 193 respondentes se enquadraram nesse tipo de assédio. Uma manifestação de assédio moral ascendente corresponde às reações coletivas de grupo que ocorrem quando um grupo de subordinados como um todo persegue um determinado chefe não admitido por eles e que lhe foi impingido. É característico de empresas que sofreram fusões ou que foram vendidas, quando as decisões acerca da distribuição dos executivos são tomadas com consideração apenas aos fatores políticos ou estratégicos, desprovidas da participação dos funcionários.

O processo de assédio moral se inicia normalmente com agressões sutis, por exemplo, em forma de brincadeiras, aparentemente banais, ocorridas eventualmente até que a frequência e a violência das mesmas aumentam de modo a não despertar atenção. Segundo Hirigoyen (2005), essa estratégia se favorece dos paradigmas correntes de gestão que decompõem crescentemente as atividades. Em estágios adiantados, as vítimas são banidas do convívio social, humilhadas em público, por exemplo, e a violência pode até se tornar física. Então, a frequência chega a ser semanal e mesmo diária (Hirigoyen, 2005; Einarsen, 2005). É só nesse estágio que em geral a vítima começa a se questionar quanto à intenção dos ataques. Nesse momento, sua autoestima foi atingida (Heloani, 2007; Freitas, 2001). Segundo Heloani (2007), essa situação se mantém porque costumeiramente os agredidos evitam se manifestar formalmente pelo temor objetivo de represálias em sua carreira e pelo sentimento de humilhação subjetivo que torna embaraçoso comunicar o fato a mais pessoas.

Além disso, podem não conseguir identificar o que realmente está ocorrendo, em uma percepção confusa. Observa-se que quando o assédio parte de um indivíduo, esse invariavelmente recorre a artifícios: brincadeiras, falta de tato ou um desconhecimento de que ofendia. Esse tipo de recusa tanto pode ser deliberado quanto inconsciente. Se assim for, apesar de saber que está contristando aquela pessoa, o indivíduo não reconhece isso como um erro, uma vez que tão logo adquira consciência ocorre a recusa a reconhecer que errou ou a minimização de seu erro, quando então se passa a responsabilidade para o atacado ao alegar, por exemplo, que ele é que apresenta uma sensibilidade excessiva. Para a vítima, a obscuridade acerca das razões pelas quais está sendo agredida que assinala o assédio é uma "arma letal." Ela busca desesperadamente compreendê-las mergulhando em hipóteses fixadas em função das informações visíveis sem chegar a uma conclusão.

Quase sempre as agressões são diversificadas quanto à técnica, o que confunde o assediado. Quando enxerga uma possível causa e muda aquilo que o assediador critica, a perseguição segue e não cessa até que a pessoa "saia do caminho". Questioná-lo não adianta, pois o agressor —

indivíduo, grupo ou organização — não assume a prática violenta e a tacha como louca ou problemática, fazendo com que a pessoa seja desacreditada, inclusive para si própria no decorrer do processo. Procurar uma solução para o enigma entre os colegas também se mostra inútil, já que normalmente eles se afastam. Para Hirigoyen (2005), a perda de sentido é rigorosamente "uma maneira de levá-la à loucura". O assédio moral tem um poder de destruição muito maior que uma violência declarada. Muitas vezes, o assediado somente consegue se dar conta do que houve no momento em que já está distante da situação e é tarde demais, ou seja, em que não está mais na organização (Hirigoyen, 2005).

O assediador busca isolar a vítima para impedir que ela obtenha um possível apoio. Se ela conta com relacionamentos leais, trabalha-se para rompê-los, o que é facilitado caso o agressor seja seu chefe, principalmente se a cultura da organização é fortemente marcada pela hierarquia impedindo-a de se comunicar com autoridades acima do agressor. Decorrido um determinado período, a própria pessoa assediada passa espontaneamente a se isolar, com receio de ser repudiada, o que gera um ciclo vicioso, pois quanto mais isolada mais sujeita a ataques ela estará.

Uma espécie de assediador, os "perversos narcisistas", incitam as pessoas mais manipuláveis, os "carneiros", a se oporem ao assediado. O restante do grupo se mantém calado devido a uma reação de pudor à circunstância. Todavia, essa atitude é entendida pelo indivíduo na mira da violência como inerente à agressão, como a concordância do conjunto ao agente violento. Na realidade, esse silêncio pode resultar de várias possibilidades: a agressão não ter sido identificada em função de ser dirigida à outra pessoa ou por fugir ao alcance de sua compreensão; uma posição deliberada de indiferença pelo temor de ser o próximo atacado ou pela comodidade desse posicionamento.

Conforme Barreto (2006), o assediado perde a amizade e o companheirismo dos colegas pelo medo que esses sentem de se opor ao poder dos chefes ou tais relações não chegam sequer a existir efetivamente pela rivalidade incitada pelos dirigentes, o que promove o individualismo e, por conseguinte, a apatia frente às cenas de violência que assistem. Uma faceta ainda mais dramática desse quadro de perda de identidade coletiva ocorre quando os próprios colegas reforçam a violência empreendida pelas chefias, o que caracteriza o assédio misto, segundo Hirigoyen (2005):

> Os laços de amizade e solidariedade se fragmentam e os trabalhadores se sentem excluídos e desprezados, o que ocasiona grande tensão psicológica. A tristeza, o medo, a vergonha, nesta situação de abandono, entrelaçam-se e fundem-se a outras emoções tristes, produzindo exaustão das energias psíquicas e criando a necessidade de isolamento do contato social (p. 154).

Nesses casos, é comum a expressão da violência de caráter machista nas organizações marcada por uma conotação obscena. As ofensas dirigidas aos homens investem sobre sua preferência sexual, mesmo quando não se tratam de homossexuais, apenas por apresentarem um atributo distinto ao grupo. Do mesmo modo, caso o assédio resulte de um plano da empresa para eliminar uma parte de funcionários de maneira pouco dispendiosa, quando se seleciona o profissional a ser assediado se escolhe aquele cujos aspectos pessoais sejam mais suscetíveis por facilitarem sua prática antes de se considerar seus atributos como profissional (Hirigoyen, 2005).

Hirigoyen elabora uma lista de atitudes hostis comumente presentes na prática de assédio moral, classificando-as em categorias distribuídas em uma gradação da mais obscura a mais detectável. Freitas, Heolani e Barreto (2008) adotam essa classificação, qual seja:

Deterioração proposital das condições de trabalho: é a mais sutil porque é feita de forma a retratar a vítima como incapaz de realizar o trabalho que lhe cabe. Dessa forma, ela se torna alvo fácil de reclamações. Além disso, torna a pessoa mais propensa a cometer falhas que possam ser utilizadas como justificativas para uma demissão. Em casos de assédio advindo de superior hierárquico, as hostilidades desse tipo costumam caracterizar o início do processo e são justificadas como necessidades inerentes ao trabalho. Alguns exemplos dessas atitudes: imputar funções de modo intencional e constante que requeiram uma qualificação maior ou menor que a apresentada pela vítima; impor a ela objetivos inalcançáveis; se opor repetidamente a suas decisões; avaliar seu desempenho injustamente ou ampliar a dimensão de pequenas falhas que ela cometeu;

subtrair atividades que costumavam ser de sua incumbência ou ao contrário lhe impor frequentemente atividades diferentes; deixar de fornecer informações pertinentes a suas tarefas.

Isolamento e recusa de comunicação: esse tipo de agressão pode ser imposta tanto pelos chefes quanto pelos colegas e provoca sofrimento intenso às vítimas. Contudo, são desmentidos e justificados pelo agressor como ações triviais. Cita-se alguns exemplos infligidos ao agredido: ser isolado fisicamente de contato com os colegas; ignorá-lo, não lhe dirigindo a palavra; cortar invariavelmente sua fala; os dirigentes sempre se negarem a recebê-lo.

Atentado contra a dignidade: enquadram-se nessa categoria, entre outras atitudes, os escárnios; os deboches; as injúrias; a invenção de boatos; a desqualificação perante os demais colegas, chefes ou o conjunto de membros da empresa pelo qual a pessoa é responsável. Costumam ser provocadas por colegas tomados pela inveja. Ainda que essas atitudes sejam percebidas por qualquer um, a pessoa hostilizada é entendida como culpada: tida como alguém insociável ou com distúrbios psicológicos. Nesse tipo de ataque, as vítimas se sentem envergonhadas, o que as inibem de se manifestar e assim se defender.

Violência verbal, física ou sexual: é a fase mais avançada do processo de assédio e ocorre quando a violência já é de conhecimento geral. Incluem: intimidações quanto a agressões físicas; assédio sexual; uso contínuo de um tom de voz alto ao falar com o agredido. A esta altura, a vítima está desacreditada e taxada como paranóica, de sorte que seus apelos não surtem efeito ou pessoas conscientes do que realmente ocorre não a socorrem por medo de que o mesmo aconteça a elas. Solitário nessa situação, dificilmente alguém consegue lutar contra esse mal.

Hirigoyen (2005) desenvolveu pesquisa com vítimas autoidentificadas de assédio moral na França, por meio de um questionário enviado a essas pessoas, com um percentual de 55% sobre o total da população a quem se dirigia. A frequência em que manifestou a ocorrência de cada categoria foi semelhante, variando entre 53% e 58%, exceto quanto à violência verbal, física ou sexual apontada por 31% dos respondentes, o que evidencia o caráter sutil que costumeiramente encobre o assédio.

Ainda de acordo com o estudo de Hirigoyen (2005), a duração média dos casos de assédio moral foi de três anos e quatro meses. Contudo, é preciso levar em conta diferenças metodológicas entre um estudo aplicado somente com pessoas que acreditam terem sido vítimas desse mal de um estudo aplicado sob uma população como um todo. Logicamente, em setores públicos, pela estabilidade no emprego de que usufruem os funcionários, o assédio vigora por muito mais tempo, podendo chegar a décadas, enquanto que no privado não costuma se estender por mais de um ano. Ainda de acordo com a mesma pesquisa, entre os respondentes, 74% se ausentaram do trabalho em virtude do assédio moral; desses, os que informaram o tempo de parada perfizeram uma média de 138 dias por pessoa. Em pesquisa de Barreto (2006), foram observados como práticas comuns a operários acidentados exemplos que se enquadram em cada uma das categorias estabelecidas por Hirigoyen (2005), especialmente dirigidos aos que retornam após um período de afastamento em função de doenças decorrentes do trabalho que exercem.

As razões que motivam o assédio moral não são nítidas. Na verdade, elas compõem uma arena de sentimentos ou posturas socialmente não aceitáveis e por isso não admitidas por ninguém, "inconfessáveis". Entre eles, está a recusa da distinção, ou seja, a discriminação a certos grupos. Pertencer a um grupo minoritário em uma organização é um fator de risco para o assédio moral (Einarsen, 2005). Embora todo o assédio seja discriminatório, já que brota da intolerância de uma distinção, existem certas categorias que, assim como na sociedade em geral, são mais propensas aos ataques: certos grupos étnicos e religiosos; deficientes físicos ou pessoas doentes; homossexuais; e representantes de funcionários e entidades sindicais. Como esses grupos são amparados pelo sistema legal, recorre-se ao assédio moral pela sua discrição, forçando o funcionário a desistir do emprego. Muitas pesquisas demonstram uma correlação entre aumento da diversidade do grupo de trabalho em termos de idade, gênero e etnia e violência no ambiente organizacional (Hirigoyen, 2005; Salin, 2003).

A vítima muitas vezes não apresenta uma personalidade com características associadas à fragilidade ou a uma patologia. Normalmente, no caso do assédio partir de uma chefia, é a sua dignidade em questionar, em não se submeter a práticas arbitrárias que suscitam a hostilidade. Contudo, devido aos ataques, tende a desenvolver distúrbios em seu comportamento que podem atingir o conjunto deles. Essa nova postura da vítima é usada para justificar e reiterar as agressões. Na verdade, o processo de assédio é possível porque se sustenta na degradação da imagem da vítima e porque o grupo acaba por apoiar ou se omitir em relação a essa nova imagem, ignora como era seu comportamento anterior. Assim, o próprio agredido experimenta sentimentos de culpa pelo mal que lhe sucede (Heloani, 2007; Freitas, 2001).

As empresas atuais tendem a repelir muitos tipos de diversidade, pois a padronização facilita o controle e as mesmas podem contar com seus próprios membros para isso, já que qualquer grupo social estabelece mecanismos de uniformização. O assédio é um artifício utilizado para expulsar os "corpos estranhos do organismo". "Eles têm de aceitar, por bem ou por mal, as regras do jogo" (Hirigoyen, 2005, p. 39). O caráter controlador é notório nos casos em que a empresa adota o assédio para demitir um membro de uma forma menos dispendiosa pelo simples fato de ele incomodar, quando nada há o que se possa criticar.

Ressalta-se que indivíduos solitários são mais passíveis de serem vítimas de assédio moral, especialmente os que possuem um vínculo empregatício débil ou os que tenham maior necessidade do emprego, como mulheres chefes de família. O Parlamento europeu definiu grupos mais expostos ao assédio moral que incluem, além dos casos anteriores, pessoas que apresentem certas características que dificultam sua colocação no mercado de trabalho como jovens sem experiência, os pertencentes a minorias raciais, homossexuais e também mulheres ocupantes de cargos tipicamente masculinos. Curiosamente, é justamente quando o individualismo cresce entre os trabalhadores que as redes de relacionamento adquirem uma relevância progressiva tanto em relação a superiores hierárquicos quanto a colegas de mesmo nível de autoridade.

Trabalhadores cujas atividades sejam basicamente repetitivas e dispensam interações sociais são mais vulneráveis ao assédio pelo seu isolamento. Transferências efetuadas sem a participação da unidade que recebe o funcionário na sua decisão assim como a volta do funcionário à unidade anterior sem prudência e sem ascensão profissional decorrente da experiência podem originar rancor entre os que não foram selecionados na época. Outra situação arriscada é a de ingresso de membros mais qualificados que seus chefes que podem se tornar violentos por sua insegurança em ambientes muito competitivos, o que se observa inclusive entre estagiários e *trainees* (Freitas, Heloani, Barreto, 2008; Hirigoyen, 2005; Salin, 2003).

Para Freitas, Heloani e Barreto (2008), o assédio moral é utilizado no Brasil sistematicamente como um instrumento para "descartar" os que apresentam baixo desempenho ou que cujos comportamentos se mostrem destoantes do que se entende como conveniente à organização. Assim, um grupo potencialmente sujeito à discriminação e consequentemente ao assédio moral é o de pessoas acometidas por doenças no trabalho. Em estudo realizado por Barreto (2006), compreendendo operários de indústrias de diversos segmentos, constatou-se que os trabalhadores que adoeceram em virtude do próprio trabalho, um trabalho que não respeitava seus limites físicos e a preservação de sua saúde, passaram a ser agredidos incisiva e constantemente de diversas formas quando seus desempenhos produtivos declinaram. O medo do desemprego é uma força ardilosamente utilizada pelos superiores hierárquicos como um instrumento a mais de produtividade. Diante da ameaça declarada ou subentendida de demissão, os trabalhadores, quando adquirem doenças decorrentes de suas tarefas de labor, prosseguem com afinco em suas rotinas intensas de trabalho. Preveem a imensa dificuldade posterior em conquistar uma nova colocação estando doentes ou mesmo com a simples notificação de um histórico de doença em suas carteiras profissionais. A própria atmosfera de terror pode propiciar o aumento de acidentes no trabalho e mesmo de doenças. O medo associa-se ao sentimento de culpa e os fazem trabalhar até o esgotamento.

Conforme a autora, os depoimentos colhidos são delimitados por duas fases: a anterior à doença ou o acidente, e a posterior. Na fase anterior, o trabalho era visto como realização, espaço de amizade, contentamento, satisfação e consideração. O período após a doença é marcado pela censura, recriminação, sarcasmos, vexações e desprezo. Nesses casos, "ameaçadas constantemente, o retorno é transformado em terror psicológico" (p. 163). "É o tempo das ameaças e das demissões. Das rupturas. Da violência imposta. Da guerra das palavras e dos gestos que torturam e desesperam. É o tempo das maldades conscientes" (Barreto, 2006, p. 145). Decorrido certo período de tempo, muitos abandonam o emprego por não suportarem mais as incessantes humilhações. Interessante observar que no estudo da autora, 90% dos trabalhadores assediados apresentavam carteira de trabalho assinada, portanto protegidos, em princípio, pelos direitos trabalhistas. Contudo, as empresas se lançam de diferentes artifícios para ocultar as doenças provenientes do trabalho, entre os quais, não notificar as doenças, sonegar informações sobre as relações entre a doença e o trabalho, demitir os adoecidos e submeter os acometidos a humilhações repetitivas. Além disso, muitas vezes contam com a conivência de médicos contratados pelas mesmas ou do Instituto Nacional de Seguridade Social (INSS), que não admitem diagnósticos, não produzem laudos, posto que nem chegam a examiná-los, não repassam exames bem como tratam os pacientes com desdém e autoritarismo.

Conforme Barreto (2006) as cenas de humilhação e as demissões presenciadas originam o medo entre os pares do qual os superiores hierárquicos se utilizam como instrumento de controle do conjunto: humilham a vítima menos produtiva na frente de todos para que esse "sirva de exemplo", ao mesmo tempo em que reforçam seu poder.

No mesmo sentido para Hirigoyen (2005), em algumas empresas, a administração de recursos humanos é pautada pelo medo, compelido aos funcionários, o que os leva a se manterem em uma posição de defesa. Em um clima dominado pelo medo não se confia em ninguém, pois todos podem ser ou se transformarem em oponentes poderosos. Da mesma maneira, o medo de vir a ser assediado faz por vezes com que se adote o mesmo comportamento do assediador como uma estratégia de proteção.

De acordo com Hirigoyen (2005), outras origens para o assédio correspondem aos sentimentos de inveja, ciúme e rivalidade. A despeito de pouco ser abordada pelas ciências sociais, a inveja pode gerar sérias consequências. Manifesta-se quando o indivíduo, sentindo-se inferior a alguém por algum motivo, em uma circunstância de rivalidade ou que leve a comparação, se esforça para prejudicá-lo com o intuito de preponderar sobre ele. A inveja não é assumida, por isso se usa a difamação. Além disso, a mesma não surge somente em função de grandes diferenças; é comum que brote de detalhes ínfimos. O ciúme pode ocorrer em relação a funcionários de mesmo nível hierárquico ou a chefes e subordinados e é fruto de uma personalidade insegura que se depara, por exemplo, com um colega que apresente maior qualificação ou que obtenha melhor desempenho.

Já a rivalidade pode ser um instrumento que as empresas usam para forçar a demissão de funcionários indesejáveis convenientemente através de intrigas, de ideias disseminadas ou mesmo de manipulações conscientes que envolvem dois ou mais indivíduos ou grupos, como os jovens e os mais velhos. Terceirizações podem estimular a rivalidade entre funcionários efetivos e terceirizados na qual os últimos em uma situação mais desfavorável tornam-se sujeitos a humilhações. No contexto organizacional atual, incita-se à rivalidade grupal justificado por um discurso que valoriza a concorrência; contudo se constitui, além disso, em um recurso empregado para impedir coligações (Freitas, Heloani, Barreto, 2008; Hirigoyen, 2005; Salin, 2003).

Existem administrações que incitam a perversidade, instigando a competitividade excessiva e a insegurança, o que leva algumas pessoas a cometerem perversidades. A mentira e o cinismo podem se expandir em cadeia, pois o clima geral torpe desestimula as pessoas a seguirem seus princípios éticos. Por se tornar habitual, esse tipo de ato deixa de ser depreciado. Um recém-inserido em uma organização cuja cultura considere aceitável essa violência pode ser instigado a também procedê-la. É comum que um novato ao adentrar em uma conjuntura marcada pela perversidade seja compelido a se comportar da mesma maneira que a maioria. Nesse caso, ou ele cede à coação por medo ou por cinismo ou vira alvo de assédio ou de isolamento (Hirigoyen, 2005; Salin, 2003).

Certos fatores correlacionados à prática do assédio são cada vez mais comuns no mundo organizacional. O desenvolvimento tecnológico acelerado e as transformações nos modelos organizacionais exigem um esforço incessante de adaptação. As necessidades psicológicas são ignoradas e tratadas como uma questão de mérito: existem os melhores e os que devem ser descartados; os melhores são os robotizados, os que tolheram sua subjetividade (Hirigoyen, 2005; Gaulejac, 2006). "A concorrência entre as pessoas leva a centrar a atenção nas performances de uns e de outros e a neutralizar as críticas sobre as performances do sistema de organização" (Gaulejac, 2006, p. 73).

A má comunicação e a insatisfação com o clima social também são elementos propícios à ocorrência do fenômeno (Einarsen, 2005). Normalmente, exige-se que a comunicação interna seja objetiva, sintética e que aconteça somente quando necessário à produção. Essa situação é possibilitada pelas novas tecnologias que substituem as conversas pessoais por *e-mails*, por exemplo. Mesmo as avaliações de desempenho muitas vezes deixam de ser realizadas com diálogos para serem instrumentalizadas por escalas de avaliação assim como as instruções sobre a execução das tarefas são escritas e padronizadas (Hirigoyen, 2005).

Assim, perde-se o sentimento de solidariedade, de amizade e de companheirismo no ambiente de trabalho, assim como a própria noção de humanidade. Além disso, chefias que tendem a não reconhecer o valor do trabalho realizado pelos subordinados somente e que apontam as deficiências ou as falhas acabam por gerar desmotivação. O desprezo pelo trabalho do funcionário por melhor que esse seja dado à importância que a atividade profissional apresenta para a identidade de qualquer pessoa é um fator que inevitavelmente leva à depressão e à distância. É um dos fatores de sofrimento no trabalho analisado por Dejours (2003). Se os funcionários não são respeitados como seres humanos, mas vistos como instrumentos ou recursos a serem plenamente explorados ou se sentirão indignados ou se abrigarão na submissão.

A hipocrisia reina nas mensagens oficiais que visam deslumbrar os funcionários. O emprego de políticas que envolvem a subjetividade dos trabalhadores em voga atualmente os fazem assimilar valores e objetivos organizacionais como seus próprios, assim a imposição de um alto desempenho passa a ser interna. Ao mesmo tempo, essas políticas os tornam submissos aos atos de exploração, indiferentes aos abusos de poder e ao sofrimento alheio. Enfatiza-se o trabalho em equipe ao mesmo tempo em que os vínculos empregatícios se tornam cada vez mais débeis e a insegurança quanto ao emprego é incisiva, estimulando a competição, o que, para Heloani (2007), é uma procura contraditória: "a conciliação de dois sujeitos historicamente desiguais, capital e trabalho" (p. 128). As contestações dos trabalhadores ocorrem nesse contexto basicamente em casos de demissão ou de não reconhecimento pela grande dedicação prestada. Os questionadores passam por intimidações, de modo que a submissão deve ocorrer de uma maneira ou de outra. Correlato ao assédio moral, a comunicação empresarial é muitas vezes um jogo de domínio. As pessoas incorruptíveis que expressam o que seus princípios mandam e esperam o mesmo dos outros são alvos prováveis de assédio. Em um clima de insegurança, de medo e de dominação não há barreiras para o assédio, basta que exista um agressor (Freitas, Heloani, Barreto, 2008; Hirigoyen, 2005).

É imposta aos trabalhadores dedicação intensiva e comprometimento pessoal com a organização em uma escala progressiva, contudo muitas vezes não existe mutualidade. A falta de consideração dispensada aos empregados gera um acometimento a sua autoestima quando o labor deveria ser fonte de realização pessoal. Atualmente, é comum oferecer aos funcionários qualificados benefícios materiais como uma forma de captar esses profissionais. Na verdade, são meios de sedução maquiavélicos "porque não se trata de tornar os assalariados mais felizes, trata-se de torná-los mais disponíveis, mais produtivos e também mais dependentes" (Hirigoyen, 2005, p. 202). Um ambiente no qual não há respeito é uma condição ideal para que germine o assédio moral.

Outra fonte possível para o surgimento do assédio moral decorre das regras informais ou subentendidas das empresas. Essas regras podem envolver a omissão quanto a infrações ou a erros de pouca gravidade. Para ser aceito pelo conjunto é preciso aceitá-las. Tal condescendência surge pelo medo de um confronto. Permanecer em silêncio é a norma; quem transgredi-la será malvisto e sujeito a ser perseguido pelo grupo (Hirigoyen, 2005).

As pesquisas científicas acerca do assédio moral datam de pouco tempo, caso se leve em conta que esse tipo de violência é antigo. Esses estudos ocorrem em vários países do mundo e assumem diferentes abordagens e nomenclaturas, conforme as conjunturas em que despontaram e as diversas culturas nacionais.

A nomenclatura *mobbing* foi utilizada pela primeira vez por Lorenz na década de 1960 para designar a agressividade exibida por um grupo de ratos a fim de expulsar um estranho a eles. Em 1972, o termo foi empregado por Heinemann em um livro a respeito de atos de violência grupal infantil. Na década de 1980, Leymann, psicólogo alemão que viveu na Suécia, estudou a temática tendo por objeto o universo organizacional. Pioneiro no campo de estudos sobre esse tipo de violência no trabalho, o pesquisador caracterizou e delimitou o fenômeno bem como aperfeiçoou metodologias. Suas pesquisas repercutiram consideravelmente na esfera acadêmica em diversas áreas de conhecimento, em toda a Suécia e posteriormente nos países escandinavos e de língua alemã (Hirigoyen, 2005; Freitas, Heloani, Barreto, 2008).

No início da década de 1990, Leymann publicou uma obra que tornou a matéria conhecida em várias nações, principalmente na França: "*Mobbing*, a perseguição no trabalho" em que aplica o termo *mobbing* pela primeira vez. Segundo Leymann, o *mobbing* se caracteriza por um conjunto de ações hostis constantes dirigidos a uma única pessoa no contexto do trabalho movido por um indivíduo ou grupo de qualquer nível hierárquico em relação à pessoa agredida. A vítima é isolada e caso não aja de imediato passa por um processo no qual é estigmatizada como incapaz de se relacionar bem com os outros logo se entende que se deve eliminá-la daquele ambiente. Nesse ponto, o *mobbing* é difícil de ser combatido e os agressores se sentem seguros. O terror psicológico ganha força a partir da propensão à indiferença e à negligência dos colegas e chefes. Excepcionalmente, os ataques podem se converter gradualmente em agressões físicas. O *mobbing* é uma violência que parte de uma ação coletiva ou deriva da própria organização. A sua origem, para o autor, está em um conflito profissional no qual não se chegou a um consenso. Refere-se a um tipo severo de estresse psicossocial.

A expressão *mobbing* se disseminou nos países escandinavos e posteriormente se expandiu aos países de língua alemã, nos quais os trabalhos relacionados ao assunto sob essa perspectiva seguem em andamento. O trabalho de Leymann levou à criação de uma lei que previsse a violência psicológica, definida pelo *mobbing*, como prática criminosa.

Já a denominação *bullying* surgiu na Inglaterra, onde se disseminou. No princípio, estava associada às humilhações, ofensas e intimidações ocorridas no universo infantil. Em seguida, passou a se referir aos mais diversos cenários até ter incluída a esfera profissional no ano de 1984 por Lazarus, que o avaliou como uma forma de estresse social. O *bullying* conceitualmente é mais abrangente que o *mobbing* por englobar vários níveis de violência desde insultos e isolamentos a abusos sexuais e agressões físicas.

Fundamentalmente, o *bullying* se relaciona à prática de um agente individual e não grupal; também não parte do modelo organizacional. Pode se dirigir a um indivíduo ou a um grupo por agressões quase imperceptíveis para os demais. Costuma se originar naqueles que têm maior poder hierárquico frente às vítimas e esse abuso de poder tem consequências sobre a autoconfiança e a autoestima das mesmas. A expressão ainda é corrente no Reino Unido, assim como em alguns países de língua inglesa, como a Austrália. O *bullying* foi reconhecido em um relatório acerca da violência no trabalho pela Organização Mundial do Trabalho, no qual se declarava que a violência psicológica compelida aos trabalhadores é entendida hoje como de mesma relevância que a física.

Outras concepções ou nomenclaturas do fenômeno são mencionadas a seguir. *Harassment*, originário dos Estados Unidos a partir da obra *O trabalhador assediado*, de Carroll, de 1976, é definido como ataques incessantes e de vontade própria com o intuito de atormentar alguém que podem chegar a atingir sua saúde. *Whistleblowers*, por sua vez, designa aqueles que denunciam condutas criminosas das empresas em que trabalham e passam a ser retaliados para que não testemunhem mais. O *ijime* é originário do Japão e alude ao ambiente escolar e empresarial, nos quais surge como uma estratégia de padronização e ajustamento às conveniências organizacionais daquele momento, dirigidas às crianças e aos jovens trabalhadores. Hoje, com a exigência de profissionais tidos como criativos e flexíveis, bem como com a necessidade de minimizar o número de funcionários nas empresas, o *ijime* evoluiu para o assédio moral ainda mais violento dirigido especialmente aos empregados mais velhos como um modo de descartá-los.

Essas diferenciações de abordagem e/ou de nomenclatura acabam por limitar os resultados de certos levantamentos porque são construídos segundo o prisma adotado. Por exemplo, os estudos realizados em relação à frequência com que ocorrem casos de assédio moral sobre a população em geral costumam apresentar diferenças resultantes dos distintos conceitos/critérios aplicados.

É importante discernir o assédio moral de outras ocorrências típicas do ambiente de trabalho especialmente nos dias atuais que podem causar moléstias à saúde ou a situação profissional de um indivíduo, tais como o estresse. O estresse é entendido pelo senso comum como uma condição inerente ao trabalho, à qual o profissional é responsável por se ajustar. Não se questiona o porquê de sua existência (Hirigoyen, 2005; Gaulejac, 2006).

O estresse não deve ser confundido com o assédio moral porque, para um indivíduo estressado, a simples alteração de sua situação de trabalho é o suficiente para que volte a viver como antes. Para um indivíduo assediado, os sentimentos advindos são duradouros, após o assédio cessar. Contudo, existe uma correlação entre clima de trabalho estressante e ocorrência de assédio moral (Hirigoyen, 2005; Salin, 2003). Vive-se hoje nas organizações o imperativo da eficiência, ou seja, de produzir cada vez mais em cada vez menos tempo. O tempo deve ser plenamente utilizado tendo em vista a produtividade e o alcance das metas, tudo o mais se torna supérfluo, inclusive as relações entre as pessoas (Hirigoyen, 2005; Gaulejac, 2006). Gaulejac (2006) é mais enfático quanto ao papel do estresse. Para o autor, a forte pressão sobre todos os membros cada vez mais disseminada no ambiente de trabalho atual origina os comportamentos de assédio. Assim, é característico da empresa hipermoderna, em que cada indivíduo estar envolvido em tamanha atmosfera de pressão que pode haver uma alternância de papéis: ora assedia ora é assediado.

O assédio moral tampouco deve ser confundido com conflito. Para Hirigoyen (2005), o conflito pode evitar a existência do assédio. Em um conflito, as censuras vêm à tona, sendo que cada parte é respeitada em seu direito de se expressar e expor a sua posição, o que torna possível um entendimento; em uma situação de assédio, há a ocultação e a dominação de uma parte sobre a outra. Normalmente, a cultura organizacional entende os conflitos como danosos bem como arriscados de fugirem ao controle e procura bloqueá-los ou forçar um fim aparente a eles. Contudo, o conflito, ainda que promova contratempos para uma organização, é salutar à medida que possibilita identificar deficiências e impulsionar modificações, ao passo que o assédio é uma via para inibir alterações. A insegurança de alguns administradores os leva a não declarar o que pensam ou desejam honestamente a fim de não se arriscar em um possível conflito; então simplesmente impõem as ordens ou as deixam implícitas. Informam o menos possível para poder voltar atrás em suas estratégias sem causar alarde. A ocultação dos conflitos é cotidiana nos estilos de organização modernos ao contrário dos tradicionais nos quais os conflitos são explícitos (Hirigoyen, 2005). Como defende Gaulejac (2006), a incerteza é, sobretudo, vivida como ameaça no contexto corrente.

Como já mencionado, as consequências do assédio moral podem ser muito graves e atingem diferentes ordens. Daí a relevância de se compreender e assim poder combater, bem como prevenir essa violência.

3

Assédio moral e assédio sexual contra mulheres no trabalho

No estudo de Hirigoyen (2005), as mulheres representaram 70% do total de pessoas que se declararam vítimas de assédio moral. Salienta-se, no entanto, que índices como esse podem variar de acordo com a estrutura social e cultural de cada país. Assim, em países escandinavos e na Alemanha existe uma consciência maior das pessoas contra a discriminação sexista; logo, se encontram medidas mais concretas que tenham em vista proteger a equivalência de direitos entre homens e mulheres. Já nos países de origem latina, os preceitos machistas continuam muito fortes e é comum o pensamento masculino de que as mulheres que trabalham "roubam" o emprego dos homens, o que instiga a hostilidade contra elas.

Em sua obra *Mobbing, a perseguição no trabalho*, Leymann revela, em pesquisa realizada na Suécia, diferenças de gênero em relação ao *mobbing*. As mulheres são maioria (55% *versus* 45%) dos agredidos e, enquanto os homens são agredidos na maioria dos casos por outros homens (76%), os que agridem as mulheres estão bem distribuídos em relação ao sexo: 30% foram agredidas por homens e mulheres; 30% por homens e 40% por mulheres.

No entanto, os resultados obtidos por pesquisas acadêmicas em países da Europa são divergentes: parte afirma que as mulheres são mais assediadas e parte que o sexo dos trabalhadores é uma variável que não interfere nas ocorrências do assédio moral. Há ainda uma minoria que identifica que os homens são mais assediados. Como já mencionado, a diversidade quanto aos métodos aplicados nas pesquisas de assédio moral em diferentes nações pode ser uma explicação para os resultados contraditórios. Contudo, a maioria das pesquisas indica que as mulheres são as maiores vítimas (Bradaschia, 2007).

Na pesquisa realizada por Barreto (2006) concernente ao espaço fabril brasileiro, também se observa que as mulheres manifestam mais frequentemente situações em que vivenciam esses abusos, comparadas aos homens: 56,87% do total de mulheres *versus* 43,2% do total de homens pesquisados. Essa situação está em harmonia com a divisão sexual do trabalho se considerado que essa engloba formas de controle. No entanto, Barreto (2006) observa que os homens tendem, por medo da associação com o feminino, a encobrir seu sofrimento, o que possivelmente contribui para explicar essa diferença.

Barreto (2006) atenta que as mulheres especialmente quando grávidas ou com filhos com idade inferior a 10 anos ou, ainda, envolvidas em atividades sindicais integram os grupos que mais costumam sofrer o assédio moral ao lado de outros como os adoecidos e os que sofreram acidentes de trabalho, assim como os que se revoltam contra as arbitrariedades que veem.

Além disso, a autora observa que a violência apresenta influência da discriminação social e racial. Percebeu-se ainda a gritante predominância de mulheres entre os trabalhadores expostos ao assédio moral cujo processo culminou em demissão em virtude de doença ou acidente de trabalho. Das mulheres entrevistadas vítimas dessas agressões, 90% se enquadram nesse caso já entre os homens esse percentual é de apenas 60%.

Como sublinha Barreto (2006), na percepção de homens e mulheres, o trabalho formal se confunde com a própria vida. Além disso, para as mulheres se forma uma relação afetiva com a empresa em que trabalha vista como uma "segunda família", o que se degenera quando vítimas de aviltamentos. Frente ao menosprezo imputado às atividades domésticas que executam, é no espaço profissional que a mulher se sente dignificada, com orgulho de suas conquistas, de sua independência financeira ou de sua capacidade para contribuir com o sustento familiar. Aliado a outros aspectos como socialização, realização e reconhecimento social, o trabalho formal exerce um papel relevante para a sua autoestima e aparece associada ao desempenho produtivo. Diante da imagem depreciativa e da consequente avaliação pejorativa que a todas acomete como ponto de partida e que sempre as rondam, esforçam-se com todas as suas forças para superar a discriminação que sofrem, para provar seu valor, dedicando-se com esmero. A depreciação das atividades que assumem diante da chefia se mostra pelo relacionamento que dispensam a elas como se fossem crianças, repreendendo-as violentamente e muitas vezes sem nenhuma razão de ser. Considerando as categorias estabelecidas por Hirigoyen (2005), esse comportamento pode ser enquadrado como uma manifestação de assédio moral classificado como atentados contra a dignidade.

A discriminação contra a mulher não se origina somente das políticas organizacionais. As ideologias, símbolos e imagens contidas na comunicação empresarial dão a razão de ser e tornam aceitáveis as distorções entre homens e mulheres nas empresas, portanto sustentam essa configuração. Estudos concluem que a organização como um todo é constituída por processos de comunicação pautados por conceitos de gênero (Calás, Smircich, 2007). Martim (1990, apud Steil, 1997) defende que o preconceito contra a mulher nas organizações ocorre de forma velada, discreta, subentendida nos atos e palavras de seus membros, semelhante ao que ocorre com a segregação racial. Essa situação é uma forma de assédio moral imposto ao grupo das mulheres por meio de atentados contra a dignidade, como se depreende de Hirigoyen (2005).

Somada ao fato de o assédio moral ser mais infligido às mulheres de modo geral está a maneira como é aplicado a elas, que é bastante diversa. Os ataques que manifestam o assédio moral variam de acordo com o sexo do trabalhador e são compatíveis às diferentes imagens sociais do feminino e do masculino: enquanto para as mulheres, os ataques ocorrem em forma de intimidações, domínio, piadas rudes e ofensas que englobam seu físico e sua maneira de se vestir, para os homens são mais usados o isolamento e insultos dirigidos à virilidade (Darcanchy, 2006).

Quando adoecidos, e por isso discriminados pelas organizações que não admitem queda de produtividade, os destinos estabelecidos pelos dirigentes diferem conforme o sexo do trabalhador. As mulheres são dirigidas a atividades inferiores ou para outras áreas, inseridas em cargos menos valorizados em relação aos que tinham antes ou ainda são manejadas consecutivamente — situação em que precisam aprender o exercício de novas tarefas rapidamente; em um estágio superior da doença, são dirigidas a um setor específico para funcionários doentes (o chamado "compatível" ou "de retrabalho"), período em que passam por humilhações mais agressivas e persistentes, punidas, por exemplo, pelo corte de cestas básicas, e incessantemente ameaçadas até finalmente serem demitidas. As mulheres são mais responsabilizadas, se comparadas aos homens, quando seus desempenhos diminuem devido à doença. Livrar-se das trabalhadoras é entendido como uma maneira de não arcar com um trabalhador "menos produtivo". Os homens são desprezados e eliminados das relações sociais nos ambientes e conversas masculinos ou eles mesmos buscam a solidão ante o quadro de profundo sofrimento que vivenciam (Barreto, 2006).

Quando vítimas de assédio moral, as reações também diferem quanto ao sexo em função da incorporação das imagens de virilidade e feminilidade: as mulheres expressam seu sofrimento e buscam mais facilmente recursos que possam socorrê-las; já os homens, por vergonha, educados para suprimir a demonstração de suas emoções, se "fecham" em si mesmos e recorrem a drogas ou à violência contra a família. Como decorrência das imagens de feminilidade e virilidade, as mulheres são socialmente autorizadas a desabafar, a se emocionar, enquanto os homens tendem a se afastar do convívio social pelo imenso constrangimento que se abate sobre eles, o que talvez ajude a entender os elevados índices de mulheres denunciantes.

Como geralmente é uma violência só notória quando o processo já está avançado, nesse ponto o agredido tende a entrar em um estado de depressão e, portanto, a assumir uma postura inerte. Essa ausência de ação é associada à feminilidade, o que provoca uma outra causa de sofrimento no homem que se vê constrangido em sua identidade masculina.

As associações com as mulheres utilizadas como ofensas aos homens, em especial concernente à fragilidade e à sensibilidade, remetem a uma imagem subjugada e inferior da mulher como dominada pela natureza frágil e pusilânime que é atribuída a ela (Barreto, 2006; Heloani, 2007).

A educação das mulheres as predispõe a serem resignadas, meigas, "femininas". A violência e a dominação são características estimuladas nos homens e associadas a eles sendo opostas ao que se espera das mulheres. A postura que se instaura nelas, decorrente da criação que receberam, faz com que apresentem uma vulnerabilidade maior a se reprimir e a se sujeitar a relações de dominação. É necessário que elas rompam com essa condição, se neguem a ser agredidas e se defendam (Hirigoyen, 2005).

A oposição coletiva dos homens, ainda que não deliberada, ao ingresso das mulheres nos trabalhos tipicamente ocupados por eles pode ser explicada como uma postura defensiva à sua distinção social e também à sua própria identidade sexual que nessa circunstância eles percebem, de modo abstruso e apaixonado, como ameaçadas. À medida em que deixa de ser uma prerrogativa masculina, deixa também de ser uma "raridade" do corpo social que assumem. A aversão com que respondem ao acesso das mulheres é ainda mais pronunciada e até colérica em determinados segmentos profissionais fortemente marcados pela representação viril, a qual concede, significativamente ou inteiramente, todo o valor social do que fazem, e o valor que eles próprios conferem ao que fazem, como militares ou operários que executam funções que demandem grande energia física (Bourdieu, 2003). Essa situação pode estimular a ocorrência de assédio moral em contextos tradicionalmente masculinos. Em pesquisa de Hirata e Kergoat (2002), aplicada a uma fábrica produtora de vidro, as qualidades físicas e comportamentais para o exercício dos trabalhos "masculinos" eram julgadas como virtudes inerentes à virilidade e essa avaliação leva os operários a não somente consentirem em assumir essas funções, mas também a sentirem prazer e satisfação em assumi-las, de sorte que todos os operários revelavam esses sentimentos aparentemente conflitantes com seus cargos. Esse fato estava associado à identificação social de seu trabalho com a virilidade, entre outros fatores.

Para Hirigoyen (2005) as particularidades do assédio moral imposto às mulheres estão relacionadas ao assédio sexual ou a atitudes semelhantes ao mesmo por assumir habitualmente um teor machista. O clima de trabalho aviltante às mulheres, no qual elas são marginalizadas e até tolhidas de exercer suas funções somente por seu sexo, é uma manifestação de assédio moral que se assemelha ao assédio sexual. A cultura das empresas não considera a equivalência de direitos entre os sexos especialmente ao se tratar de ascensão hierárquica (Hirigoyen, 2005).

Uma manifestação de assédio moral tipicamente dirigido a mulheres no trabalho é o assédio sexual. Como sublinha Freitas (2001), o assédio sexual é resultante da não aceitação plena das mulheres no espaço profissional, a qual ainda suscita muitas vezes uma ideia de "mal necessário" entre os homens. Antigamente, a presença da mulher no mercado de trabalho era vinculada às suspeitas quanto ao seu comportamento sexual dentro das empresas, especialmente quando bem-sucedidas. Ainda que tal conceito tenha perdido força, não desapareceu por completo em uma posição que as responsabiliza pelos abusos de caráter sexual que sofrem.

Em estudo empreendido na França sobre o assunto, promovido pelo Ministério do Trabalho e pelo Departamento de Direitos da Mulher daquele país (Cromer apud Hirigoyen, 2005), concluiu-se que o assédio sexual no trabalho era mais incidente nas empresas privadas de pequeno porte, que as mulheres eram a maioria das vítimas e os agressores majoritariamente eram seus respectivos chefes do sexo masculino. Mulheres que atuam em posições tipicamente masculinas estão mais sujeitas a sofrê-lo, conforme o Parlamento europeu, que as define como um grupo de risco ao assédio sexual (Hirigoyen, 2005).

Embora haja algumas diferenças conceituais conforme os autores estudados, basicamente o assédio sexual pode ser definido como investidas de caráter sexual que se utilizam de uma ameaça quanto à carreira profissional dos alvos por meio de uma diferença de poder organizacional.

O assédio sexual passou a ser tema de interesse popular, e assim de debate nos meios jurídicos, a partir do filme *Assédio sexual* produzido nos Estados Unidos em 1994, que, com seu grande sucesso, trouxe a discussão que já existia timidamente na academia para a sociedade como um todo.

Atualmente, o assédio sexual é crime previsto em lei naquela nação. A obra trouxe alguns conceitos básicos sobre o assédio sexual embutidos no enredo: deve-se denominá-lo, defini-lo e assim enfrentá-lo; o esclarecimento de que essa violência não é motivada pelo sexo, mas pelo poder; o agressor possui poder para prejudicar a vítima se houver resistência; desvincula-o de sedução ou prazer, mas o associa à ameaça e represália. No entanto, essas situações já eram de longa data nos meios profissionais e são provenientes de uma cultura empresarial ainda arrogante, abusiva e machista (Freitas, Heloani, Barreto, 2008).

No mesmo sentido, Bourdieu (2003) afirma que para melhor compreender o assédio sexual é preciso considerar que o objetivo pode não ser somente o de prática sexual em si e sim o de uma demonstração que confirme o poder de dominação masculino. Para o autor, isso decorre de que o próprio ato sexual se apresenta socialmente como uma relação de dominação em função de que sua efígie está baseada no conceito de separação entre os sexos e que situa a mulher como passiva e o homem como ativo. Freitas (2001) também salienta que a faceta que o caracteriza é na maior parte das vezes a clara assimetria de poder, definida pela hierarquia. Embora também o relacione à cultura machista que ainda permeia a sociedade, considera que o assediador possa ser uma mulher e o assediado um homem, sendo que a condição essencial é o poder de que dispõe o assediado e não o sexo dos atores.

No Brasil, a herança cultural do passado escravagista se reflete no autoritarismo e na falta de respeito pelo ser humano quando em uma posição de subordinação profissional a qual se confunde com subordinação pessoal, estimulando o assédio sexual. Também faz parte da cultura nacional a tendência ao "escapismo", a banalização dos eventos para não enfrentá-los, o que favorece o lado do agressor (Freitas, 2001).

Barreto (2006) considera o assédio sexual como uma violência de cunho machista advinda de superiores hierárquicos de fundo sexual que envolva ameaça quanto ao emprego ou promessas de promoções de carreira. Associadas a essas, as principais manifestações relatadas pela autora acerca de operárias de diversos ramos que o sofreram compreendem intrigas, constrangimentos, maledicências, toques abusivos, troças, bem como comentários rudes e obscenos. Tornando a atmosfera atemorizante e agressiva, o assédio sexual causa a deterioração das condições de trabalho e prejudica as relações entre os colegas que são jogados uns contra os outros; em nível individual, surte efeitos psicológicos e até físicos como a piora no quadro de doenças pré-existentes. Além disso, as trabalhadoras escolhidas como alvos são submetidas a boatos, ironias, humilhações e mesmo alienadas de convívio. Essas agressões podem culminar em demissões ou por não resistirem mais ao ambiente hostil ou como retaliação.

As operárias agredidas se sentem humilhadas e incapazes de se defender. Segundo Barreto (2006), boa parte das trabalhadoras agredidas que recorreram a instâncias superiores das empresas para denunciar a violência não teve suas queixas consideradas e ainda foram vítimas de escárnio. Sem amparo dos colegas e muitas vezes em uma imagem invertida da situação perante os outros, na qual elas passam de vítimas a responsáveis, o assédio sexual é muito difícil de ser combatido.

Hirigoyen (2005) constata que em seu âmago o assédio moral e o assédio sexual são semelhantes: o que está em causa é a humilhação objetivando a dominação e o uso da pessoa como um joguete. Como já mencionado, a humilhação ocorre quando atinge a intimidade de alguém. O sexo é um fator que atende sobremaneira a esse requisito. Além disso, o assédio moral se caracteriza pela sutileza. É consideravelmente intrincado demonstrar que determinado ambiente é marcado pela discriminação machista. Em pesquisa realizada por Hirigoyen na França referente ao ano 2000 (apud Freitas, Heloani, Barreto, 2008), constatou-se que 70% das mulheres vítimas de assédio moral também passaram por agressões de teor sexista; entre os homens, esse índice foi de 30%.

Outro aspecto no qual se verifica a conexão entre o assédio moral e o assédio sexual reside na frequente transferência de um para o outro. Para Hirigoyen (2005), o assédio sexual é estreitamente ligado ao assédio moral; na verdade, o primeiro pode ser considerado um desdobramento do segundo. Freitas, Heloani e Barreto (2008) consideram que a transferência pode ocorrer nos dois sentidos: quando frustrado, o assédio sexual pode se transformar em assédio moral ou o assédio moral pode culminar em assédio sexual. Obter evidências para uma condenação do agressor é complexo, já que possíveis testemunhas são praticamente o único recurso possível para tanto. Devido aos conceitos vinculados à noção de virilidade ele mesmo não julga sua conduta reprovável em boa parte das vezes, assim como diversos de seus colegas homens que entendem essas atitudes como naturais à masculinidade. Paralelamente, o assédio sexual é menos denunciado pelas vítimas pelo embaraço que suscita principalmente quando não se resistiu. Dessa forma, prefere-se manifestar apenas a ocorrência do assédio moral (Hirigoyen, 2005).

O assédio sexual, assim como o moral, pode e deve ser combatido pelas organizações por meio de suas políticas pela responsabilidade que apresentam pelas condições de trabalho de seus funcionários e pelas consequências perniciosas que podem acarretar à sua imagem e ao desempenho produtivo (Freitas, 2001).

Conforme Barreto (2006), um dos aspectos da notória divisão sexual do trabalho nas fábricas é que quando os homens são colocados em um setor "de mulheres" é como superior hierárquico. Nessa posição, depreciam sistematicamente o trabalho que as trabalhadoras executam. Essa organização do trabalho é assentada na posição inferior que a sociedade como um todo relega as mulheres. Impor barreiras a elas simplesmente por seu sexo, negando-lhes o acesso a ocupações que permitam maior riqueza intelectual, assim como a cargos de hierarquia e de melhores salários, é uma forma de deteriorar suas condições de trabalho, uma categoria de assédio moral proposta por Hirigoyen (2005).

Lobo (1991) e Barreto (2006) defendem que uma análise mais aprofundada sobre o cotidiano das operárias demonstra que a suposta benevolência feminina é provocada pelo tipo de autoridade que se impõe a elas que é muito mais contundente do que a exercida sobre seus colegas homens, sendo marcada por aviltações, inclusive de natureza sexual. Dessa forma, as advertências, os castigos, os constrangimentos se fazem muito mais presentes para elas. Lobo (1991, p. 29) sublinha que "a produção se estrutura sobre a base de uma divisão sexual e social do trabalho que atinge os salários, as promoções, a qualificação, a escala de funções e as formas de controle da mão de obra". Essas conclusões são reforçadas por Segnini (1998) ao estudar as condições de trabalho das mulheres no serviço bancário, e também por Perreault (1993) que indica estudos realizados por diversos autores, entre os quais Moliniez e Volkoff, Acker e Van Hauten e Guilbert, cujos resultados apontam que o controle a que as mulheres são submetidas é mais austero que o imposto aos homens.

Como sublinha Barreto (2006), as formas de controle sobre as mulheres englobam práticas diversificadas de violência como restrição e controle de idas ao banheiro, exigência de descrição de consultas médicas, transferências injustificadas de posto, impossibilitar a execução de suas tarefas vedando os recursos necessários, cobranças incisivas e constantes bem como toda sorte de humilhações, tais como xingamentos, depreciações públicas e ameaças diretas ou indiretas. Assim, as mulheres estão mais expostas que os homens, em especial as operárias, aos atentados contra a dignidade e a deterioração das condições de trabalho no seu cotidiano profissional, classificados por Hirigoyen (2005) como práticas de assédio moral.

Barreto (2006) vai ao encontro do pensamento de Lobo (1991) e Bourdieu (2003) ao afirmar que não se pode perder de vista que as organizações refletem a distinção entre papéis de homens e de mulheres existente nas famílias e na sociedade — sob a forma de preconceitos arraigados. As organizações são o retrato da sociedade em que estão inseridas com os mesmos valores fundamentais que emanam delas. A partir desses fatores é que são geradas as segregações sexuais no trabalho. Porém, não obstante o sistema capitalista não produzir a imagem inferior da mulher, ele a assimila e a consolida.

Puppin (1994), ao estudar a situação de trabalho de mulheres gerentes, avalia que a divisão sexual do trabalho é consoante e inerente a "um processo de produção social de diferenças" que, como uma de suas nuances, apresenta a construção de "rotulações desacreditadoras das mulheres" ou adjetivações especificamente masculinas e femininas. Os preconceitos de gênero aliados às exigências sociais implícitas fundamentam esses rótulos e são guias utilizados para determinar os espaços em que as mulheres atuam e para apreciação de seus trabalhos. De acordo com Puppin (1994), entre os atributos pejorativos mais comuns estão os relativos à sexualidade. As mulheres mais atingidas pelas injúrias eram aquelas cujas atitudes fugiam ao padrão "autorizado" pela sociedade às mulheres, especialmente àquelas provenientes de classes médias em trabalhos administrativos. Nesse código de conduta no trabalho estão inseridos não somente fatores profissionais, mas também morais, de personalidade e de vida pessoal.

A não observância a esses padrões implica associação de imagem a representações expressas por aviltações pesadas compatíveis com o sentimento de repreensão que visa preservar a ordem, sendo essa a principal utilidade dos estigmas, conforme Goffman (1977, apud Puppin, 1994). Um exemplo emblemático citado pela autora é o de uma executiva malvista por alguns entrevistados por ser ambiciosa, priorizar sua carreira frente à família e assumir postura de comando. Também foi relatado ser comum o uso de adjetivos correlatos à rispidez ou a comportamento explosivo para mulheres portadoras de atributos associados à virilidade como a agressividade e que usualmente se transformam em virtudes quando advindos de um homem. Os estereótipos sexuais que recaem sobre mulheres em cargos de chefia servem de parâmetro de avaliação e ora beneficiam a mulher como a sensibilidade apontada que a tornaria mais perspicaz e ora prejudicam como a suposta falta de competitividade feminina (Puppin, 1994). Os atentados contra a dignidade como forma de assédio moral às mulheres são profundamente influenciados pelos estereótipos sexuais.

Na mesma direção, Lombardi (2006) constata que as mulheres das engenharias, área tipicamente masculina, que atingem cargos de alta gerência ou direção têm em comum o fato de inexoravelmente verem suas competências questionadas a todo o tempo envoltas em uma bruma de incerteza, o que não acontece com os homens. Carvalho (2007) observa que, entre os engenheiros, algumas vezes, as conquistas profissionais das mulheres são percebidas como advindas do uso de artifícios inerentes à feminilidade, em especial a sensualidade, de modo que elas precisam se preocupar em assumir uma postura "séria" ou masculina o bastante para não despertar tais suspeitas. O mesmo se verificou em estudo com mulheres gerentes realizado por Puppin (1994), segundo o qual existe a "construção de uma fronteira qualitativa que separa o sucesso indubitavelmente merecido (o masculino) daquele duvidoso (o feminino)" e a "expectativa/temor generalizado de que a possibilidade de uso dessas armas ilegítimas seja acionada" (Puppin, 1994, p. 24). Essas situações podem desencadear ocorrências de assédio moral classificados por Hirigoyen (2005) como atentados contra a dignidade e deterioração proposital das condições de trabalho às trabalhadoras. Ainda, segundo Carvalho (2007), já na faculdade, as futuras engenheiras percebem a necessidade de alcançar *performances* excelentes para que sejam respeitadas e vistas como capazes tanto por colegas quanto por professores. Para Freitas (2001), esse tipo de pensamento estimula o assédio contra a mulher no trabalho. Se a posição de chefia que ocupa não é reconhecida como legítima pode fomentar a hostilidade de seus funcionários especialmente quando discordam de suas posições, lhe fazem cobranças ou de alguma forma contrariam seus interesses, favorecendo a ocorrência do assédio.

Um outro estudo de Thiry-Cherques e Pimenta (2004), realizado com executivos brasileiros, conclui que a expressiva incidência de estereótipos sexuais, como a crença na inferioridade intelectual feminina, no modo de pensar dos mesmos, remete que a mulher atua constantemente em um ambiente hostil e que sua presença, na realidade, não é aceita, é tão somente tolerada. Assim, elas trabalham constantemente em um clima de grande pressão, o que pode conduzi-las a inibir seus potenciais de desempenho "O pior é que este é um processo autoalimentado. Trabalhando sob pressão, a produtividade, a eficiência e a eficácia das mulheres tendem a decair, o que confirma as ideias preconceituosas. O ciclo vicioso se reproduz incessantemente: preconceito-tensão-baixo rendimento-expectativa confirmada-preconceito etc.". Portanto, é uma maneira de assédio moral que se utiliza a degradação das condições de trabalho das mulheres.

Render-se à feminilidade estando no poder emana toda sorte de contradições. Assim, quando confrontadas com gracejos sexuais no trabalho, ou elas tomam parte nem que sejam somente como expectadoras no esforço de se associar ao grupo — ao "clubinho masculino", nas palavras de Lombardi (2006), com suas normas de convivência ou o que Puppin (1994) denomina como "homossociabilidade masculina" — ou se põem à margem dele. Contudo, ao se incluírem nessas situações, pagam o preço de perderem o mérito para contestar ao sofrerem práticas discriminatórias ou mesmo de assédio sexual (Bourdieu, 2003).

O desequilíbrio de poder na organização é um pré-requisito para a ocorrência do assédio moral (Einarsen, 2005). Muitas pesquisas indicam a relação da violência com a diferença de poder formal. Mas, é comum que diferenças de poder na sociedade sejam incorporadas pelas organizações. Mulheres tendem a ser em função dos típicos papéis de gênero e do *status* menor apresentado — como em outros grupos de minorias — mais desprovidas de poder em relação aos homens, o que é percebido por todos. Em muitos países, a maioria dos que denunciam sofrer assédio moral são mulheres. Estudos indicam que existe uma ligação entre o sexismo no ambiente de trabalho e casos de assédio moral nas empresas. A existência de políticas e práticas organizacionais voltadas à questão da diversidade são relevantes na prevenção da disparidade de poder (Salin, 2003).

4

A trajetória histórica das mulheres no "mundo industrial"

O repentino e veloz desenvolvimento das fábricas com o advento da Revolução Industrial requer grande quantidade de mão de obra disponível e a atuação das mulheres no processo produtivo se torna indispensável. Cabe salientar que nos séculos XVIII e XIX, sob a influência da Revolução Burguesa — cuja uma das consequências foi a disseminação ideológica de que o trabalho externo era impróprio para as mulheres — somente para as que estavam em situação de miséria o trabalho na esfera pública existia e mesmo assim sem legitimidade. As demais passaram por um longo período de isolamento doméstico (Beauvoir, 1980; Leite, 1994; Lipovetsky, 2000). De acordo com Guilbert (apud Hirata, 2002), o advento tecnológico das máquinas foi o responsável pela introdução das mulheres nas fábricas ao amenizar a necessidade de condicionamento físico para executar as tarefas. Além disso, por representarem uma alternativa de mão de obra mais barata e apresentarem grande habilidade para a fiação adquirida no lar onde eram as responsáveis pela confecção de vestuário, as mulheres ingressaram ostensivamente, assim como as crianças, no trabalho industrial, já na primeira fase da Revolução (Beauvoir, 1980).

As operárias eram empregadas basicamente nos processos de fiação e tecelagem das indústrias de lã e da seda. A Revolução Industrial provoca a expansão do trabalho da mulher, no entanto, não promove de imediato sua emancipação. Compelidas pela extrema miséria, como todo o proletariado, trabalham sob degradantes condições de higiene, desprovidas de qualquer direito legal, em cargas horárias exaustivas que chegam a 17 horas diárias. Como consequência de sua resignação, a conquista legal da mulher por direitos trabalhistas ocorre com muita morosidade e de forma gradual distribuídos ao longo de várias décadas a partir do ano de 1874. Ao se apresentarem como uma força de trabalho pouco dispendiosa e disposta a trabalhar sob quaisquer condições e o quanto a fadiga as permitissem, as operárias não foram bem aceitas por seus colegas homens, pois representavam uma concorrência poderosa e que poderia declinar o estado do proletariado como um todo (Beauvoir, 1980). As péssimas condições de trabalho a que estavam submetidos os trabalhadores dessa fase da Revolução Industrial estimularam movimentos reacionários baseados no socialismo utópico. Entretanto, a corrente teórica desse período defendia a discriminação sexual ao não considerar que as trabalhadoras fossem dignas de exercer os mesmos direitos que seus colegas homens (Leite, 1994).

O século XX trouxe fatos determinantes à inserção da mulher nas fábricas. Um deles foi a Revolução Russa, ocorrida em 1917, a qual defendia que homens e mulheres tivessem as mesmas oportunidades de emprego, inclusive tornando obrigatória a equivalência salarial entre os sexos por meio de uma lei (Leite, 1994). O processo de *taylorização* durante a Primeira Grande Guerra ampliou substancialmente a presença feminina na indústria ao exigir menos desempenho físico dos trabalhadores (Guilbert, apud Hirata, 2002).

A crise de 1929 que provocou a Grande Recessão dos anos seguintes também contribuiu para o ingresso da mulher nas fábricas. A oferta de empregos destinada às mulheres — mais uma vez por estar vinculada a salários mais baixos — expandiu-se consideravelmente durante esses anos e sua participação era fundamental para o sustento familiar em uma época marcada pelo desemprego.

A Segunda Guerra Mundial, ao obrigar os empresários a recrutar mulheres para preencher o grande espaço de força de trabalho deixado pelos homens, foi o fato histórico mais decisivo para a entrada da mulher no mercado de trabalho no século XX. Ao contrário da Revolução Industrial, que promoveu a inserção feminina no trabalho formal somente nas classes que viviam em extrema pobreza, o conflito permitiu às mulheres de classe média que pudessem experimentar a vida no espaço público (Leite, 1994).

Conforme Sullerot (apud Leite, 1994), o trabalho da mulher durante a guerra possibilita aos industriais constatar que embora obtivessem menor desempenho nas funções que exigiam grande esforço físico comparadas aos homens, as mulheres se revelaram superiores nas atividades que dependiam de agilidade e exatidão. Dessa forma, os industriais viram na mulher uma força de trabalho capaz de fornecer maior rapidez e menores gastos salariais, dois benefícios relevantes. Todavia, com o fim do conflito, as trabalhadoras foram forçadas a retornarem a suas vidas restritas as espaço privado sob o argumento de que deveriam devolver o trabalho dos homens bem como exercerem seu papel "natural" de cuidar dos afazeres domésticos e da educação dos filhos, visão sustentada pelos meios culturais e de comunicação do período (Muraro, 1993).

Nos anos de 1950, a produção industrial americana atinge recordes e gera a necessidade de um grande mercado consumidor. Surge assim a sociedade de consumo. As famílias deveriam ser organizações de consumo. As mulheres, que constituíam o principal mercado consumidor da época, foram expostas a um intenso esforço de marketing, em especial às campanhas de *merchandising* (Muraro, 1993). Essa fase foi de grande importância para transformar a vida das mulheres porque acabou por enfraquecer o conceito fundamental que as mantinham conformadas em seus lares. Ao estimular o desejo pelo consumo próprio, rompem a concepção de desprendimento, a posição de não querer nada para si próprias, que se impusera até então para as mulheres (Lipovetsky, 2000).

Paralelamente, a ascensão da sociedade de consumo motiva a participação da mulher no mercado de trabalho para aumentar o poder de compra das famílias. Esse é um dos fatores que promovem a consideração social por seu trabalho a partir da segunda metade do século XX, ao lado de outras transformações ocorridas em diversos campos que marcaram essa época, como os movimentos feministas dos anos 1960 e 1970 e a universalização da educação formal (Lipovetsky, 2000; Leite, 1994).

A ascensão do feminismo americano, cujos efeitos repercutiram em muitos países, deveu-se a dois fatores principais. Os movimentos feministas surgem em uma época da História americana marcada pela contestação expressa por importantes movimentos sociais com os quais se interligou, como o movimento pela igualdade racial, o movimento dos jovens contra a Guerra do Vietnã, o movimento hippie que rejeitava o estilo de vida americano sustentado pela competição, pela sociedade patriarcal e pelo racismo. O outro fator foi que a entrada da mulher no mercado de trabalho, motivada pela sociedade de consumo é caracterizada pela precariedade e pela discriminação. A adesão aos ideais feministas ocorre como única saída para que melhore suas condições de trabalho (Muraro, 1993).

Duas obras pioneiras emblemáticas ao período, críticas à situação da mulher na sociedade patriarcal, se tornaram consagradas: *Mística Feminina*, de 1963, escrito por Betty Friedan, e *O segundo sexo*, de Simone de Beauvoir, de 1949, que atinge notoriedade após o lançamento do primeiro. Em pouco mais de uma década, após a divulgação de Mística Feminina, os movimentos feministas se fazem presentes em quase a totalidade dos países desenvolvidos (Muraro, 1993).

A constante evolução tecnológica nos processos produtivos, ainda que tenha sido um grande impulsionador do ingresso de mulheres ao trabalho formal em muitos países, especialmente nas fábricas, não significou condições de trabalho mais favoráveis às mulheres, especialmente quando comparados os seus desdobramentos sobre seus colegas homens.

Para Hirata (2002), dois estudos clássicos em relação às operárias francesas, de Guilbert e de Kergoat realizados respectivamente em 1966 e 1982, embora não apresentassem esse foco em suas pesquisas, fornecem contribuições importantes a respeito do tema.

As conclusões de Guilbert nessa pesquisa (apud Hirata, 2002) revelam a clara distinção de papéis de homens e mulheres no trabalho frente à tecnologia em três pontos elementares: habilidades exigidas, destinação de tarefas e maquinário operado. As tarefas destinadas às mulheres são, em essência, manuais; assim as habilidades básicas exigidas consideradas como próprias da mulher são, por um lado a agilidade e a destreza — o que as leva a ocupar posições nas cadeias de montagem — e, por outro, o detalhismo, o cuidado e a tolerância ao trabalho enfadonho — o que as dirige a funções de controle de produtos. Em contraposição, aos homens cabiam os serviços relacionados às máquinas: a manutenção, o reparo e a produção de suas ferramentas. Acrescenta-se ainda que máquinas de alta sofisticação tecnológica eram vedadas às mulheres; integrava o seu trabalho apenas as simples ou semiautomáticas em que se faziam necessárias às aptidões manuais já citadas.

A chegada da automação não transformou a situação das mulheres nas fábricas; inversamente a agravou, já que extinguiu parte de seus empregos e tornou suas funções ainda mais desmembradas. Em síntese, seus empregos correspondiam a efetuar as operações não alcançadas pela automação no processo produtivo.

Hirata (2002) considera que o estudo de Kergoat apesar dos 16 anos que o separam do estudo de Guilbert, obtiveram avaliações fundamentalmente análogas. Todavia, ao contrário de Guilbert, que estuda o trabalho profissional feminino por meio da confrontação com o masculino, para Kergoat (2002) o trabalho produtivo da mulher somente pode ser entendido a partir de sua íntima ligação com o chamado trabalho reprodutivo de modo que o trabalho da mulher abrange o doméstico e o profissional.

Hirata e Kergoat (2002) advertem que as consequências do avanço tecnológico tendem a originar para a classe operária superqualificação e desqualificação dos trabalhadores em direção oposta de acordo com o sexo. Concluem que a tecnologia gera cargos não qualificados quase sempre ocupados por mulheres.

Isso ocorre porque simplesmente passado um primeiro momento, as inovações restituem as diferenças entre os trabalhos delegados a cada sexo, desmantelando sumariamente o trabalho das mulheres e gerando postos qualificados no setor de tecnologia a serem dominados pelos homens (Bourdieu, 2003; Hirata, Kergoat, 2002). Além disso, elas afetam muito a empregabilidade feminina ao extinguir trabalhos não qualificados, independente do grau de desenvolvimento do país em questão.

Os impactos da tecnologia são somente um dos fatores que desvendam a situação profissional da mulher como marcada por desigualdades notórias comparada a dos homens, apesar de sua entrada em massa no mercado de trabalho e do seu acesso à educação formal nas últimas décadas, em um panorama traçado por dificuldades maiores de ascensão hierárquica bem como pela concentração em determinadas áreas e ocupações moldados pelos preceitos da identidade feminina.

O trabalho da mulher nas fábricas preserva ainda hoje, como no seu surgimento, uma nítida segregação entre as atividades exercidas por homens e mulheres que claramente as desfavorece a despeito do grande desenvolvimento tecnológico que dispensa a necessidade de força física para muitas tarefas e das conquistas femininas do período. Ao longo da História, o trabalho da mulher no espaço público existiu e se modificou conforme as conjunturas sociais, econômicas e culturais das diferentes épocas. Pode-se observar que essas modificações foram quase sempre dirigidas pelos interesses e conveniências dos homens do que das próprias mulheres. Isso porque as mulheres não desempenharam um papel de comando no curso da História. Como toda classe oprimida, não foram elas que determinaram os rumos da humanidade, elas apenas conviveram com suas consequências. Ninguém é capaz de influir consideravelmente nos destinos da humanidade sem estar plenamente integrado à sociedade (Beauvoir, 1980).

5

Relações de gênero

A definição do termo gênero apresenta uma grande importância para se entender a discriminação da mulher no mundo do trabalho. As ideias que originaram essa expressão, surgida nos anos 1960 com a disseminação do movimento feminista, desacreditaram as teorias que explicavam o diferenciado predomínio de homens e mulheres nos diversos campos profissionais e hierárquicos através do determinismo biológico. O uso da designação no lugar de sexo e diferenças sexuais de até então visava marcar uma distinção clara desse novo entendimento.

Gênero pode ser conceituado como produto de um processo de desenvolvimento cultural e histórico sobre as capacidades e atividades que a sociedade determina para cada sexo por meio de representações, imagens e símbolos compartilhados socialmente. Como resultado de um processo cultural e histórico, o conceito de gênero é distinto em diferentes culturas ou em uma mesma cultura a partir de diferentes segmentos sociais, étnicos, religiosos, etários, entre outros, que a constitui. Desse modo, entender a posição da mulher na sociedade passa pela compreensão dos processos que constituem os sujeitos femininos e masculinos que abrangem a constituição das identidades subjetivas de homens e mulheres (Lamas, 2000; Louro 1996; Scott, 1990). Esses processos são sucessivos e ativos, sempre estimulados pelas instituições sociais "generificadas" (Louro, 2000; Bourdieu, 2003).

Posteriormente, o seu uso foi decorrente de uma preocupação em salientar o seu aspecto relacional, ou seja, expressar que ao analisar a situação das mulheres na sociedade simultaneamente se analisa a dos homens, pois as características sobre a posição dos indivíduos de um sexo revela características dos indivíduos de outro. Em outras palavras, homens e mulheres não podem ser entendidos em esferas separadas, como habitantes de mundos distintos. Na década de 1980, gênero também passou a ser uma denominação adotada como uma preocupação de autores de estudos acadêmicos acerca da temática em desassociá-lo da luta política feminista que o substantivo mulheres suscitava, na busca de legitimidade científica por meio de um nome cujo *status* fosse neutro (Scott, 1990).

A grande ocupação feminina no mercado de trabalho brasileiro impulsionou os primeiros trabalhos acadêmicos a respeito da mulher. Todavia, foi a eclosão do movimento social feminista que criou as bases necessárias para despertar a atenção à necessidade e relevância de pesquisas sobre a condição da mulher na sociedade. Gradualmente, os estudos sobre trabalho feminino passaram por transformações em seus pontos de vista e abrangências (Bruschini, 1998).

Inicialmente, esses estudos se concentraram nas consequências que tal inserção teria sobre o capital. Logo após, dedicaram-se a analisar sua relevância como ampliação de força de trabalho. Em uma etapa posterior, finalmente passou-se a avaliar a conjuntura que envolve a mulher globalmente, relacionando a área do trabalho (produção) com o campo da família (reprodução). Ampliou-se, assim, o campo de estudo sobre o tema ao se entender que para as mulheres a vida no âmbito familiar influencia a vida profissional e vice-versa. Além disso, o espaço profissional é permeado pelas relações sociais estabelecidas entre homens e mulheres, as quais se refletem na estrutura das organizações (Bruschini, 1998). Assim, para compreender a situação da mulher no mercado de trabalho é necessário compreender a construção da identidade feminina.

5.1 Identidade feminina

A identidade social é resultado de um processo histórico e sociocultural que propicia uma profunda discrepância na vida de homens e mulheres ao estabelecer uma nítida divisão de papéis em função do sexo.

Esse padrão se sustenta por meio de estereótipos, ou seja, características atribuídas a todas as pessoas de uma mesma categoria social que ignoram as individualidades de seus integrantes (Saffioti, 1987).

Em sua obra clássica *O segundo sexo*, Simone de Beauvoir (1980), em uma análise contundente da situação feminina na sociedade patriarcal, reflete que para a mulher é profundamente dificultoso estabelecer sua própria identidade, já que vive em um mundo que desde sempre a coloca na posição de "Outro". A autora, ícone feminista, exemplifica que um homem nunca pensaria em dedicar uma obra sobre a particularidade de sua condição de homem na sociedade, porque ser homem não se constitui em uma particularidade. A mulher, como o ser considerado excêntrico, ao indicar seu sexo, indica também a base para todas as demais assertivas feitas a seu respeito. Logo, não é à toa que a expressão homem pode ser usada como sinônimo de ser humano. A neutralidade que assume a imagem social masculina constitui uma das facetas que revelam o seu exercício de dominação. Por não se verem incisivamente assinalados pelo seu sexo, eles não precisam se valer de argumentos para validar a sua hegemonia (Beauvoir, 1980; Bourdieu, 2003).

A mulher então tem sua identidade determinada a partir do homem, não como um ser próprio, mas como um ser conceituado de acordo com as necessidades do homem ou com o que ela representa para o homem. Por isso, ao se conceituar, espera-se que primeiramente afirme ser mulher, já que a imagem da mulher reflete o que o homem determinou que ela seja. Conclui-se, então, que o homem é o "Sujeito", o ser humano absoluto, enquanto a mulher corresponde ao "Outro", ao objeto. A noção de dualidade é inerente ao pensamento desde os mais remotos povos. Para que um conjunto de pessoas se veja como Sujeito ou "Uma" é preciso simultaneamente que coloque os demais como "Outro". Conforme Hegel (apud Beauvoir, 1980), o sujeito se define considerando-se contrário a outro, desencadeando uma certa rivalidade em que ele quer se consolidar como "Sujeito" e ao outro como "Objeto", o não essencial.

Quando entra em contato com outros grupos, o "Sujeito" é encarado também como "Outro", sendo forçado a entender a reciprocidade de tal consciência. Todavia, não é o que ocorre com as mulheres ao se relacionarem com os homens. Há de se notar que não é o "Outro" que se põe em tal condição por vontade espontânea e sim o "Um" que o determina. Logo, se o "Outro" não se enxerga como "Um" é porque se submete ao pensamento do outro grupo.

Beauvoir (1980) ressalta que para a mulher contestar o papel de "Outro" implica abrir mão das conveniências que a submissão acarreta, assumir a responsabilidade por si própria e estabelecer sozinha um sentido para sua vida. O homem como dominador lhe garante segurança financeira, mas também lhe fornece uma razão de vida.

> É um caminho nefasto porque passivo, alienado, perdido, e então esse indivíduo é preso de vontades estranhas, cortado de sua transcendência, frustrado de todo valor. Mas, é um caminho fácil: evitam-se com ele a angústia e a tensão da existência autenticamente assumida (Beauvoir, 1980, p. 15).

Ao se analisar a História, verificamos que a dominação de um grupo por outro ocorreu devido à proporção desigual muito significativa ou se deveu a uma circunstância histórica que modificou uma relação de indiferença para uma de dominação como na escravidão da América colonial. Entretanto, as mulheres sempre estiveram presentes aproximadamente em quantidade igual aos homens e também não houve nenhum episódio histórico a exemplo do que se configurou com os proletários que nunca formaram um grupo à parte, mas que em razão de uma sucessão de fatos históricos passaram à condição de subjugados. Além disso, pode-se inferir que os proletários nem sempre existiram. Já as mulheres sempre existiram, são mulheres devido a seu corpo, e em todo o decorrer da História foram dominadas pelos homens. Dessa forma, uma conjuntura criada a partir de uma dada ocorrência pode se modificar. Mas, uma condição que sempre se configurou parece imodificável.

Certos efeitos psicológicos do modelo de feminilidade imposto às mulheres foram reconhecidos na famosa obra de Betty Friedan, produzida no início dos anos 1960, período marcado por um forte empenho ideológico que defendia que as mulheres "normais", " femininas", se dedicavam exclusivamente à vida familiar (Muraro, 1993). A incorporação da feminilidade — processo iniciado a partir de suas mais remotas interações sociais

— e a conjuntura social em que vive convergem para que a mulher conceba o seu próprio corpo não para si mesma, mas como "corpo-para-o-outro" permanentemente apreciado segundo a visão e os conceitos dos outros (homens e mulheres, contudo, sempre por meio de categorias masculinas). Dessa forma, a mulher não é um ser próprio e sim um "ser-percebido", um ser que depende severamente do julgamento alheio para constituir a imagem de si mesmo e por isso sempre pouco confiante: como ser-percebido, ela se empenha em aprazer os outros, única via percebida para a autoestima. Exige-se que sejam invariavelmente acessíveis e sedutoras. Assim, a feminilidade frequentemente é assumida para satisfazer as aspirações concretas ou supostas dos homens (Bourdieu, 2003).

Consequência lógica, ao estar contínua e implacavelmente à mercê da avaliação alheia, elas sofrem ao perceber um desnível entre o que são realmente e o que "deveriam ser" segundo os ícones da feminilidade, por exemplo, quando não estão de acordo com os padrões de beleza estabelecidos pela moda. De sorte que quando uma mulher se encontra em uma posição de poder, recaem sobre ela exigências paradoxais que a deixam, portanto, sem possibilidade de uma saída bem-sucedida: caso atenda aos critérios de virilidade considerados mais compatíveis ao poder, será fadada a deixar de ser "feminina" e dessa forma verá seus *status* social reduzido; caso esteja de acordo com a imagem feminina, despertará questionamentos sobre sua adequação à responsabilidade que lhe foi outorgada (Bourdieu, 2003; Puppin, 1994).

Um fator fundamental para se compreender a perenidade da ordem masculina é os mecanismos inconscientes que inibem as mulheres de refutarem tal ordem. É o fato de que elas não estão em condições de se opor à dominação se as suas percepções, pensamentos e ações coincidem com a própria relação de dominação e dela derivam. Assim, "seus atos de conhecimento são inevitavelmente atos de reconhecimento, de submissão" (Bourdieu, 2003).

Outro fator é a formação da identidade coletiva da mulher (Beauvoir, 1980; Bourdieu, 2003). Essa conjuntura encontra sua origem em duas particularidades aparentemente ambivalentes que atuam concomitantemente na constituição social da mulher e que dificultam consideravelmente o alcance de seus direitos à igualdade em relação ao homem. Todas as mulheres, independente da posição que ocupam no espaço social, têm uma característica fundamental em comum: um "coeficiente simbólico negativo" que — tal como ocorre com qualquer classe social estigmatizada — influencia prejudicialmente toda a sua existência, atinge tanto a operária quanto a executiva, de sorte que a identidade social de qualquer mulher nunca equivale à de um homem que apresentasse as mesmas características sociais que ela. Desse modo, se as pesquisas atestam que os trabalhos qualificados são predominantemente realizados por homens, e os sem qualificação pelas mulheres, essa constatação se deve de certo modo ao fato de que ser considerado masculino reveste qualquer profissão de prestígio, o que denota que os homens representam uma classe nobre (Bourdieu, 2003; Hirata, Kergoat, 2002). É interessante observar, conforme lembra Bourdieu (2003), que atividades iguais comumente reconhecidas como simples e frívolas quando praticadas por mulheres no espaço privado se revestem de grande prestígio quando são exercidas por homens no universo público como ocorre com o cozinheiro e a cozinheira, o costureiro e a costureira. Todas convivem com os efeitos das agressões nem sempre visíveis provocadas pela supremacia social masculina.

Por outro lado, elas não podem formar uma coesão, justamente devido às enormes disparidades econômicas e culturais em que se encontram. Desse modo, elas se identificam mais com os homens em função de fatores como classe social e etnia do que com as próprias mulheres. Assim, as burguesas se identificam antes com os homens burgueses que com as mulheres proletárias; as mulheres brancas se identificam antes com os homens brancos que com as mulheres negras. Essas condições distintas moldam a forma cognitiva e consciente com que sentem a ordem masculina que organiza o mundo, bem como a maneira com que lidam com a mesma. Entretanto, nenhuma dessas formas específicas extingue a imagem social subjugada conferida pela feminilidade: "A mulher estando constituída como uma entidade negativa, definida apenas por falta, suas virtudes mesmas só podem se afirmar em uma dupla negação, como vício negado ou superado, ou como mal menor" (Bourdieu, 2003, p. 37).

No âmbito do trabalho, Hirata e Kergoat (2002) defendem que as mulheres não formam um coletivo da mesma maneira e com a mesma solidez dos homens. Ao tratar da constituição do sujeito como uma transgressão a uma dada ordem biológica e social, tal como define Dejours, elas questionam se a ordem biológica, referente à natureza, apresenta poder equivalente a ambos os sexos e se é possível distingui-las para as mulheres espontaneamente como o é para os homens. A autora propõe que embora as duas ordens atuem na composição do sujeito, elas não representam o mesmo para homens e mulheres. Na realidade, "o determinismo social das mulheres é legitimado por um pretenso determinismo biológico, que seria natural" (Hirata, Kergoat, 2002, p. 260).

Hirata e Kergoat (2007, 2002), Barreto (2006), Bourdieu (2003), Fonseca (2000) e Beauvoir (1980) defendem que a dominação masculina é assegurada pela sua naturalização, a qual se assenta em uma visão socialmente constituída das diferenças entre o corpo masculino e o feminino. Essa concepção dos corpos contribui decisivamente para o entendimento do poder masculino à medida que "legitima uma relação de dominação inscrevendo-a em uma natureza biológica que é por sua vez ela própria uma construção social naturalizada" (Bourdieu, 2003, p. 330).

A esse respeito, cabe salientar que a naturalização dos estereótipos é incorporada até mesmo por estudos científicos. Citeli (2006) dedica um artigo à contestação desses trabalhos das ciências naturais que pretensamente "comprovam" diferenças comportamentais, aptidões intelectuais e habilidades determinadas pela fisiologia entre os sexos e que justificariam as posições desiguais de homens e de mulheres na sociedade. A autora apresenta alguns estudos que apontam diversas fragilidades nas diversas etapas de pesquisa científica desses trabalhos que beiram ao absurdo e que são nitidamente enviesados pelos preconceitos de gênero. Algumas análises associam tais descobertas com o contexto histórico, em especial, com os interesses econômicos e institucionais da ciência em cada momento.

A violência que as mulheres sofrem tanto no campo profissional quanto no privado afeta seu ser como indivíduo e como coletivo. A formação da identidade coletiva da mulher aliada à ordem social que a empurra sempre ao retorno para o biológico servem como um relevante empecilho à luta coletiva por seus direitos, logo, para explicar a concentração do poder nas mãos dos homens ainda nos dias de hoje (Beauvoir, 1980; Bourdieu, 2003; Hirata, Kergoat, 2002).

A sobrevivência inexorável da dominação masculina ao longo dos tempos e a sua naturalização não podem ser entendidas sem que se considere o trabalho incisivo e constante dos agentes e das instituições que operaram para desvencilhar eficazmente a ordem masculina de seu caráter histórico. Dentre as diversas instituições que promoveram a concepção da ordem masculina como natural e, portanto, não passível de modificações, destacam-se Família, Igreja, Estado e Escola, com respectivos poderes de influência variáveis em cada período, embora a família seja decisivamente o vetor mais essencial de sua propagação. Descreve-se sinteticamente o papel de cada uma quanto a esse processo.

Nas famílias, a criança é introduzida à dicotomia sexual de papéis e à legitimidade da qual se reveste tal divisão. Entretanto, a produção e a reprodução das estruturas ocorrem externamente a elas na convergência de uma ideologia a respeito de cada sexo gerada nos mais diversos âmbitos com todos os princípios que "sendo objetivamente orquestrados, se confirmam e se reforçam mutuamente" (Bourdieu, 2003, p. 114). As famílias são fundamentais como instrumentos dessa ideologia bem como a concepção moral familiarista que garante sua observância. Um exemplo ilustrativo é o costume das escolas e dos próprios pais em motivar muito mais os meninos ao estudo das ciências pregando que essas disciplinas são muito difíceis para as meninas ou que não são adequadas à natureza da mulher.

A Igreja atua ainda hoje com um discurso intensamente assinalado por princípios patriarcais sustentados pelo dogma da inferioridade natural da mulher que vigora. A Escola, até pouco tempo, nos mais diversos campos de conhecimento, difundia ensinamentos impregnados de conceitos machistas e uma ideologia uníssona quanto ao papel da mulher determinado por suas capacidades "naturalmente limitadas".

Ainda nos dias atuais, diversas pesquisas indicam que o tratamento concedido aos meninos nas escolas é muito diferente ao das meninas que costumam ser mais frequentemente interrompidas, receber menos atenção dos professores e também serem menos questionadas. Essa é uma das maneiras pelas quais se pode condicioná-las aos padrões tradicionais, tornando-as "afastadas de todo contato com todos os aspectos do mundo real para os quais 'elas não foram feitas' porque não foram feitos para elas" (Bourdieu, 2003, p. 77; García, Sedeño, 2006).

O Estado estendeu ao universo público as normas patriarcais já reinantes no universo privado ao estabelecer a moral da família patriarcal como legítima e absoluta e inserir no direito de família as mesmas bases de pensamento sobre as quais se sustentam a autoridade masculina. Em seu próprio modelo de organização, o Estado promove a divisão sexual do trabalho, delegando a gestão e as finanças aos homens e a área social às mulheres em harmonia com os padrões estereotipados de cada gênero. Enfim, o trabalho conjunto dessas e de outras instituições e atores a partir de uma lógica de inversão entre causas e efeitos, converte o "arbitrário cultural em natural", transforma "objeto de conhecimento em instrumento de conhecimento" (Bourdieu, 2003).

Berger e Luckmann (2004) confirmam o papel das instituições tradicionais em preservar e controlar a aplicação do sentido dominante na sociedade historicamente. Assim, estão em consonância com as ideias de Bourdieu (2003) quando se refere ao papel das mesmas em originar e manter o discurso naturalizante concernente às relações de gênero, porém ressaltam o enfraquecimento dessa influência a partir da ascensão da sociedade moderna. Vive-se na sociedade moderna uma crise das grandes instituições. Essa crise resulta da convivência com a diversidade em termos quantitativos e qualitativos que caracteriza a vida na modernidade. Essa conjuntura é promovida pelos seguintes fatores: a expansão populacional, particularmente a migração e o aumento das cidades; a economia de mercado e a industrialização que propicia uma miscigenação de pessoas advindas de diferentes comunidades; o Direito e a democracia que forçam a tolerância entre essas pessoas; e os meios de comunicação de massa, que propagam o diverso e são os mesmos para indivíduos de diferentes religiões, por exemplo.

A sociedade moderna caminha na direção da ausência de valores generalizados e visões análogas aos seus membros. Embora em cada área funcional existam procedimentos institucionalizados a serem seguidos, somente a religião poderia pretensamente produzir um sistema supra--ordenado de valores, mas essas áreas não a permitiriam. Assim, valores que abracem todo o sentido da vida de um indivíduo estariam restritas ao âmbito privado. Consolidam-se dessa forma condições para crise subjetivas e intersubjetivas de sentido que têm efeitos nocivos à constituição da identidade. E também para a produção de comunidades de sentido muito distintas em uma mesma sociedade com valores não harmônicos entre si e que só valem para grupos. Dessa convergência surge o pluralismo. Quando o pluralismo é um valor supra-ordenado, apresenta-se o pluralismo moderno. De sorte que, para os autores, a tendência moderna é de que o que se origina das grandes instituições somente seja assimilado pelo indivíduo se estiver em consonância com sua comunidade de vida ou de sentido dentro da sua subjetividade. Assim, o conhecimento gerado pelas instituições é cada vez mais complementado ou trocado (Berger, Luckmann, 2004). Poderia assim se explicar a existência de trabalhos como o de Bourdieu (2003) que questionam os conceitos sustentados por essas instituições.

Para Bourdieu (2003) a ordem masculina que organiza o mundo social não será sucumbida se as armas não ultrapassarem os campos da consciência e da intenção, as quais o movimento feminista se limita, porque sua perenidade resulta da harmonia entre as estruturas objetivas e as estruturas cognitivas. As primeiras estão presentes na realidade externa ao indivíduo que ele conhece em qualquer parte do universo social em que esteja e impressas na divisão sexual do trabalho de produção e de reprodução como um todo que confere aos homens os trabalhos mais favoráveis.

As segundas, costumeiramente ignoradas, correspondem aos modelos mentais incorporados por homens e por mulheres de percepção, de pensamento e de ação "sexualizantes". Estruturas que originam ainda predisposições, vivamente e profundamente fixadas em cada indivíduo. Uma vez assimiladas, essas estruturas por falta de estímulo externo tendem a se manter inertes, tornam-se difíceis de se alterar. Isso explica o porquê de muitos homens favoráveis à igualdade de direitos entre os sexos agirem da mesma forma que os homens que são contrários a isso ao, por exemplo, não se dedicarem às atividades domésticas. Disso decorre em parte a violência simbólica que é infligida às mulheres como a outros grupos sociais dominados, ou seja, violência invisível aos que violentam e a seus violentados, cujos meios em que se propaga são a comunicação e o conhecimento, na verdade um desconhecimento, que leva ao reconhecimento e por fim ao sentimento. Dessa forma, ocorre a naturalização — logo, o seu caráter inquestionável — e, por conseguinte, a legitimação da ordem dominante, da qual a divisão sexual do trabalho é um grande exemplo (Bourdieu, 2003).

Bourdieu (2003) confere o malogro do movimento feminista em equivaler às condições sociais de homens e mulheres, ainda que admita suas formidáveis vitórias, por se ater ao plano do consciente, por não abraçar as estruturas das grandes instituições que originam a ordem masculina, o que possibilitaria interromper todo o trabalho de inculcação que produz o homem viril e a mulher feminina. A perspicácia e a sensibilidade seriam outros atributos desenvolvidos mais comumente nas mulheres em função de suas vidas domésticas, tidas como vantagens do trabalho feminino. Bourdieu (2003) indica estudos científicos que apontam que a mulher consegue descrever situações com maior riqueza de minúcias comparada aos homens. Para o autor, o que se chama de "intuição feminina" existe realmente, porém não como uma qualidade inata. A mulher, como qualquer classe dominada, a exemplo dos negros, pelo fato de constantemente conviver com as dificuldades inerentes a essa posição, desenvolve sua sagacidade pela necessidade maior de compreender e prever as ações alheias a fim de que possam saber como melhor agir.

Certamente, a inserção atual da mulher no domínio público lhe possibilitou governar sua própria vida e orientá-la segundo suas próprias escolhas, assim como os homens, na sociedade atual marcada pelo individualismo. No entanto, cabe ressaltar que isso não significa que a diferenciação dos papéis sexuais não coexista ou que tenda a ser eliminada, pelo contrário. De acordo com Lipovetsky (2000, p. 239):

> A liberdade de se autodirigir se aplica agora aos dois gêneros, mas se constrói sempre em "situação", a partir de normas e de papéis sociais diferenciados, sobre os quais não há nenhuma indicação de que estejam destinados a um futuro desaparecimento.

Estudos realizados por Bruschini (2007) comprovam a tendência de as mulheres no Brasil não mais se afastarem de suas carreiras quando se casam ou têm filhos; está-se diante de uma nova mulher "voltada tanto para o trabalho quanto para a família" (Bruschini, 2007, p. 538). Contudo, para Lipovetsky (2000), a família ainda exerce primazia frente ao trabalho da mulher. Ainda que o trabalho feminino seja aceito socialmente, tido como uma condição natural da vida da mulher e que integre nos dias de hoje a sua identidade, não representa equivalência de relevância em relação ao trabalho masculino. Por exemplo, se o trabalho da mulher conflita com o trabalho de seu marido, prevalece o pensamento de que esse deve ser primado. Assim, se o marido for transferido a mulher deve abrir mão de seu emprego: "Por trás da aparência de permutabilidade dos papéis reorganizam-se inscrições sociais diferenciais de cada sexo diante do trabalho e da família" (Lipovetsky, 2000, p. 241).

A grande transformação em relação à ordem masculina reside na mesma não mais representar uma verdade absoluta e generalizada, no mínimo em certos setores sociais, o que se deve principalmente aos movimentos feministas. Dos diversos aspectos que provocaram uma evolução quanto às possibilidades de vida das mulheres foi a sua inserção no sistema educacional formal, o que permitiu a expansão drástica de sua participação no mercado de trabalho em diversos ramos. Contudo, a resistência obstinada das relações de dominação se mostra também no meio acadêmico, pela segregação sexual que deriva da concentração masculina em certos cursos direcionados à detenção do poder, principalmente econômico, bem como prestigiados e das mulheres em cursos compatíveis à "feminilidade" (Bourdieu, 2003). Tal situação se confirma nas universidades brasileiras. A variação é gritante em certos casos e o mesmo fato se verifica em relação aos cursos profissionalizantes (IBGE, 2009).

O processo pelo qual as mulheres definem sua opção profissional é profundamente interferido por princípios práticos acionados por elas e pela realidade relacionada às profissões e a hierarquia que lhes mostra divididos em maior ou menor grau em função do sexo, o que explica em parte a persistência da dicotomia sexual do trabalho que acompanha as mudanças. A divisão sexual objetiva e manifesta constrói a noção do que se entende como "normal", formando a percepção de que a divisão sexual do trabalho seja espontânea e forçosa traduzida em expressões como "trabalho de homem" e "trabalho de mulher" (Bourdieu, 2003; Lipovetsky,

2000). No entanto, isso é justificado por uma "ideologia naturalista", segundo a qual homens e mulheres costumam seguir caminhos profissionais distintos devido a vocações e a talentos determinados biologicamente com diferentes propensões em função do sexo. Como uma predestinação biológica, não haveria possibilidade de se contestar tal disposição (Hirata, Kergoat, 2007).

Muito embora o individualismo que dita o pensamento contemporâneo atual atue no sentido de deteriorar divisões rígidas no que se refere a atividades cabidas a cada sexo, é ilusório supor que esse fato signifique uma tendência à igualdade entre os papéis sexuais. As escolhas profissionais, a formação educacional e a remuneração são fatores que revelam que a variável sexo determina uma profunda discrepância entre a vida profissional de homens e mulheres e, por conseguinte, a permanência de papéis sociais atribuídos em função do sexo no mundo ocidental atual. Portanto, são fatores que atestam ser ingênuo sugerir que a existência de papéis sexuais seja mero vestígio do passado, o qual o pensamento democrático atual em pouco tempo tornará obsoleto. Segundo alerta Lipovetsky (2000, p. 245), os mesmos não irão entrar em processo de desaparecimento, ao contrário: "Os estereótipos de sexo não devem ser confundidos com uma herança do passado que o "progresso" apagará muito naturalmente: bem vivos, eles se recompõem no próprio seio do mundo aberto da igualdade e da liberdade modernas".

Para serem bem aceitos socialmente, os homens precisam desempenhar o papel de homem viril com todas as obrigações que isso implica. Eles se tornam dependentes do veredicto dos outros homens a respeito de sua virilidade e com medo de não ser reconhecido pelos companheiros como "homens", de serem enquadrados na mesma classe das mulheres, o que se expressa por injúrias que os tacham como frágeis, *gays*, "mulherzinhas" (Barreto, 2006; Bourdieu, 2003; Dejours, 2003; Hirata e Kergoat, 2002). Em função do conceito de virilidade, o homem busca se superar, busca a excelência, já que é esse alcance que pode lhes proporcionar consideração social e a sua própria realização. Ou pelo temor de não ser reconhecido como "homem" ou por orgulho de assumir atividades "viris", a virilidade faz com que no trabalho assumam tarefas extremamente penosas para o seu físico e arriscadas, sendo boa parte das vezes acima de seus condicionamentos (Barreto, 2006; Bourdieu, 2003; Hirata e Kergoat, 2002).

Os conceitos que sustentam a concepção de identidade feminina são assimilados pela organização do trabalho de modo geral em todo o mundo. Conforme Fonseca (2000, p. 47):

> Suas mãos são instrumentos domados para a paciência, seu corpo tornou-se domesticado pelas exigências do "outro masculino", sua mente é fraca, enquanto é forte e grandioso seu coração. Paciência, persistência e obediência, aliadas a um coração capaz de suportar ser emudecido — essas são algumas das possíveis ideias que fundamentam a dominação e a exploração das trabalhadoras.

Os atributos "femininos" ainda retratados costumeiramente como inerentes à natureza da mulher e constantemente estimulados pela sociedade causam consequências individuais e coletivas na composição da identidade de mulheres que se evidenciam na denominada divisão sexual do trabalho.

5.2 Divisão sexual do trabalho

Atualmente, ainda se constata que os homens prevalecem nas áreas que concedem o poder, especialmente o econômico, referente à produção, enquanto as mulheres estão nas atividades de reprodução e nos trabalhos remunerados que correspondam em seu âmago à extensão das mesmas. Ou seja, os trabalhos de âmbito social, educacional e os inseridos em categorias de produção simbólica, como as artes e o jornalismo. Essas últimas, de acordo com Bourdieu (2003), correspondem justamente às áreas dominadas pela ordem dominante.

Os princípios que governam o trabalho profissional feminino podem ser assim sintetizados, com base em diferentes trabalhos de pesquisadores: à mulher devem ser dirigidas predominantemente atribuições que em essência equivalham às de seu papel tradicional como dona de casa, as quais demandam habilidades e aptidões consagradas como "femininas"; essas atribuições correspondem àquelas que detêm menor eminência social; via de regra, uma mulher não deve exercer poder sobre um homem (Hirata, Kergoat, 2007, 2002; Bruschini, 2007; Barreto, 2006; Carvalho, 2007; Lombardi, 2006; Bourdieu, 2003; Bruschini, Lombardi, 2004; Fonseca, 2000; Lipovetsky, 2000; Lobo, 1991; Nogueira, 2006, 2004).

Dados obtidos pelo IBGE (2009) evidenciam a segregação ocupacional que sofre o trabalho feminino. No Brasil, ao se considerar a população ativa que atinge o ensino superior (a partir de 12 anos de estudo), no ano de 2007, verifica-se que ao contrário dos homens que se mostram distribuídos entre os diversos setores de atividades, as mulheres estão centradas nas áreas de educação, saúde e serviços sociais (44,5%), o que reflete a grande influência do modelo tradicional de separação de atividades entre os sexos. Ainda em relação ao ano de 2007, observa-se que na população de mulheres ocupadas sem que se considere o nível de escolaridade há uma concentração (70% do total) nas seguintes categorias ocupacionais: serviços em geral (30,7%); trabalho agrícola (15%); serviços administrativos (11,8%); e comércio (11,8%). Já a representação masculina é diluída entre os vários setores. Considerando a distribuição das mulheres ocupadas com referência as atividades econômicas, constata-se, no ano de 2008 (IBGE, 2009), a prevalência nos Serviços Domésticos (22%) e na Administração Pública, Educação, Defesa, Segurança e Saúde (13,3%). Entre os homens ocupados, predomina a participação na indústria, 20%, e nos Serviços Domésticos se constata somente 0,7% de participação masculina.

No mercado de trabalho, as mulheres apresentam maior nível de instrução em relação aos homens, conforme o IBGE (2009). Em 2008, 59,9% do total de trabalhadoras apresentavam 11 anos ou mais de estudo enquanto para os homens esse índice era de 51,9%. Além disso, em 2006, a maioria das pessoas na faixa etária a partir de 25 anos com curso superior completo são mulheres, representando um percentual de 57,5% do total. Ao distribuir a população em grupos de níveis de escolaridade, as diferenças entre homens e mulheres são ainda mais nítidas, como mostram dados relativos ao ano de 2004: 55% dos homens ocupados não concluíram o ensino fundamental enquanto cerca de 55% das mulheres no mercado de trabalho apresentam no mínimo esse nível de ensino completo.

No entanto, ao observar a realidade brasileira, percebe-se que embora sejam mais instruídas, no conjunto total de trabalhadores, elas detêm menores rendimentos. No ano de 2008, em média, o salário obtido pelas trabalhadoras equivalia a 71,3% do salário dos homens. A disparidade salarial entre os sexos é crescente na medida em que o número de anos de estudo alcançado pelos trabalhadores aumenta, conforme estudos realizados pelo IBGE (2009). No ano de 2008, considerando-se os trabalhadores com até 4 anos de estudo, a remuneração feminina, por hora, correspondia, em média, a 80,8% do salário masculino. Já em relação aos trabalhadores mais instruídos, a partir de 12 anos de estudo, a remuneração feminina não ultrapassava 60% do salário masculino. A inferioridade do salário feminino é uma condição generalizada no país, presente qualquer que seja a variável utilizada para comparação. De acordo com análises realizadas pela Fundação Carlos Chagas (2009), em relação ao ano de 2004, as mulheres apresentam salários menores aos dos homens ainda que submetidas a igual carga horária de trabalho, possuam o mesmo nível de instrução ou exerçam a mesma posição relativa ao cargo: empregadas, autônomas, empregadoras ou trabalhadoras domésticas.

Ainda no ano de 2004, as trabalhadoras predominam de forma alarmante em relação aos trabalhadores situados na mais baixa faixa salarial considerada pelo IBGE (2009). Dessa forma, 49% delas apresentam remuneração de até 1 salário mínimo; já entre os homens esse índice não ultrapassa 32%. As distorções salariais referentes ao sexo do trabalhador são verificadas em todas as regiões do país. Segundo dados obtidos pela Fundação Carlos Chagas (2009), a mulher recebe salários inferiores aos homens em qualquer área econômica, inclusive nas que elas se fazem maioria. Assim, em 2004, nas áreas de saúde, educação e serviços 30% dos homens e apenas 15% das mulheres recebem remuneração superior a cinco salários mínimos. A inferioridade dos salários femininos comparado aos masculinos segue como uma configuração mundial (Calás, Smircich, 2007). As diferenças também podem ser verificadas quanto às formas de inserção do trabalhador: em 2008, 48,6% dos homens ocupados tinham trabalho com Carteira Assinada no Setor Privado, enquanto em relação às trabalhadoras esse percentual foi de 37,8%, o que revela que elas ainda estão mais sujeitas que os homens a condições precárias de trabalho (IBGE, 2009).

Diversos autores defendem que a mulher ocupa uma posição secundária no mercado de trabalho, o que é evidenciado por sua predominância entre os que exercem trabalhos de condições precárias, como as ocupações informais, pela segregação ocupacional e hierárquica que ainda sofrem a despeito de certos avanços bem como pela sua desvalorização expressa pela inferioridade generalizada de seus salários se comparados aos dos homens, inclusive quando assumem a mesma carga horária de trabalho ou apresentam maior nível de instrução que eles. As mulheres também são mais suscetíveis às demissões além dos empregos de meio período que praticamente impossibilitam uma ascensão hierárquica, são os de menor remuneração e mais restritivos aos direitos trabalhistas. O trabalho de meio período é um fator que expressa a ideia de que o trabalho profissional da mulher deve estar subordinado ao seu papel primordial e determinado pela natureza de zelar pela vida familiar. A concentração feminina nas atividades sociais do Estado e em áreas das empresas menos imunes à espoliação, leva a crer que o trabalho feminino será o mais atingido pelo neoliberalismo cujo escopo é minimizar o aparelho voltado ao social do Estado e os direitos trabalhistas formais (Bourdieu, 2003; Bruschini, Lombardi, 2004; Bruschini, Puppin, 2004; Hirata, Kergoat, 2002; Nogueira, 2004, 2006).

Em pesquisa realizada junto a uma fábrica de componentes elétricos, Hirata e Kergoat (2002) observaram que a disposição dos operários situava os homens em um labor arriscado e insalubre, para o qual se fazia necessário condicionamento físico, e as mulheres em um trabalho tido como relativamente fácil, de pouca exigência física e de melhores condições materiais. Por essa razão, os operários de ambos os sexos entendiam que o trabalho das mulheres era demérito a receber um salário que não fosse inferior ao deles. Nem as operárias aceitariam nem os administradores admitiriam que mulheres assumissem esses cargos pelo discurso de que são inadequados à fragilidade da mulher. Porém, em contextos nos quais for preciso para as empresas, as mulheres efetuam atribuições insalubres e que requeiram grande esforço físico, a exemplo do que acontece na indústria têxtil. Dessa forma, a segregação de atividades praticada de acordo com as imagens de virilidade e feminilidade funciona como um inibidor ao desenvolvimento de manifestações coletivas em prol da equidade. Logo, "as fronteiras da masculinidade e da feminilidade parecem depender das exigências do sistema produtivo em cada período histórico. No entanto, o próprio capital parece se opor a uma transitividade total dos atributos sexuais, mais ou menos rígidos, por oficinas e por postos" (Hirata, Kergoat, 2002, p. 267).

Na seleção do trabalho operário vigora parâmetros que estipulam capacidades consideradas intrínsecas à "natureza" da mulher, as quais se referem a habilidades para trabalhos manuais como destreza, precisão e agilidade. Como fatores comportamentais para legitimar a segregação da mulher são evocados paciência, docilidade, concentração, disciplina, resignação, ou seja, características "femininas" de modo que a elas prioritariamente cabem as atividades que exijam meticulosidade e que dispensam iniciativa, objetividade, criatividade, dinamismo, condicionamento físico e tomada de decisão, portanto sem necessidade efetiva de educação formal (Barreto, 2006; Hirata, Kergoat, 2002; Silva, 1995; Lobo, 1991). Lobo (1991) destaca ainda a aparência como um dos critérios de admissão específicos para mulheres. O setor de serviços, no qual a presença feminina é muito maior, verifica-se a mesma propensão que destina a mulheres às atividades mais enfadonhas, pobres intelectualmente e exaustivas (Nogueira, 2006).

A divisão sexual do trabalho — de origem social e histórica — antes de seguir critérios técnicos, obedece às relações de poder e dominação entre homens e mulheres que permeiam todo o espaço social. Prova disso é que, embora a mulher atue em todos os setores profissionais, sua presença é inversamente proporcional à hierarquia detida pelos cargos e ao prestígio das profissões. Emblemático a esse fator é que a ocupação intensiva de mulheres em ocupações antes basicamente masculinas tanto no universo operário (Bourdieu, 2003; Hirata, Kergoat, 2002; Nogueira, 2006) quanto em cargos que exijam o ensino superior (Calás, Smircich, 2007) vem ao encontro de seu rebaixamento social. Nos setores operacionais, o acesso também acompanha uma piora nas condições de trabalho.

Na realidade, não somente a divisão sexual do trabalho é proveniente das relações sociais entre homens e mulheres como é essencial para mantê-las tal como ainda se configuram. Embora tenha sua origem atribuída à natureza, a divisão sexual do trabalho não é estática, mas molda-se às diferentes conjunturas ditadas por novas exigências organizacionais. Seu caráter persistente é evidenciado pela distância que se mantém obstinadamente entre as situações profissionais de homens e mulheres (Hirata, Kergoat, 2007). Em pesquisas realizadas junto a multinacionais francesas e japonesas e suas filiais brasileiras que adotaram técnicas do modelo japonês, constata-se um padrão em que os benefícios concedidos aos operários pelo sistema — polivalência, alternância de posições, além de oportunidades de qualificação e ascensão — são dirigidos aos homens ao passo que as mulheres seguem com as tarefas monótonas, reduzidas a poucas operações e sem conteúdo em um trabalho *taylorizado* (Hirata, Kergoat, 2002).

Bourdieu (2003), Hirata e Kergoat (2002) destacam a prerrogativa masculina de conhecimento tecnológico como um fator essencial para explicar a organização do trabalho orientada de acordo com o sexo. A experiência e a formação na área tecnológica que ainda constitui reduto dos homens é expressa, por exemplo, pelos processos de capacitação requeridos pelo aperfeiçoamento tecnológico oferecidos pelas empresas que se diferenciam em função do sexo do trabalhador tanto em sua abrangência quanto no seu conteúdo e no que representa em termos de qualificação sob o argumento do predomínio do papel feminino na vida familiar, como observado por Hirata e Kergoat (2002). Essa circunstância as impede de apresentar ideias técnicas especialmente referentes à qualidade dos produtos. Já as operárias de tempo parcial, costumeiramente não podem participar sob a alegação de que representam uma mão de obra efêmera e de menos envolvimento com a empresa.

A falta de acesso das mulheres ao conhecimento tecnológico nas empresas estudadas pelas autoras se verificou em face de diversos fatores: da crença instituída de que as mulheres não têm capacidade para trabalhar em cargos técnicos; dos cursos de formação, quando oferecidos às mulheres, serem em setores nos quais elas já predominam; da conveniência das empresas em manter essa conjuntura, inclusive no que se refere aos custos da força de trabalho; da falta de experiência com os instrumentos antigos e de vivência das mulheres em integrar trabalhos coletivos típicos desses setores (Hirata, Kergoat, 2002).

Já entre as trabalhadoras mais instruídas, percebe-se rupturas importantes em relação à divisão sexual do trabalho. Bruschini (2007) em estudo realizado acerca da evolução do trabalho feminino no Brasil, no período de 1992 até o ano de 2005, confirma a manutenção das características desfavoráveis impostas por essa organização do trabalho para a maioria das trabalhadoras. No entanto, verifica duas relevantes tendências que rompem com o padrão tradicional acerca do trabalho feminino estimuladas pela maior escolaridade que as mulheres apresentam nos dias de hoje frente ao passado, inclusive em relação aos homens, especialmente no nível superior: à inserção crescente em áreas bem reputadas tais como medicina, direito, magistratura, arquitetura e engenharia; e o aumento de mulheres que ascendem a cargos de gerência e até de diretoria nas empresas formais, porém majoritariamente em setores de atividade tipicamente femininos. Assim, nos setores relativos a serviços comunitários e sociais que incluem as áreas social, cultural e de saúde as mulheres têm grande representação ou chegam a ser maioria nos cargos de direção; já nos demais setores a presença de diretoras varia entre 11,5% e 17% (Bruschini, Puppin, 2004).

Essas mudanças, ainda que indiquem uma evolução em relação à distribuição do emprego feminino, não vieram desassociadas da discriminação sexual como evidencia a inferioridade significativa da remuneração da mulher comparada à do homem em mesma posição tanto nessas profissões de maneira comum quanto nos cargos de diretoria, a exemplo do que acontece no mercado de trabalho como um todo. Levantamento aplicado acerca da remuneração recebida por diretores de empresa do setor formal referente ao ano de 2004 (Bruschini, Puppin, apud Bruschini, 2007) revela que 41% dos diretores *versus* somente 16% das diretoras recebiam mais de 15 salários mínimos. O aumento de homens ou de mulheres em certos ramos não altera o âmago da divisão sexual do trabalho: "as fronteiras se deslocam, mas a divisão do trabalho se mantém" (Hirata, Kergoat, 2002, p. 227).

Segnini (1998) e Puppin (1994) defendem que as delimitações de áreas femininas e masculinas no mercado de trabalho estejam se desmantelando e que as divergências tenderiam a incidir em uma mesma categoria profissional na distribuição de funções, na ascensão hierárquica e nas distorções salariais. Carvalho (2007) verifica, por exemplo, que na área da engenharia as mulheres se concentram nas atividades relacionadas à administração, à consultoria e às demais em que capacidades de relacionamento sejam especialmente requeridas e valoradas as quais se realizam no interior das empresas, como em escritórios. Já os homens prevalecem nas áreas de desenvolvimento e programação, bem como nos trabalho de campo a exemplo dos exercidos em canteiros de obras, atividades consideradas "racionais".

Atenta-se que essa disposição constatada por Carvalho (2007) é análoga à histórica divisão sexual de trabalho que posiciona o homem no espaço público e a mulher no privado. Essa configuração não decorre somente de interesses distintos em função do sexo, mas dos fortes empecilhos de cunho discriminatório sentidos ou previstos pelas engenheiras com os quais precisariam conviver a partir da inserção nas esferas "masculinas", que parte delas opta por não vivenciar. Esse processo tem início já na graduação, quando muitas ofertas de estágio exigem candidatos do sexo masculino. Ao mesmo tempo, percebe-se que as funções de caráter essencialmente técnico dominadas pelos homens são as mais prestigiadas e bem remuneradas. Esse modelo que impera de maneira geral em todo o mercado de trabalho ao estabelecer uma hierarquia que predispõe aos homens os empregos mais rentáveis e de maior *status* social, é baseado em uma ideologia que subjuga e subestima a capacidade das mulheres (Fonseca, 2000).

Na verdade, somente é possível compreender as diferenças notórias quanto ao gênero no mercado de trabalho partindo de um enfoque relacional deste com o espaço doméstico delineado claramente pela divisão do trabalho e pela autoridade masculina e não reparti-los; em outros termos, um não pode ser compreendido sem o outro. Se para os homens conviver com os universos público e privado não se constitui em uma dificuldade, para as mulheres significa enfrentar grandes dilemas e contradições no esforço constante de coligá-los; elas moldam seus objetivos profissionais de acordo com as limitações que serão impostas pela chegada dos filhos. Exemplos esclarecedores são o das mulheres que atingem consideráveis conquistas em suas carreiras galgando cargos de alto comando, mas que concomitantemente precisaram sacrificar de certa forma suas histórias íntimas, como a vida conjugal ou a maternidade; ou ao contrário, que mulheres que se sentem realizadas no espaço doméstico abriram mão em maior ou em menor medida de uma ascensão profissional (Barreto, 2006; Bruschini, Lombardi, 2004; Bruschini, Puppin, 2004; Bourdieu, 2003; Hirata, Kergoat, 2002; Lipovetsky, 2000; Lobo, 1991, Nogueira, 2004, 2006).

Dessa forma, o trabalho que as mulheres realizam como responsáveis principais pela vida familiar — um trabalho "invisível", pois nem ao menos é reconhecido como atividade econômica nos estudos realizados pelos principais órgãos oficiais — influencia significativamente em suas carreiras (Bruschini, Lombardi, 2004). Na rotina profissional, a chamada "dupla jornada de trabalho" faz com que as mulheres sejam mais dificilmente deslocadas comparadas aos homens, além de assumirem uma carga horária menor e residirem mais próximo ao seu local de trabalho. Caso os filhos adoeçam geralmente é a mãe que se dedica ao seu restabelecimento. Por conseguinte, as mulheres demonstram uma grande preferência por empregos de meio período. Outro fato ilustrativo é que, a partir do nascimento do terceiro filho, o índice de mulheres produtivas cai drasticamente (Lipovetsky, 2000). No Brasil, Bruschini e Puppin (2004) indicam que a presença de filhos pequenos continua sendo um grande limitador da participação feminina no mercado de trabalho.

Barreto (2006) constata que o casamento e a chegada dos filhos impelem as operárias a desistirem de trabalhar fora de casa de modo que o trabalho doméstico predomina sobre o formal, principalmente por exigência do cônjuge. As mulheres são consideradas pela sociedade as responsáveis por cuidar de cada membro da família se adoecidos, executar as atividades domésticas e também zelar pelos vínculos familiares de amizade e emocionais. Desse modo, são obrigadas a conviver com uma rotina estafante exigida pela dupla jornada de trabalho. O mundo doméstico deve prevalecer sobre o público para a mulher a partir de uma norma social que coloca os anseios individuais como símbolos de egoísmo. Boa parte delas vivencia um dilema permanente entre realização profissional e vida familiar, do qual só se libertam quando os filhos já estão independentes e ainda são criticadas regularmente por seus maridos pelos problemas domésticos. Antes disso, ou renunciam ao trabalho profissional ou experimentam o sentimento de remorso.

Carvalho (2007) observa, em estudo realizado com estudantes de engenharia, que, mesmo ainda jovens, as mulheres já se veem como únicas responsáveis pelos "cuidados" com as futuras famílias que irão constituir, o que não permitirá que quando profissionais concorram em igualdade de condições com os homens. Similarmente às empresas, as famílias passaram nos últimos anos por transformações nas relações entre homens e mulheres. Conforme o IBGE (2009) a quantidade de famílias que apresentam mulheres como principal referência está se tornando cada vez mais comum. Mesmo nas famílias que mantêm uma estrutura tradicional com a presença de marido, mulher e filhos, vêm sofrendo mudanças desde os anos 1970 a partir do reconhecimento social do trabalho da mulher e do imperativo dos preceitos democráticos. O modelo tradicional que centralizava o poder nas mãos do marido está propenso a se diluir. Atualmente, as resoluções mais relevantes e as questões financeiras das famílias são compartilhadas por ambos os cônjugues. Paralelamente, o universo doméstico não é mais reduto restrito às mulheres. É comum os homens executarem atividades domésticas, bem como se envolverem muito mais do que antigamente na vida dos filhos. Todavia, é importante ressaltar que a atuação dos homens no lar é comparável a de um mero assistente que encara o que faz como um favor que presta à sua mulher, dificilmente ele se vê como responsável pela administração do lar e pela criação dos filhos. Esse papel segue sob responsabilidade da mulher (Lipovetsky, 2000).

No Brasil, levantamentos realizados pelo IBGE (2009) indicam nitidamente a ocorrência da dupla jornada de trabalho para as trabalhadoras. Em 2005, 90,6% das mulheres profissionais se ocupam com as atividades domésticas; já entre os homens trabalhadores, essa proporção é de 51,1%.

Destaca-se ainda que as mulheres se dedicam às atividades domésticas em média mais que o dobro do tempo que os homens destinam a esses fins — 22,1 horas *versus* 9,9 horas semanais — (IBGE, 2009). A interferência da dupla jornada de trabalho feminino se revela também quando se compara as diferenças entre as cargas horárias remuneradas assumidas em função do sexo. Em 2008, embora praticamente o mesmo percentual de homens e mulheres trabalhassem de 40 a 44 horas semanais (cerca de 50%) caso se considere a faixa de horas, evidencia-se diferença significativa pela qual nas menores de 40 horas as mulheres representam 26,4% *versus* 10,1% dos homens; nas faixas mais elevadas, ou seja, a partir de 45 horas semanais, ocorre o contrário: 38,2% dos homens e 24,1% das mulheres. Todavia, se a comparação levar em conta o trabalho doméstico além do remunerado, pode-se afirmar que as mulheres trabalham por semana em média cerca de 5 horas a mais do que os homens. Essa é uma realidade que já se esboça na infância pela família: em 2005, cerca de 83% das meninas, de 10 a 17 anos de idade, se ocupavam com o trabalho doméstico em média 14,3 horas semanais enquanto entre os meninos nesta mesma faixa etária a proporção foi de 47,4% em uma carga horária média de 8,2 horas semanais (IBGE, 2009).

Como sublinha Lipovetsky (2000), ainda que seja oferecida hoje uma variedade de produtos e de serviços que colaboram para atenuar o trabalho doméstico da mulher, ao menos as de maior poder aquisitivo — como comidas congeladas, transportes escolares, lavanderias, cursos extracurriculares — é forçoso observar que, concomitantemente, os mesmos ampliam o seu desgaste mental. Se com a disponibilidade desses recursos, a mulher executa menos serviços em casa, por outro lado, ela precisa se preocupar em levantar referências de serviços, organizar horários e transportes das crianças, selecionar produtos para compra e planejar uma rotina adequada para a família. Para as trabalhadoras de baixa renda, a deficiência das creches públicas no Brasil as leva a apelarem para expedientes precários e instáveis. Muitas vezes, esse problema as força a abandonar seus empregos, o que é usado como justificativa para a falta de investimentos em capacitação oferecidos às operárias bem como para a falta de oportunidades de ascensão hierárquica (Silva, 1995). Entre as bancárias estudadas por Segnini (1998) e as gerentes pesquisadas por Puppin (1994), as atribuições domésticas das mulheres também são usadas para o mesmo fim.

Com base em levantamentos oficiais de órgãos governamentais, Bruschini e Lombardi (2004) concluem que o papel central que as mulheres assumem na vida doméstica faz com que, ao contrário dos homens que veem seu trabalho remunerado estabelecido por variantes de mercado (qualificação e demanda de mão de obra), o trabalho profissional seja resultante também de sua vida familiar, o que engloba características de sua família como idade e número de filhos. Essas características têm o poder de restringir ou ampliar as experiências que podem viver em suas carreiras.

Hirata e Kergoat (2002) observam que há dois aspectos em que o papel exercido na família influencia consideravelmente na trajetória profissional dos trabalhadores de ambos os sexos, porém de modo inverso para homens e mulheres: a estabilidade no emprego e o potencial de contratação. As autoras concluem que em períodos de crise econômica para as mulheres, o casamento e a maternidade dificultam a sua permanência. Quando a crise passa, novamente a divisão de papéis na família é benéfica ao trabalho masculino garantindo-lhes maior acessibilidade ao emprego industrial. Já para as mulheres casadas, como também destaca Silva (1995), o fato de ter filhos, especialmente pequenos, serve como um obstáculo.

Um ponto que revela o reflexo da vida familiar no trabalho realizado pelas mulheres no espaço público é que assim como nas famílias em que elas são incumbidas de fomentar as relações entre os parentes e garantir suas relações sociais e o seu *status* social — parte do trabalho invisível que fazem e que até é visto pejorativamente — nas empresas, elas são as encarregadas pelas funções correlatas de atendimento ou pela organização de eventos. Enfim, elas são as responsáveis pela promoção do capital social e simbólico das organizações (Bourdieu, 2003).

Para Segnini (1998), a posição feminina em relação à família estimula a capacidade de se relacionar e exige adaptabilidade para se adequar aos diversos e exigentes papéis de mãe, dona de casa, esposa e profissional, além de sensibilidade, o que faz com que a mulher tenda a corresponder a esses critérios no exercício de seu trabalho. A autora analisa a ascensão da mulher no setor bancário, com a inserção do atendimento "personalizado" ao cliente, especialmente na comercialização de produtos e serviços, a partir da apropriação dessas habilidades. Por outro lado, a valorização para o desempenho no trabalho de atributos comportamentais associados aos estereótipos femininos no serviço bancário, como a amabilidade, representou, para a maior parte das mulheres, a manutenção em cargos compostos somente por tarefas monótonas, pobres intelectualmente, de condições insalubres e de irrisório poder de decisão. Um exemplo emblemático é a função "caixa".

A preponderância que exerce na vida familiar remete à possibilidade de que a presença nesse tipo de trabalho com pouca possibilidade de realização profissional seja menos decepcionante para a mulher do que para o homem pela compensação da redução da jornada de trabalho favorável ao cumprimento do papel familiar que lhe é socialmente dirigido. Assim, percebe-se pela pesquisa a conveniência da dupla jornada de trabalho da mulher para a organização bancária posto que incentiva a resignação de uma grande camada de trabalhadores a assumir e a se manter em cargos cujas funções são potencialmente pouco gratificantes e de más condições (Segnini, 1998).

Salienta-se que os valores que colocam a mulher como principal responsável pela vida familiar retraem as expectativas profissionais das próprias mulheres. Dessa forma, "[...] elas não se beneficiam das mesmas motivações sociais que os homens para elevar-se ao topo" (Lipovestky, 2000, p. 295). Lombardi (2006) verifica que a pesada rotina profissional exigida pelos cargos de chefia, em harmonia com o padrão masculino de pouca atuação no universo familiar, representa um fator de resistência à parte das mulheres, especialmente com filhos. Por outro lado, como destaca Fonseca (2000), poucos homens adentram o mundo de trabalho relegado às mulheres, pois, ao fazê-lo, eles tendem a se sentir humilhados e constrangidos em sua virilidade, ou seja, no papel que a sociedade espera do homem diverso ao da mulher. Assim, percebe-se um traço importante do casamento entre o sistema econômico capitalista atual e o regime patriarcal da sociedade.

Segundo Hirata e Kergoat (2002), a virilidade também provoca mais no homem a consternação quando ocorre o desemprego em vista do desconforto e do não atendimento às necessidades financeiras familiares, como também a perda de sua identidade social pela conjugação entre virilidade e trabalho profissional que não acontece da mesma forma para as mulheres. Na mesma direção, Barreto (2006) argumenta que o desemprego para o homem pode causar desde profundo constrangimento social, sentimento de inferioridade e fragilidade emocional, à depressão que, com frequência, acende o alcoolismo e a violência doméstica, além de certas doenças. Todos os homens ouvidos por Barreto (2006) em sua pesquisa realizada com operários adoecidos no trabalho pensaram em suicídio e em uma porcentagem maior do que a verificada em relação às mulheres que o tentaram. Para a autora, a feminilidade ao posicionar a mulher como responsável maior pela família ameniza sua dor quando desempregada.

No entanto, de acordo com o IBGE (2009), as mulheres chefes de família no ano de 2006 representam 29,6% do total de mulheres ocupadas. Alguns dados a respeito das mulheres que eram a principal referência quanto ao provimento familiar naquele ano revelam a importância dos rendimentos obtidos pelo trabalho dessas mulheres para o seu sustento e o sustento de seus filhos: 50,6% delas não tinham cônjuge e moravam com seus filhos; entre essas, 47,1% tinham pelo menos 1 filho com idade inferior a 15 anos e 28,5% tinham todos os filhos com menos de 15 anos; 78,6% recebiam rendimentos inferiores a 3 salários mínimos.

Constatou-se que entre algumas razões responsáveis por esse aumento estão o ingresso progressivo de mulheres no mercado de trabalho, a expectativa de vida feminina, separações e divórcios, alta migração masculina em certas regiões e mulheres que optam por morarem sozinhas. Esses índices indicam que o trabalho profissional de grande parte das mulheres é fundamental para a subsistência de suas famílias, pela necessidade econômica que o trabalho supre. De qualquer maneira, esses dados contrariam o antigo conceito — que serve como argumento para a discriminação das trabalhadoras — de que o trabalho da mulher não apresenta a mesma importância que o trabalho do homem para o sustento familiar.

A entrada maciça das mulheres nas empresas é um fator que evidencia a importância da realização de análises abrangentes que busquem as origens que promovem a não equivalência de condições quanto à ascensão profissional dentro das organizações (Steil, 1997). Assim, percebe-se o denominado fenômeno do teto de vidro como um tema central para se compreender a contínua exclusão de mulheres na tomada de decisão nas empresas.

O termo teto de vidro surgiu nos anos 1980, nos Estados Unidos, para designar um obstáculo tão discreto que assume uma forma transparente, porém, sólida a ponto de impedir que a mulher penetre nos níveis de comando das organizações somente por pertencer a esse gênero, independente de sua capacitação profissional (Powell, Butterfield apud Steil, 1997). O teto de vidro até hoje tem sido quase ignorado pelos teóricos organizacionais. De acordo com Hearn e Parkin (1993, apud Steil, 1997), esse fato pode ser explicado por uma ideologia de poder que visa preservar as distintas condições entre os gêneros e que domina intrinsecamente essas teorias.

Os tradicionais preconceitos de gênero caracterizam as mulheres como excessivamente sensíveis, pouco dotadas de senso prático e de atitude, sem grandes aspirações profissionais, além de demasiadamente ocupadas com a família. Tais preconceitos resistem na cultura das organizações atuais e fomentam a segregação da mulher não somente no sentido vertical, mas ainda no horizontal. Essas ideias, ao inibirem a entrada das mulheres nas áreas operacionais das empresas, fixando-as quase que totalmente nas áreas funcionais (à exceção de marketing), dificultam consideravelmente sua inserção nos postos de comando à medida que as impedem de obter uma experiência relativa aos segmentos que constituem o "coração" das organizações (Lipovetsky, 2000). Negar transferências para essas áreas bem como experiências de trabalho no exterior ou desprestigiar a atividade que assumem podem ser importantes empecilhos colocados à promoção de mulheres nas organizações (Lombardi, 2006).

Certamente, os estereótipos de sexo se originaram na própria História, no entanto, muitas vezes se fortalecem e até são gerados pelo modelo de gestão e de organização do trabalho de uma empresa (Lipovetsky, 2000). Para o autor, as mulheres são vistas como um grupo à parte nas empresas; isso faz com que elas sofram uma grande exposição, do que decorre uma forte contundência em suas avaliações. Podem entender que precisam demonstrar maiores desempenhos que os homens e não cometer desvios (Bruschini, Puppin, 2004). Justamente por receio de se exporem, conforme Lombardi (2006), as engenheiras tendem a abdicar da disputa por altos cargos em função da competitividade incisiva que as envolve.

Outro aspecto interessante é que, ao serem consideradas como "diferentes" pelo grupo que detém o domínio, as mulheres estão à parte dos caminhos informais que muitas vezes levam ao poder nas empresas. Estudo de Segnini (1998) sobre o universo bancário revela que a força dos critérios subjetivos para ascensão hierárquica, no caso o parecer dos chefes, resulta na repulsão das mulheres a cargos de autoridade mesmo quando se considera somente o grupo de ingressantes entre os quais elas são maioria entre os graduados. Há varias pesquisas que apontam uma profunda ligação entre ascensão hierárquica e apadrinhamento (Lipovetsky, 2000; Lombardi, 2006). De acordo com Lipovetsky (2000), raramente elas podem contar com a orientação de mentores, que são em maioria homens, principalmente por, de forma costumeira, originar boatos de que essa assistência seja motivada por envolvimentos íntimos. Em estudo de Bruschini e Puppin (2004) com mulheres gerentes e diretoras de grandes empresas, o auxílio de mentores surge como um fator relevante que oportuniza a ascensão hierárquica.

Lombardi (2006) verifica que na área tecnológica a carreira profissional dos homens se desenha por indicações decisivas de um grupo de pares em suas trajetórias que os propiciam a galgar posições interessantes ou cargos de chefia. Os homens, como veteranos e maioria nessa área criam mecanismos de ajuda mútua, compondo o chamado "clubinho masculino", o qual tenderia a privilegiar seus integrantes no que concerne às promoções hierárquicas a partir de relações de amizade e confiança, vínculos formados nos espaços informais reforçados especialmente na vida pessoal. Entre as mulheres, a ascensão é possibilitada também por recomendações de colegas, porém essas ocorrem como um evento singular em suas carreiras e inusitado em trajetórias femininas graças ao apoio de um homem superior hierárquico, alguém visto por elas como fora do comum que acreditou em suas capacidades e decidiu ajudá-las.

Em um meio no qual as mulheres são minoria, principalmente em cargos de comando, é essencial que obtenham o apoio de um homem para que avancem em altos cargos. Além disso, o "clubinho" funciona como um espaço para reuniões informais nas quais junto a conversas amenas se trocam importantes ideias e informações profissionais das quais as mulheres se mantêm alienadas. A baixa participação feminina no desenvolvimento científico e tecnológico que ainda prossegue em todo o mundo, por exemplo, tem como um fator de origem, conforme certas pesquisas, o isolamento das mulheres nos círculos implícitos de informação que se mostram de suma importância para o surgimento de novas descobertas (García, Sedeño, 2006).

A divisão sexual do trabalho é verificada mesmo em altos níveis hierárquicos (Bruschini, Puppin, 2004; Puppin, 1994). Em pesquisa realizada junto a mulheres que ocupam cargos de comando, Puppin (1994) constatou que elas estão centralizadas nos cargos de *staff*, e nos cargos de *linha* sua presença é ínfima, o que decorre de uma postura restritiva da empresa às mulheres nessa área, em especial, às graduadas. Na empresa pesquisada, os cargos de *linha* exigem conhecimento global acerca do funcionamento organizacional e a atuação nessa função faz parte do currículo de uma parte considerável dos gerentes, dos diretores e mesmo do presidente da empresa. Já as gerentes entrevistadas unanimemente executam funções pautadas pela comunicação, planejamento e acompanhamento, incluindo funções de avaliação e ensino entre as que trabalham com seleção e treinamento de funcionários. Delas também podem ser demandadas tarefas consideradas análogas às domésticas. Portanto, é estabelecida uma divisão de trabalho entre os sexos compatível com as típicas representações de gênero.

A explicação usada pela empresa para essa situação é o atendimento às preferências dos clientes que alegavam constrangimento em negociar com mulheres ou mesmo com homens de modos refinados, configurando a existência do que Puppin (1994) denomina como "Homossociabilidade masculina". A necessidade de características consideradas tipicamente masculinas como, por exemplo, o uso de vocabulário chulo, foi declarada remetendo a importância da virilidade para o exercício de certos cargos como já mencionado. Carvalho (2007), em estudo realizado com estudantes e graduados em engenharia, constatou que qualquer demonstração de feminilidade era entendida no meio profissional como fragilidade ou como sedução, de modo que havia entre elas a preocupação em assumir atitudes "masculinas" e em disfarçar seus atributos "femininos". Estudantes tinha que assumir certas posturas e hábitos masculinos para serem integradas no ambiente masculino e, mesmo assim, não eram efetivamente aceitas. Percepção análoga foi obtida entre mulheres em cargos de comando de diversas empresas (Bruschini, Puppin, 2004) e engenheiras entrevistadas (Lombardi, 2006) em que se constatou que adotar um estilo de comportamento "masculino", ou seja, assertivo, autoritário, agressivo, é importante para conseguir ocupar esses postos. Por outro lado, a capacidade delas em se relacionar bem com seus subordinados na liderança de equipes é valorizada como um benefício interessante da gestão feminina.

No entanto, Lipovetsky (2000) defende que o acesso das mulheres à educação formal e a ascendência dos valores democráticos e meritocráticos estejam promovendo o declínio do conceito de que o exercício adequado do poder seja incompatível à condição de mulher. Atualmente, os trabalhadores tendem a encarar com naturalidade a possibilidade de serem chefiados por uma mulher. Não obstante, a ideia de que as organizações estão sofrendo um processo que resultará em uma isenção total de preconceitos sexuais e que cada indivíduo será então avaliado como uma pessoa única não passa de uma grande quimera.

Para Lombardi (2006), a administração da mulher tende a ser mais humanitária e democrática comparada a dos homens, porém é limitada pelos paradigmas organizacionais que exigem obediência ao protótipo masculino de gerir. Destaca que as mulheres apresentam habilidades inter-relacionais, sensibilidade e criatividade necessárias à liderança de equipes, as quais são apontadas por consultores empresariais como diferenciais da gestão feminina, favorecendo sua ascensão hierárquica. Do mesmo modo, os trabalhos de Puppin (1994) e de Segnini (1998) revelam que os estereótipos sexuais, dependendo do paradigma organizacional vigente, podem permitir e até favorecer a ascensão hierárquica das mulheres nas organizações empresariais, mas somente em áreas de acordo com esses preconceitos e até certo nível de autoridade. Entretanto, essas ideias, que se transformaram recentemente em uma pregação em torno da atuação das mulheres no poder, são baseadas nos próprios preconceitos estabelecidos pela "feminilidade". Esse tipo de argumento sugere que aparentemente a inserção da mulher nos altos cargos hierárquicos somente se justifica caso os adjetivos tradicionais conferidos a elas estejam em consonância com as novas necessidades das organizações (Calás, Smircich, 2007; Lipovetsky, 2000).

Lipovetsky (2000) defende que os esteriótipos, embora possam funcionar ora como promotores ora como dificultadores da promoção feminina nas organizações, não mais compõem uma barreira impenetrável. Ademais, os princípios que orientam as empresas de hoje, as compelem ao esforço de estabelecer uma estrutura que atraia e preserve os profissionais mais capacitados e talentosos, que seja propícia à criatividade e à adaptação e propague uma imagem favorável tanto aos trabalhadores como à sociedade.

De acordo com Bourdieu (2003) e com Puppin (1994), a construção social que é um homem viril e uma mulher feminina explica em parte o porquê de raramente as mulheres ocuparem determinados cargos. As características exigidas para cada emprego englobam não somente fatores técnicos, mas certos atributos comportamentais referentes às diferentes formações adquiridas de acordo com o sexo pelas relações sociais. Elementos constitutivos da virilidade são exigidos principalmente para cargos de chefia, como a agressividade e o comando, incluindo fatores físicos como certa postura e tom de voz, ou seja, desenvolvidos usualmente nos homens e que são contrários à feminilidade a que as mulheres usualmente foram condicionadas. A associação da imagem do poder com a virilidade gera a expectativa de que as executivas exibam um comportamento masculinizado, vinculada à noção de que são mulheres "diferentes". Em prestigiadas revistas de escopo empresarial, as fotos das profissionais que ocupam cargos de alto nível hierárquico, por exemplo, principalmente em propagandas, costumam exibir pouca maquiagem, cabelos curtos e roupas sóbrias (Melo et al., 2004). Uma das revistas analisadas defende a necessidade das mulheres incorporarem características pessoais tidas como masculinas se almejam o sucesso profissional e normalmente enfatiza certa perplexidade quando retrata a ascensão feminina.

Em síntese, as mulheres compõem um grupo no mercado de trabalho tradicionalmente discriminado, especialmente no segmento industrial, submetido a práticas de espoliação bem como de controle opressivo e abusivo. No nível operacional das fábricas, esse grupo é concentrado em cargos cujas tarefas sejam mecanizadas, de pouco *status* social e mal remunerados. Essa situação é sustentada por preceitos, valores, imagens e expectativas diferenciados em função do sexo amplamente aceitos pela sociedade. Diante dessa realidade, depreende-se que as mulheres sejam mais vulneráveis a sofrer assédio moral, como de fato comprovam alguns estudos, principalmente em países latinos como o Brasil, e que, sendo um conjunto "distinto" as características dessa violência dirigida a elas, tem suas especificidades. Busca-se, com essa pesquisa, analisar o assédio moral dirigido a mulheres a partir de um estudo aplicado em uma fábrica do segmento do plástico.

Quem é temido por muitos deve temer a muitos.
SÓLON

6

O assédio moral organizacional contra as operárias da empresa Alfa

Neste capítulo, são apresentados e interpretados os dados coletados na pesquisa realizada na Alfa junto às trabalhadoras do nível operacional. Com o intuito de preservar o anonimato das pesquisadas, elas foram identificadas por números precedidos de "OP". Em algumas de suas características:

- OP1: divorciada, com filhos, jovem, ensino médio completo.
- OP2: casada, com filhos, jovem, ensino médio incompleto.
- OP3: solteira, sem filhos, jovem, ensino fundamental completo.
- OP4: divorciada, com filhos, em torno de 40 anos, ensino médio completo.
- OP5: solteira, sem filhos, em torno de 40 anos, ensino fundamental incompleto.
- OP6: casada, com filhos, em torno de 40 anos, não se formou no ensino escolar.
- OP7: divorciada, com filhos, jovem, ensino médio completo.
- OP8: casada, com filhos, em torno de 40 anos, não se formou no ensino escolar.
- OP9: solteira, sem filhos, em torno de 30 anos, não se formou no ensino escolar.

OP10: solteira, sem filhos, em torno de 30 anos, ensino médio completo.

OP11: casada, com filhos, em torno de 40 anos, não se formou no ensino escolar.

OP12: casada, com filhos, jovem, não se formou no ensino escolar.

Observa-se que a maioria delas (oito) têm filhos; dessas, pelo menos seis têm filhos menores de 10 anos. Acrescenta-se que todas eram brancas.

Em toda a fábrica existem apenas dois setores em que há a presença de mulheres, ambos voltados ao acabamento dos produtos: setor de corte e solda na subdivisão de embalagens ao consumidor e setor de valvulado, o qual se destina à embalagem industrial. A única ressalva é o laboratório, que corresponde a um serviço técnico de apoio ao processo produtivo que conta com duas mulheres. À exceção de líderes e de dois e três rapazes em cada setor que conduzem os materiais, assim como executam algumas tarefas nas máquinas, todos os integrantes dessas áreas são mulheres. Além dos mencionados, os únicos homens presentes são de outros setores e atuam como operadores responsáveis pelo conserto das máquinas e certos ajustes como trocar lâminas.

Formalmente, todas elas ocupam o cargo de auxiliar com apenas três exceções: uma operadora do período da madrugada, a coordenadora dos dois setores e a líder do valvulado, mas no geral exercem boa parte ou quase todas as funções do cargo de operador, conforme descrito pela empresa-assunto que será tratado mais adiante. São pessoas muito vulneráveis ao desemprego devido a seu perfil, sobretudo na indústria: mulheres, majoritariamente na faixa etária próxima dos 40 anos ou com filhos de pouca idade, com relativa baixa escolaridade e que vivem em uma região muito pouco desenvolvida economicamente.

6.1 Assédio moral como instrumento de controle

Primeiramente, será explicado no que consistem os processos de trabalho das operárias da Alfa a fim de que se possa compreender como ocorre o controle diretamente sobre suas atividades. Esses processos são diferentes nos dois setores em que estão inseridas e têm suas particularidades. A subdivisão do setor de corte e solda em que as mulheres trabalham opera 24 horas em três jornadas: das 6 horas da manhã às 14 horas, das 14 horas às 22 horas e das 22 horas às 6 horas. A maioria delas trabalha no primeiro turno. Embora no último a quantidade seja diminuta, vem crescendo bastante, conforme dados da empresa. É um setor responsável pelo corte na medida determinada do material, pela verificação do estado das embalagens assim como da correta disposição delas, pelo procedimento de organização para estocagem e pelo armazenamento dos produtos. Os trabalhos normalmente são executados em duplas, às vezes, em trios e em quartetos.

As embalagens saem em grupos cuja quantidade é programada na máquina. As operárias trabalham na velocidade em que as máquinas foram programadas pelos líderes ou operadores. As tarefas que cabem ao cargo delas são basicamente: encaixar o pino ou algo como um gancho prendedor em cada grupo de sacos; retirá-los da esteira e posicionar os ganchos já no local onde a máquina irá trazer os próximos grupos; colocar o material sobre uma mesa; verificar, em questão de segundos, se todos os sacos estão presos e se não há sacos colados ou algum problema de impressão. Caso não, devem dobrá-los, armazená-los em uma caixa e repetir o processo. Caso sim, precisam verificar o material que já foi para as caixas e então separar o adequado do defeituoso. Esse procedimento de seleção é realizado porque devem evitar ao máximo as perdas de material e a alta celeridade com que trabalham faz com que, comumente, demorem pelo menos alguns minutos para perceberem os desvios, o que já é suficiente para que se acumulem embalagens falhadas. Até porque essas falhas, às vezes, são detalhes mínimos, imperceptíveis para quem não tem prática.

O refile usado para cortar o material no tamanho especificado é uma preocupação constante porque de vez em quando cai. "Ah, fico muito! (estressada) tipo assim ó quando o refile fica escapando direto [...] Deus o livre se tu manda alguma coisa errada pro cliente!" (OP4). O procedimento para ajustá-lo é cortar o material em duas tiras com uma lâmina *gillette* e fixá-las a um dispositivo em forma de cano junto a dois rolamentos, conjunto análogo ao local em que uma pessoa prendeu os dedos certa vez na empresa. Essa operação é feita com a máquina operando, mas de forma mais lenta. Mesmo assim, elas fazem isso em tamanha velocidade que é bastante comum cortarem os dedos na lâmina que pegam com as mãos sem nenhuma proteção. "Acho que todas as meninas já cortaram!" (OP4). Da maneira em que é feito seria inviável realizar isso com luvas porque o material é puxado com a ponta dos dedos e a espessura da luva dificultaria. Também costumam cortar os dedos no estilete da máquina. A rapidez ainda as leva a baterem acidentalmente na parte da máquina em que está a solda, uma pequena barra quente em que com frequência queimam a pele. Também é comum se machucarem ao bater na mesa de trabalho quando colocam os produtos sobre ela. Uma entrevistada mostrou à pesquisadora seus braços com diversos hematomas por causa disso. Embora essas ocorrências tenham sido bastante comentadas nos depoimentos, como já são parte de sua rotina de vida, são tratadas como banalidades. O "costume", razão que indicam, às vezes, para explicar como suportam sua dura rotina parece tornar o ser humano capaz de tolerar as piores mazelas, tornando-os apáticos a elas.

Elas trabalham sobre duas metas, baseadas em históricos: uma de produção e uma relativa a perdas de produto. Quando não alcançam as metas de produção normalmente se deve a problemas nas máquinas ou no material quando esse vem com muitas falhas. Esses problemas ocorrem praticamente todos os dias. No entanto, são motivos de tensão para as mulheres. Como o ritmo de trabalho é imposto pelas máquinas, nesse setor a cobrança maior incide sobre as perdas. As duplas de cada turno devem compensar a dupla do turno anterior caso essa não tenha alcançado o que estava programado pela velocidade da máquina para aquele período. Os problemas de máquina e de material são tão recorrentes que se torna difícil determinar com precisão uma meta de produção. Mas, todas sabem que o material não pode empilhar em cima da mesa, portanto precisam acompanhar a máquina, "dar conta da máquina" (OP4), quase não pará-la, produzir incessantemente e "a gente tem que evitar o máximo das perdas" (OP10). É o que devem fazer durante 8 horas por dia com intervalo de apenas 1 hora para refeição, com folga somente aos domingos.

Foi estabelecida pela coordenadora do setor uma meta de limite de perdas de 5,9% mensal sobre o produzido. Todas as perdas são pesadas. Cada operária tem um número que a identifica em cada processo finalizado e na medição de perdas em um sistema de informática, o qual é um recurso implacável de controle. No momento de efetuar a pesagem, as operárias inserem seus números. Assim, identificam-se as pessoas que "fizeram muita perda". Essas são cobradas e questionadas, e devem se justificar. Da mesma forma, em cada caixa de embalagem que segue para extrusão consta uma etiqueta que elas colam, a qual informa os números das duas mulheres que trabalharam naquele lote bem como o número da máquina, o número da bobina e o número do operador da impressão, setor precedente. Embalagens com defeito são devolvidas pelos clientes e esse setor é responsabilizado porque efetua a checagem.

> Ali é acabamento final do material nada pode, não pode ir material ruim pro cliente! Então, a responsabilidade é toda nossa se for um material ruim a responsabilidade toda é da operadora que fez. Se acaba acontecendo de ir pro cliente aí volta e volta daí por reclamação aí eles vão atrás daquela pessoa que fez aquilo, te cobram, entendeu? A tua falta de atenção tu não teve atenção, não notou o problema (OP1).

Quando isso acontece, a dupla é convocada na sala da coordenadora, onde é "chamada a atenção", expressão recorrente nos depoimentos, e se exige uma explicação para o ocorrido. As metas são controladas diariamente pela coordenadora que verifica quanto cada máquina produziu. A ocorrência de problemas que causem atrasos como faltas são anotados em um caderno pelas operárias e líder sendo verificado "religiosamente" por ela.

Parar a máquina para selecionar o material não é permitido. Elas o fazem quando têm chance conforme a demanda ou quando a chefe se ausenta porque "se ela tiver ali, ela briga" (OP3), já que é sinal de que certo volume de material defeituoso "passou". Assim, as duplas têm que se desdobrar para cumprirem os dois objetivos; de produzir e de selecionar. A alta velocidade das máquinas e a monotonia causada pelas tarefas já seriam o suficiente para que as falhas de material passassem despercebidas cotidianamente. Mas, somam-se a isso condições de trabalho extremamente penosas — as quais posteriormente serão descritas — que certamente contribuem para lapsos de concentração. "Tem dias que é difícil, é cansativo, o calor também incomoda muito que a gente fica muito cansada, muito quente" (OP1). Elas percebem que é fácil "errar", têm essa consciência. No entanto, essas ocorrências são consideradas, inclusive por elas mesmas de um modo geral, erros oriundos de negligência, "falta de atenção", expressão que apareceu em todos os depoimentos. Elas são culpadas pela superior e se culpam. Acreditam que merecem ser repreendidas e cobradas já que estão "erradas". Mesmo algumas que têm uma postura mais contestadora na entrevista, nesses momentos se resignam porque realmente acreditam que fizeram algo repreensível. Uma postura injusta, pois um erro é justamente uma ocorrência indesejável que se pode evitar, o que não é o caso.

> Temo aquela meta pra cumprir [...] tem que fazer tem que fazer e deu. [...] a não ser que aconteça algum problema né da máquina alguma coisa sei lá se não tem que alcançar a meta [...] pergunta (a coordenadora) porque que não fez né quer uma explicação do porquê que não fez [...] às vezes, a coisa é tão pequena que pode acontecer, às vezes, tu tais tão cansada, tão estressada, tão assim... Que passa e tu não percebe [...] tem hora que dá aquele minuto de bobeira, sabe? Aí passa [...] *ela gosta sempre se tu erras chamar a atenção* porque tu sabe fazer, se tu fez errado foi uma falta de atenção [...] aí ela dá uma briguinha lá, um *esporrinho* de nada assim [...] o que tens que fazer é ficar quieta, é tu que tais errado! Vais fazer o que? Errasse, errasse, né? (OP2)

A repetitividade das censuras, das reprimendas, cada vez que se comete um erro, que é inevitável de vez em quando, é uma forma de instigar o temor com o qual se obtém um empenho alto e estável até certo tempo. Há de se perguntar: se o erro é inevitável, por que isso ocorre? Porque é uma maneira de direcioná-las à consagração total ao trabalho, ao empenho absoluto sempre na fronteira de suas capacidades. O medo e a submissão decorrente é um instrumento vigoroso para tanto. Conforme Hirigoyen (2005, p. 55) sobre a motivação para deflagrar o assédio moral: "Não se trata de tentar encontrar uma solução para um problema ou de administrar um conflito, mas de instaurar uma relação de forças".

Além disso, as desestabiliza, corrompem a autoconfiança e até a autoestima. Pode gerar um raciocínio do tipo: "Se eu sempre sou repreendida, se eu sempre erro não mereço mais do que já tenho". Contribui assim para a sujeição.

Conforme Hirigoyen (2005), exigir do trabalhador objetivos impossíveis de serem atingidos e assumir uma conduta injusta em sua avaliação de desempenho com persistência configura uma classe de ataques denominada por ela como deterioração proposital das condições de trabalho. Críticas incessantes e exigências acima do possível para expressar reiteradamente a incompetência são práticas características do assédio moral contra grupos de trabalho (Darcanchy, 2006).

Uma das entrevistadas cometeu um grave erro ao ingressar em seu setor porque nem ao menos lhe explicaram em termos básicos, o que deveria ser feito. Assim, era inevitável que errasse. Mas, foi repreendida energicamente por isso. "Cheguei ali, 'ah vocês se preparem porque 7 caixas de material com *pé de galinha*' sabe o que eu falei? o que que é *pé de galinha*? lá sabia [...] 7 caixa de material jogado fora! Ela ficou bem brava!" (OP3)

Eventualmente, a repreensão é feita por outros meios como expor o "delito" no mural da fábrica para que todos o vejam, ação mencionada por três entrevistadas, o que pode ser classificado, baseado em Hirigoyen (2005), como atentado contra a dignidade. Proibir que as integrantes da dupla trabalhem juntas novamente é uma outra maneira de "correção" que, nesse caso, as infantiliza, foi indicada por uma das entrevistadas (OP10). Não aparecem com recorrência comentários sobre demissões em função disso nos depoimentos, mas, na verdade, a atmosfera opressiva já é suficiente para que elas vejam nessas incidências de "falhas" um fator de ameaça.

> [...] ela se jogou no chão e começou a chorar, chorar, chorar. O que foi, x? Fui lá no mural, olhei [...] eles imprimiram né? Bateram a foto imprimiram da embalagem com uma mariposa bem grande tava no saco só que eu digo assim pra ti [...] tu roda 80 mil embalagem por dia e tu ter que olhar saco por saco... Ia levar uma semana pra olhar um por um. Aí tu não vê, mas aí ela começou a chorar pela atitude, aquilo ali é motivo pra todo mundo falar né? [...] tava o número dela aí, todo mundo sabia quem era pelo número (OP3).

Como as duplas são revezadas, logo aprendem o número uma da outra e podem identificar desempenhos. A humilhação e o constrangimento como penalidades foram usados como ameaça a todas para "servir de exemplo". Pode acontecer com quem "erra"; assim, aumenta-se a pressão na execução das tarefas, pois elas sabem que esse é um risco iminente. De acordo com Barreto (2006), a humilhação pública é uma técnica comum empreendida para despertar o medo coletivo a fim de avigorar a submissão e o poder do chefe hierárquico.

A entrevistada, ao declarar que esse acontecimento era "motivo pra todo mundo falar", mostra a aceitação e o apoio das trabalhadoras à recriminação, em consonância com os valores disseminados pela empresa ou pela coordenadora relativos ao trabalho árduo, ao esforço máximo, à precisão. Associados a um ambiente que estimula o individualismo, como será explanado posteriormente, gera essa reação que acaba por torná-las colaboradoras de um sistema que as oprime. Freitas (2001) defende a relevância do papel dos colegas que normalmente por medo ou falta de solidariedade permanecem passivos, como um fator propício à ocorrência do assédio moral. Sem dúvida, o apoio dos colegas alavanca os efeitos das agressões e, é em última análise, o que as torna possíveis. Esse caso, às vezes, se assemelha mais aos relatos de Barreto (2006) os quais asseveram que os trabalhadores não são inertes, mas atuam como instrumento poderoso, como colaboradores ativos da violência. Também pode ser explicado como uma espécie de defesa, inspirado nas análises de Dejours (2003): não seria mais suportável acreditar que a pessoa que tem o poder na situação esteja sendo certa e justa, do que assumirem para si mesmas que estão todas expostas à injustiça, à violência e à opressão?

> [...] às vezes, fecha 2,3 caixa com problema até tu notar [...] aí volta tudo, escolhe tudo, dá muita mão de obra, dá um nervoso porque tu sabe que tu poderia ter notado aquilo antes [...] cobram isso não assim que eles chegam assim olha a culpa foi tua, mas tu sabe que eles não gostaram, entendeu? Tu sabe que eles não precisam vir te dar um puxão de orelha pra tu saber que tu poderia ter um pouco mais de atenção [...] são clientes grandes e se perde tá na rua né, com certeza, tá na rua! (OP1)

O controle externo para ser eficaz não precisa sempre ser explícito. Depois de algum tempo "educadas", condicionadas, o medo de vivenciar de novo certa experiência ruim é incorporado e se transforma em autocontrole.

A pressão é "companheira" constante das trabalhadoras. Precisam contrabalançar o medo de enviar produtos defeituosos para o cliente ou de gerar muito descarte e ultrapassar a meta de perdas, com o de não alcançar produtividade devido às paradas de máquina para rejeitar o material. O ritmo de trabalho é muito intenso, como se conclui pela análise dos depoimentos e observação. Agilidade e atenção ou seus sinônimos foram palavras muito repetidas quando falam dos requisitos para desempenhar um bom trabalho no setor. "O pouco que tu se desliga pode passar material e tu não vê; aí, como é rápido, passa e tu nem percebe né, que nisso tais fazendo outra coisa" (OP8).

> Chegar na meta que tu tens que chegar se não daqui a pouco a produção das outras máquinas vai dar, vamos supor vai dar 10 mil e a tua vai dar 5. Daí ela (a coordenadora) vai perguntar: "OP4, por que a tua máquina não deu produção hoje?" Ah, porque eu parei muito a máquina pra arrumar a mesa! Ela vai dizer "não, *eu quero que tu tenha a produção igual da tua máquina! Tu tem que dar conta da máquina* como as outras meninas dão!". Então, tens que ter pique! Tem que ter agilidade! Agilidade é a palavra certa! (OP4)

O sistema de submissão implantado pela coordenadora é muito eficiente, levando-as a se dedicarem de "corpo e alma" à produção.

> Às vezes, material colado, com estática, pigmentação meia ruim, elas pegam, vão fazendo devagarzinho porque até descolar assim é complicado, mas elas fazem mesmo assim porque tem que alcançar a meta, mas o resto tá tudo bom, não tem porque se incomodar não! [...] Se ela pede pra fazer uma meta de 2 elas fazem 2.300, 2.500, 2.400, todas fazem porque elas ficam ali, se dedicam pra fazer não param, às vezes, vão no banheiro, às vezes, não vão, tomam aguinha, às vezes, a gente leva água pra elas tomar no copinho, mas nós conseguimos fazer a meta eu te garanto que é cumprida! Se eles pedem uma meta tipo assim tem que ter 5 mil saquinhos até tal hora, 2 horas tem que tá pronto, e é feito assim elas se dedicam muito! (OP5)

Observa-se a obediência à lógica de produção e ao cumprimento da meta pelo conjunto das trabalhadoras. Independente do sacrifício físico que exija — se for preciso não param nenhum segundo nem mesmo para se deslocar ao bebedouro (a sede deve ser grande com movimentos ininterruptos e em um ambiente cuja temperatura é alta) e, às vezes, nem ao banheiro. Não discutem as exigências; apenas cumprem-nas passivamente.

Em outro exemplo nesse sentido foi narrado que quando os funcionários da impressão — setor precedente — cometem graves erros, elas arcam com as consequências. Assim, no caso de um lote inteiro de uma encomenda apresentar problemas em decorrência do trabalho deles, elas têm que produzir normalmente, mesmo sabendo do dano e depois verificar todo o material que processaram. Além de ser extremamente enfadonho, são "convidadas" a trabalhar em horários extras sem antecedência (certamente ninguém se sente à vontade para recusar o convite) e tendo que trabalhar com ainda mais agilidade e atenção, o que provavelmente é uma situação muito próxima do insuportável. A ordem é não desperdiçar o material falhado, pois podem obrigar as funcionárias a "resolver" o problema.

> Não foi culpa nossa, já chegou até nós com problema, aí então a gente teve que fazer o nosso trabalho todo normal né e sabendo que ali naquele material tinha um defeito. Aí depois de pronto esse material teria que ser todo escolhido porque ali na máquina não tem como tu separar o bom do ruim a gente só escolhe no final [...] aí atrasou porque o cliente tava com um pouco de pressa, aí atrasou, daí a gente tem que agilizar o trabalho pra não atrasar muito pro cliente [...] a gente sabia que ele já tava com problema aí a gente trabalhou normalmente (OP1).

Essa situação massacrante em nome do lucro que foi relatada pode ser considerada deterioração proposital das condições de trabalho (Hirigoyen, 2005).

As trabalhadoras dispõem de um banco próximo a cada máquina em que é permitido descansar por pouco tempo em momentos nos quais o fluxo esteja ocorrendo normalmente, já que a máquina não para na ausência delas e a outra parceira pode conduzir o processo. No entanto, por mais que sintam a necessidade e a produção esteja sob controle, muitas vezes deixam de fazê-lo e quando descansam em geral é rapidamente, em torno de 5 minutos, pois se sabe que a coordenadora "não gosta de ver ninguém parado" (OP4). "O tempo todo ali é trabalhando e a hora de elas brincar é hora do almoço, que elas ri, brincam, é sempre esse horário é assim que elas fazem [...] não pode parar!" (OP5). OP3 e OP9, também expressam exatamente essa percepção. De fato, a percepção delas não é nada equivocada como expressa a própria gerente: "o pessoal que tem responsabilidade ajuda aqui, ajuda ali, não fica parado, não falta, então isso aí a gente conta bastante".

Como se fossem robôs programados para não pensarem nem fazerem nenhuma outra atribuição humana, além de executarem por 7 horas diárias.

[...] a (gerente) não gosta de ver ninguém parado, assim o se não tem serviço na tua máquina, mas ela gosta que tu sempre esteja fazendo alguma coisa dando uma varridinha no setor, arrumando umas caixas, limpando umas máquinas, ela não... Tipo pelo menos eu nunca fico de braços cruzados [...] principalmente na frente dela. Então a gente passa isso pra quem entra "fica te movimentando" porque a (gerente) avalia muito isso. (OP4)
Tipo ela não chama pelo nome. Ei!!! Se tu tá fazendo qualquer coisa ei, ei, ei!!! [grita] sabe? Se tem alguém conversando contigo algum assunto tá vou te contar alguma coisa, mas daqui a pouco já vou voltar pra minha máquina tá te contando e ela chegar assim ê ê ê!!! Pra máquina!!! Pra máquina!!! [grita] Levar um *xingão* [...] a gente que é mais velha que a gente já sabe a gente tem mais medo que já chamou bastante atenção, mas os novatos não [...] em cada máquina dá pra ti sentar um pouquinho assim só que a gente já tem tanto medo sabe de tá sentada assim daqui a pouco não sei se é por hábito vê ela e levantar tipo de medo já é de costume. (OP3)

Atenta-se nesses trechos para dois comportamentos da gerente: a proibição implícita ou explícita de parar para descansar mesmo quando não há nada importante a ser feito ou para se relacionar minimamente com as colegas — considera-se que as relações de amizade ou de coleguismo sejam imprescindíveis ao trabalho saudável. Caso se aceite que essas atitudes objetivem diretamente a produtividade, o "uso" máximo da mão de obra contratada, ainda que Hirigoyen (2005) não as mencione especificamente, parece coerente atestá-las como deterioração proposital das condições de trabalho. Ao mesmo tempo, essa proibição de se comunicar e de parar pode ter o intuito de evitar tais relações entre elas a fim de inibir articulações por melhorias de trabalho e se enquadrar também em isolamento e recusa de comunicação. Pode-se observar também manifestações de assédio moral em outras duas categorias: violência verbal (gritos) e atentado contra a dignidade (não chamar pelo nome).

A seguir são descritas as funções das mulheres do valvulado, o outro setor da fábrica em que as mulheres atuam. Essa seção somente opera em um turno cujo horário é das 6 horas da manhã às 14 horas. Para o valvulado, o controle direto é ainda mais incisivo porque durante toda a jornada a coordenadora está presente na fábrica. No corte e solda, no turno vespertino, o horário de trabalho dela engloba apenas 3 das 7 horas que as trabalhadoras produzem no total, embora na prática seja comum alcançar até 5 horas. É uma divisão responsável pelo fechamento das embalagens industriais, especialmente sacarias para fertilizantes. O trabalho é realizado em dupla da seguinte forma: uma delas "faz" o saco, o que consiste basicamente em colocá-lo embaixo da régua na máquina, dobrando-o nela e, em seguida, pô-lo embaixo de um dispositivo da máquina para soldar ou fechar a embalagem; a outra "tira" o saco da máquina, dobra-o e coloca-o em uma pilha para o armazenamento. Elas passaram a se revezar de hora em hora porque havia muitos afastamentos por Lesão por Esforço Repetitivo (LER), entre elas. Isso levou a empresa também a lhes oferecer quinze minutos de ginástica laboral por dia. Com efeito, é um trabalho no qual a liberdade de movimentos é muitíssimo restrita e esses são ininterruptos. Exige a permanência praticamente o tempo todo no mesmo lugar. Quem executa o trabalho na máquina só pode movimentar os braços. Hirata e Kergoat (2002) expressam que é comum nas fábricas que as mulheres fiquem em postos de trabalho que restrinjam muito a mobilidade. Como se pôde observar, e também na opinião das entrevistadas, um trabalho que requer resistência física e de extrema monotonia. Uma jornada de oito horas de trabalho intensa e sem pausas exceto por 1 hora e 15 minutos para a refeição e a ginástica laboral. "O nosso setor é o mais judiado", comenta OP6.

> Muito entediante aquele vai e vem, aquela coisa assim, sabe? Sem muita opção [...] tu fica ali em pé naquela posição, tu cansa muito o braço, aquele vai e vem cansa muito o braço, cansa as pernas e ali no corte tu tá a toda hora de um lado pro outro, se movimenta mais (OP1)
> Elas se empenham com garra mesmo [...] no nosso setor a gente caminha vai na mesa, vai na máquina, vai lá atrás! No valvulado, tu fica parada na mesma posição [...] é muito cansativo! [...] Elas são umas guerreiras! (OP4)

Muitas dizem preferir trabalhar no corte e solda ao valvulado pelo trabalho permitir maior mobilidade do que esse. Mas, infere-se que, na verdade, aquele apenas não é tão limitativo nesse sentido porque a estaticidade também é grande no corte e solda e o deslocamento que fazem é mínimo apenas de alguns passos. Para se ter uma ideia de quanta imobilidade é exigida no valvulado, observe o trecho a seguir referente ao setor de corte e solda.

> Tem dia de noite que me dá uma câimbra tão forte na perna assim que eu fico... Assim paralisa a perna! Não sei, o sangue não circula! Quando eu vou levantar pra ir pro banheiro assim dá aquela todinha na perna, dá câimbra todinha na perna! [...] no corte as meninas que trabalham fica ali parada na frente da máquina, espera o material, tais com a perna parada. Tais em pé, né? Ai só tira o material dali vai pra mesa, sabe? Não circula! (OP3)

Todas conhecem o trabalho nos dois setores. Algumas porque trabalharam no valvulado e depois foram transferidas. A maioria porque de vez em quando são deslocadas para um setor ou para o outro dependendo da demanda. No setor de valvulado, quando não há demanda, as mulheres vão para um setor externo responsável pelo encaminhamento do plástico descartado durante a produção e que é comercializado. Nesse caso, a tarefa destinada a elas é separar o plástico liso do estampado, uma vez que os plásticos lisos, sem estampas, são vendidos por um preço mais alto. Quando não há conveniência da presença delas em outro setor, são dispensadas, algo que acontece cerca de 2 ou 3 dias por mês.

Ao contrário do corte e solda, nesse setor a máquina depende da auxiliar para funcionar, ou seja, é ela que determina o ritmo de trabalho. Por isso, também pelo material ser trabalhado individualmente e pelo tipo de produto não requisitar grandes exigências estéticas, é raro ser encaminhado material com falhas para o cliente. Além disso, pelo material ser mais barato ali, o setor de corte e solda é considerado por todas as mulheres como de grande responsabilidade, principalmente comparado ao valvulado. É um dos motivos pelos quais as entrevistadas do valvulado não gostariam de se transferir para o corte e solda. Algumas mencionam também o barulho maior. Do mesmo modo, o material descartado sempre chega a no máximo 50% do limite imposto pela meta de perdas do setor. Assim, o foco de preocupação em relação ao mesmo é o volume de produção. É estabelecida uma meta de 2.700 sacos por dia em cada máquina.

Em razão de a máquina não ser automática, não é permitido nenhum tipo de descanso. Só o que podem fazer nesse sentido é a troca de posição a cada hora quando "tiram" o saco, tarefa considerada mais fácil e mais confortável porque possibilita mover as pernas. No entanto, algumas não conseguem ser satisfatoriamente velozes em fechar o saco, então ficam somente com a incumbência de retirá-lo, o que obriga suas parceiras a permanecer o dia inteiro na função mais árdua. "Não pega ritmo, são pessoas que já trabalham aqui até bastante tempo" (OP7). É proibido parar para descansar por rápido que seja: "não, não pára. É o dia inteiro. Não, ali não para nada" (OP7). A única parada permitida é em caso de a máquina precisar de algum ajuste ou reparo, situação em que devem acender sua luz para fazer a devida solicitação, enquanto aguardam pelos responsáveis. A luz favorece o controle constante. Caso contrário, sob o olhar atento e vigilante da coordenadora, imediatamente são ordenadas a voltarem à execução das operações.

> [...] não pode sentar! Só na hora do almoço! Sentar onde? Como? É obrigada a parar a máquina! [...] Se ela vê a gente parada acabou-se! Não pode ver a gente parada! Não pode porque a produção depende de nós, né, quando ela vê que a luz tá acesa tudo bem, mas se tá sem a luz acesa e tu tais parada ela já vem te perguntar o que que tá acontecendo: "tais parada por quê? Não tens nada pra fazer?" (OP6).

A lógica da produtividade acima de tudo não obedece a necessidades físicas e mentais humanas como pausas para o descanso nem considera o direito humano ao tratamento digno e respeitável. Percebe-se no valvulado assim como na subdivisão "feminina" do corte e solda a presença de assédio moral tipificado como deterioração proposital das condições de trabalho expressa pela cobrança excessiva para não interromper a produção, a qual surge com ainda mais vigor nesse setor.

Esse controle impingido é justificado assim por OP11: "se a pessoas não quer trabalhar, então dá a vaga pra quem quer, eu acho assim. (Se a chefe vê parada) aí tem que chamar a atenção, né, mas é a razão deles porque eles pagam pra trabalhar não pra brincar".

A compaixão e o companheirismo entre elas são inibidos pelo regime de trabalho imposto pela coordenadora. Cada dupla deve cumprir com sua meta. Mesmo quando já a ultrapassaram significativamente, devem continuar produzindo, impassíveis em suas máquinas. Sentem-se impotentes diante da angústia e do sofrimento das que não estão conseguindo produzir a quantidade estabelecida pela meta, ou apresentar a mesma produtividade que costumavam ter quando entraram. Mulheres que têm nesse trabalho uma fonte de subsistência própria bem como de seus filhos.

> Ah, tem várias vezes, né, pegar uma máquina e reclamar "ah porque tem muito pouco tem que fazer mais!" [...]. Várias vezes eu já vi *chamar a atenção de várias pessoas*, gente que não dá conta, tipo ela pede 2.700 eu faço 3 e pouco se eu baixar se eu fizer 2.700 amanhã ela já vai chamar minha atenção porque eu faço 3 e pouco. Mesmo que eu tenha atingido a meta porque eu já faço mais, então tem que continuar naquele ritmo ali, *não posso baixar* de 3 mil [...] chega no final do dia ela (líder) vai olhar o que a gente fez, aí ela no outro dia ela vai levar pra... que é a encarregada geral [...] ela vai chamar pra sala as pessoas que não conseguiu atingir a meta [...] *e até a pessoa aumentar ela vai falando todo dia até que a pessoa consiga fazer a produção do dia elas vão falando todos os dias*, até tem gente que chora, essa coisa "ah, porque perdi meu ritmo, porque tá muito calor, não dou mais conta de fazer", *mas tem que fazer*. Principalmente se tu fazer 3 e pouco e baixar pra 2 e pouco é bem complicado (OP7).

Da mesma forma que no corte e solda, a cobrança incessante diária para quem não alcança a meta certamente é ameaçadora e aflitiva. Questiona-se: seria necessário para a pessoa estar ciente de que precisa aumentar sua produção para satisfazer a empresa? Para isso, bastaria um único aviso. Seu propósito é atormentar, intimidar, envergonhar e avisar tácita e continuamente que ou alcançam a produção estipulada para elas ou suas vidas serão infernais, pois não devem continuar ali, "não servem". No Brasil, é comum aplicar o assédio moral sobre os menos produtivos, como uma forma de eliminá-los da empresa (Freitas, Heloani, Barreto, 2008). Esses dados remetem à pesquisa de Barreto (2006) que retrata o uso sistemático do assédio moral a fim de se livrar dos acometidos por doenças ou acidentes de trabalho.

No entanto, nos presentes casos, as pessoas não são necessariamente as menos produtivas ou que não cumprem a meta; basta que ocorra um decréscimo no desempenho para que estes ataques ocorram. As que costumam produzir acima da meta terão que se manter sempre assim. Não é permitido baixar a produção mesmo dentro da meta porque se defende que isso seja "fazer corpo mole", ser indulgente. Dissemina-se a ideia de que se alguém conseguiu atingir tal quantidade uma vez, se não a atinge sempre é por "malandragem". Sua única saída é conseguir voltar ao desempenho que tinham. O problema é que o limite físico aumenta com o passar do tempo, principalmente em uma atividade tão intensa, e mesmo no dia a dia, em função de fatores como o clima ou mesmo de questões orgânicas. Infere-se que a finalidade seja fazer com que sempre busquem chegar ao seu limite do possível, não importando o quanto tenham que sofrer para isso. Há quem indique um procedimento padrão e objetivo para esses casos: "é chamado na mesa: ou muda ou vai pra rua!" (OP6). A ameaça subentendida de demissão é fator relevante que fomenta a pressão.

Algumas entrevistadas que têm facilidade, que são mais ágeis, sensibilizam-se com a situação das que perderam a força para manter o ritmo acelerado em função do desgaste físico provocado pela atividade e pela idade ou das que passam mal, mas nada ou muito pouco podem fazer, dentro do sistema de trabalho da coordenadora.

> (Sentimento ao final de um dia de trabalho) bem cansada, exausta, mas quando a gente consegue atingir a meta já tá bom [...] tem bastante gente que vai embora bem... Chega no outro dia desanimada, não consegue fazer daí chama a atenção, tem bastante gente que precisa, precisa mesmo, tipo eu tô aqui porque eu preciso também claro, mas tem gente que precisa mais do que eu ainda, daí não dá conta de fazer daí a gente fica triste por elas

[...] Ficam pra baixo, tem uma ali que não conseguia nem dormir semana passada preocupada porque não dava mais conta [...] *não, não pode (ajudar)*. Às vezes, assim no finalzinho, quando tá dando o horário né, ah precisa de 20, 30 sacos, a gente vai lá ajuda assim, mas é bem difícil (OP7).
[...] não pode tirar do meu pra dar pra ela. Todo material que eu coloco pra dentro da máquina é descontado no relógio em cima, é descontado 3 (mil) sacos em cima, aí quando ela vai marcar porque todo dia ela vai marcar a produção né, ela vai vê ali se eu marquei 3.600 né, por exemplo, aí ela ela vai olhar no relógio, marca aqui, tá 3.600, vou dizer assim "não, mas eu vou dar 500", não vai dar. *Ela não deixa dar! Não pode dar! Cada um tem que fazer! Não tem como dar porque o relógio marca entendeu*, a não ser se tu segurar ali direto nele na pontinha ele não marca. Mas, aí ficar 400 sacos segurando aí não tem como (OP6).

Percebe-se claramente o estímulo ao individualismo — um princípio da gestão em ambos os setores estudados — nas práticas de controle sobre as atividades no valvulado. O individualismo é aspecto relevante para favorecer o assédio moral por uma simples razão: é mais fácil atacar quem está sozinho, quem não pode contar com o apoio de outras pessoas. É outro ponto que revela a covardia em que se assenta essa violência. O individualismo favorece o comportamento apático do grupo quando alguém é agredido porque gera a ausência de empatia com o sofrimento alheio (Barreto, 2006; Dejours, 2003). Hirigoyen (2005) afirma que as pessoas solitárias correm um risco maior de serem vítimas. Dejours (2003) coloca também que o individualismo pode resultar da convivência constante com o medo no trabalho, o que é um componente do clima organizacional das áreas femininas da Alfa.

O "espírito de equipe" enfatizado pela empresa para que as mulheres ajudem os membros dos outros setores, façam serviços para os quais não são pagas, conforme será descrito posteriormente, por exemplo, não vale nesses casos. O que vale é que todas deem tudo de si, produzam o máximo que suas forças permitirem, produzam grandes volumes, o que importa é unicamente a produção. Embora parte das entrevistadas demonstre não estar apática à situação, algumas se rendem ao medo e às vezes abrigam-se na ideia de que a chefe tem razão ou de que ela é obrigada a fazer isso.

O mal (Dejours, 2003) ou a violência no trabalho (Hirigoyen, 2005; Freitas, Heloani, Barreto, 2008) ocorre não só pelos interesses egocêntricos dos dirigentes, mas pelo consentimento do coletivo. Esse consentimento é obtido do conjunto das operárias da Alfa por meio da ameaça implícita ou não do desemprego e pela falta de integração entre elas. A lógica que parece imperar para a dirigente é a de que caso se ajudem o medo, a aflição não estarão mais presentes e, nesse caso, como obrigá-las a se dedicarem "de corpo e alma", à produção? Estimular o posicionamento de "cada um por si", um sentimento de competitividade como única saída para sobrevivência, também é conveniente para se obter esforços quase sobre-humanos.

Como a produção de cada dupla do valvulado é medida e o resultado dessa medição é acessível a todas, as que conseguem ser altamente produtivas, as que ultrapassam muito as metas mesmo quando se impõem dificuldades com o material ou com o calor maior que o habitual, falam do quanto conseguem produzir com orgulho, comparam sua produção com as das outras. Semelhante ao que Caldas (2000) analisa em relação ao estado dos que se mantém no emprego após assistir a uma demissão em massa, a chamada "síndrome do sobrevivente", observa-se uma condição caracterizada pela ambiguidade: sofrimento pelos que não conseguem e concomitante alívio e excitação por ter "vencido". "Eu nunca faço a meta! Sempre faço muito mais do que a meta!" (OP6).

> Ah, muita gente reclama porque não sei acho que elas não têm pique, mas pra mim é bem tranquilo pra fazer [...] o saco tá ruim, tá colado, mas pra mim é a mesma coisa, eu pego o ritmo e faço naquele ritmo ali não importa e pra elas não. Dá diferença ali no serviço aí chega no final do dia 2.500, 2.600, e eu 3.200, 3.300, 3.400 [...] Não deixo passar nenhuma falhinha! [...] eu pego as coisa mais rápido! (OP7)

Demonstram querer ajudar, mas, paradoxalmente, às vezes, têm um olhar de desprezo e de censura por quem não conseguiu, julgam-nas como "malandras" (OP6) que "vão sem vontade" (OP7) de acordo com a lógica dominante. Salin (2003) indica que a alta pressão imposta no exercício das atividades e o exame de desempenhos centrados na quantidade de produção são fatores que favorecem a desunião dos grupos de trabalho e o clima de competição entre os membros. Portanto, estabelecem condições propícias para a deflagração do assédio moral.

> Eu faço 3 mil e pouco, naquela semana faço só 2.500, alguma coisa tá acontecendo [...] ela vai ter que reclamar, o que que tá acontecendo e eu vou ter que explicar o que que tá acontecendo e o que que eu vou falar? Que a máquina tá quebrada *ou sou eu que não quero fazer*? É eu, né, se a máquina tá boa, não tá com defeito, por que que eu não estou atingindo o que eu atingia? (OP6).

A justificativa da conduta da gerente dada por OP6 remete ao pensamento de Dejours (2003) quando trata sobre o atual sistema neoliberal: em um contexto no qual o importante é resistir, a consciência do sofrimento alheio pode ser um empecilho a mais para alcançar a resistência.

O controle em ambos os setores também ocorre por meio de um discurso que estimula o comprometimento sob o argumento persuasivo de que tudo que é bom para a empresa é bom para o funcionário: "tem que entregar amanhã, então nós temos que entregar amanhã [...] se é um pedido do cliente porque se nós não cumprir o que eles querem não vai ter cliente nós vamo perder o cliente, aí não tem dinheiro pra pagar; tem que pensar nisso também" (OP6).

O assédio moral, assim como outras formas de violência no trabalho, encontra suas origens em uma sociedade guiada pela economia, pela lógica custo *versus* benefício que a fundamenta, portanto, em uma organização do trabalho que despreza o ser humano, que o enxerga como um mero instrumento e permite o abuso de poder. Encontra-se nessa empresa, que absorveu profundamente essa dinâmica, portanto um terreno adequado para essas ocorrências (Ramos, 1989; Gaulejac, 2006; Hirigoyen, 2005; Freitas, Heloani, Barreto, 2008).

6.2 Condições ambientais de trabalho: a convivência com o perigo

Para bem compreender o trabalho dessas mulheres é necessário conhecer as degradantes condições ambientais em que ocorre a execução de suas tarefas. Tais condições representam mais um fator de apreensão e de estresse graças à insegurança que as ronda e a insalubridade física que remete a um verdadeiro suplício.

A disposição dos dois únicos setores da fábrica em que há mulheres faz com que exista uma barreira geográfica que as segregam, as isolam do contato com os demais operários. No início da coleta de dados dessa pesquisa, o setor de valvulado ficava separado de todos os outros setores do processo produtivo por uma parede de tijolos que o localizava próximo ao depósito. O setor de corte e solda consumidor ficava separado do corte e solda industrial (onde somente trabalham homens) por um grande corredor cuja única interação que permitia era a observação. Também não havia outros homens próximos, além daqueles mencionados. Posteriormente houve mudanças no *lay-out*, mas as mulheres se mantiveram separadas dos homens: o setor de corte e solda "feminino" passou a trabalhar onde era o valvulado e o setor de valvulado foi inserido no próprio depósito em outro local próximo à entrada da fábrica, mas sem nenhum outro setor adjacente, nem que se pudesse visualizar. À volta delas, somente as "caixas" do depósito. É intrigante que a posição precedente do material trabalhado no valvulado seja o corte e solda "masculino". Em termos de organização produtiva, seria mais lógico que fossem próximos. Praticamente só em festas comemorativas organizadas pelos Recursos Humanos da empresa existe convivência de operários de ambos os sexos. Situação que se manteve para as mulheres do valvulado e que passou a ser mais evidente para as mulheres do corte e solda que agora não podem nem mais enxergar os outros setores.

Como a noção de feminilidade associa a mulher à sedução (Carvalho, 2007; Bourdieu, 2003), talvez seja uma tentativa da empresa de coibir certos relacionamentos no trabalho. Pode ser visto até como medida de cautela, de proteção às mulheres diante de ingênuos e defensores da empresa. Mesmo que assim fosse, essa maneira de preservar as mulheres de possíveis assédios isolando-as do meio, ainda que prática, é no mínimo abjeta: "tem que ser separado mesmo os homens são lá e a gente aqui porque tu sabe né, lá no meio dos homens só sai o que não presta [...] porque brincadeiras tudo isso [...] às vezes, diz uma piadinha assim, 'ah hoje tá boa tá bonita' essas tolice assim" (OP5). O contato com os homens ainda que restrito envolveria situações de assédio sexual, de desrespeito às trabalhadoras, o que leva OP5 a considerar essa disposição salutar.

Além disso, com essa intenção ou não, com certeza é uma forma de diferenciá-las, afinal, todos os outros estão juntos, por que somente elas estão segregadas? O isolamento físico que praticamente impossibilita o relacionamento com os demais colegas é inerente a uma das categorias de assédio moral proposta por Hirigoyen (2005). No entanto, o provável motivo pelo qual ocorreu a mudança no *lay-out* é o que chama mais a atenção. Deve-se ao cheiro forte de tinta que se origina do setor de impressão muito próximo do setor de corte e solda feminino até então que ainda se somava ao da matéria-prima que perfaz a fábrica e ao das máquinas do setor em operação. Para OP3 e OP9, essa súbita preocupação dos responsáveis pela empresa depois de anos se deve ao fato de que o sindicato esteja pressionando-os (ou alertando-os) para pagar o adicional de insalubridade de acordo com a legislação trabalhista para as pessoas que têm contato direto com o cheiro, a exemplo do que já acontece com o setor de tintas. Em princípio, o setor de impressão irá conquistar o direito ao benefício. Com a mudança, um representante do sindicato que antes havia informado às mulheres que também seriam contempladas, disse a elas que já não sabia. Quer dizer, enquanto não havia riscos de gastos, a empresa as deixou inalar, aparentemente, toxinas perigosas à saúde diariamente durante anos sem que houvesse efetiva necessidade, uma vez que elas sempre poderiam estar em outro lugar, menos exposto, sem que se inviabilizasse o processo produtivo.

Ainda mais grave é que elas não utilizam nem utilizavam equipamentos de proteção quanto a isso. Uma entrevistada mencionou que foram dadas máscaras para elas, mas que não costumam usá-las, outras nunca usaram, nem sequer ouviram qualquer referência ao utensílio. Uma pesquisada mencionou que usam eventualmente quando vão trabalhar em uma determinada máquina, a qual libera um cheiro mais forte que o habitual e as fazem reclamar. Em nenhuma visita de pesquisa, inclusive antes da mudança, foi visto uma trabalhadora sequer usar máscaras. Óculos nem mesmo foram fornecidos. Ao contrário do que ocorre no setor de impressão: "quem trabalha na impressão tem todo o material, todo o equipamento de proteção, máscara, óculos, eles têm todo o material, todo o equipamento de proteção" (OP1). A legislação trabalhista estabelece a obrigatoriedade do fornecimento por parte das organizações de todos os equipamentos de proteção individual (EPIs) necessários bem como a conscientização e o controle quanto ao seu uso (Marras, 2001). Tal não ocorreu com as trabalhadoras da Alfa. É intrincado, segundo Hirigoyen (2005), caracterizar o assédio moral advindo de más condições de trabalho porque essas podem ser confundidas como atributos inerentes às atividades. No entanto, quando são dirigidas distintamente a grupos específicos, tal assédio se configura. Pode-se afirmar que há indícios nesse sentido ao considerar essa questão do odor porque elas estão desprovidas dos artefatos de proteção enquanto outros não estão e também em relação ao pagamento do benefício para trabalhos insalubres. Algumas consequências dessa condição de trabalho — a qual sempre poderia ter sido evitada pela empresa — na vida dessas mulheres que ingressaram na Alfa saudáveis, elas só vão descobrir no futuro, como comenta essa lúcida entrevistada: "Não tinha enjoo por causa do cheiro porque eu já tava acostumada, né; mas isso aí a gente só vai saber com o passar dos anos, né" (OP1).

Quando as mulheres do valvulado trabalham na separação do plástico descartado no lado externo também podem cortar os dedos. São oferecidas luvas, mas "quem não quer não usa" (OP6). Ressalta-se que a empresa é responsável pela segurança de seus funcionários inclusive por conscientizá-los e monitorá-los. A empresa deve atuar tanto na correção quanto na prevenção de acidentes (Marras, 2001). Como adverte Stoffel (1996), o uso dos EPIs não deve ser tratado pela empresas como usualmente acontece: uma imposição pautada por penalidades; é preciso que exista conscientização acerca das razões de acidentes e a preocupação com as origens de atitudes individuais e grupais em desacordo com a prevenção dos mesmos. A fala dessa entrevistada demonstra o caráter meramente punitivo que assume a política de segurança na empresa: "Às vezes, eu tava carregando um palete... Vou te *entregar* pra técnica de segurança!" (OP3).

As trabalhadoras do corte e solda consumidor, convivem ainda com os ruídos altos e constantes produzidos pelas máquinas, bem como a fumaça que pode ser muito intensa conforme a pigmentação do material, o que agride os olhos, fora os presumíveis efeitos sobre os órgãos internos em um ambiente completamente fechado. Segundo Vieira (1996), a fumaça é um agente tóxico com grande facilidade de captação pelos pulmões que tanto pode ocasionar efeitos somente nesse órgão como podem se disseminar por outros a partir da absorção. O nível de toxidade das partículas é intensificado por altas temperaturas, condição que existe no trabalho das entrevistadas, especialmente desse setor. A falta de arejamento aliado ao funcionamento das máquinas torna o ambiente muito quente, muito desconfortável, inclusive em dias de tempo ameno como em visitas realizadas ainda na primavera. Próximo ao verão, quando se adentra o local, em poucos minutos, a sensação é a de que seu corpo vai resistir pouco tempo no lugar.

É impressionante a resistência física dessas mulheres. Dizem que, com o tempo, se acostumam com o barulho e com o cheiro, principalmente. No entanto, nada recebem nem nunca receberam como pagamento por insalubridade como adicional ao seu salário de cerca de R$ 600,00 ou pouco mais de um salário mínimo. Ao que parece, o sindicato, que supostamente deveria representar seus interesses, está conivente com a situação. Elas utilizam apenas touca e protetores auriculares. Mesmo assim, algumas não estavam fazendo uso, assim como estavam de adornos, o que revela a insuficiência de um trabalho sobre esse ponto que costuma enfrentar resistência dos trabalhadores. A exposição prolongada a altos ruídos acarreta perda de audição (Gerges, 1996).

> Onde nós trabalhamo ali é muita fumaça tem dia que a gente sai dali com o nariz queimando, os olhos queimando, é horrível! Quando não tem, a gente dá graças a Deus, agora tem serviço que a gente tem que ter, né, dá um monte de problema de fumaça [...] fumaça do material que a gente faz ali que é tóxica [...] u se tem... Tu nem consegue chegar ali [...] o cara do sindicato falou que se o corte se mudasse ali da impressão porque o nosso corte era quase junto da impressão, então cheiro de química, essas coisa, ia muito lá pro lado, nosso setor aí disse que se tirassem nós pra ir lá pro

> outro setor não sabia se nós ia ganhar insalubridade, aí é como eu falei pra ele, sim, e a fumaça não conta? O ruído não conta? O calor não conta? (OP8) A gente inala aquelas fumaças, aqueles material, tinta [...] só que eu acho que aquilo ali bem não faz! Porque trabalha com produto, com plástico, né, aí inala aquele cheiro geralmente a fumaça. Tem máquinas ali que soltam um cheiro horrível, aqueles produtos químicos... (OP10).

Conforme relato, a situação já foi pior há certo tempo, pois não havia nem ventiladores e coifas no setor. Depois de reclamarem muito, os responsáveis resolveram inseri-los. Mas, mesmo a única que lembrou disso e diz que amenizou um pouco a situação, afirma que as condições continuam sendo extremamente árduas. Vê nesse ato uma bondade: "coisa assim boa pra nós. Eles correram atrás e fizeram aquilo ali" (OP4).

No setor de valvulado, embora não convivam com a fumaça gerada por máquinas, precisam enfrentar também o forte calor — o setor fica próximo à extrusão onde é bastante quente e não tem ventiladores — e o forte cheiro da matéria-prima. Antes da mudança, os odores dos setores da impressão e do corte e solda também o atingiam porque mesmo separados por uma parede havia uma abertura de passagem por onde passavam essas substâncias nocivas. Pesquisas indicam que condições físicas no ambiente de trabalho adversas, tais como temperaturas incômodas e barulhos constantes, favorecem a insatisfação com o trabalho e a agressividade dos indivíduos, o que, por sua vez, são elementos que estimulam a ocorrência do assédio moral (Salin, 2003).

É comum relatarem passar mal nos dois setores por causa do calor principalmente provocado por queda de pressão.

> Bastante. [...] é muito quente ali também porque de manhã o pessoal já sai de casa... Eu sou uma, acordo de manhã, já venho direto trabalhar, nem tomo café da manhã, daí é complicado, a gente já chega ali, o serviço é cansativo, é pesado, bastante cheiro forte aí, já muito calor, a gente se sente mal, sim. Até esses dias, teve uma menina que desmaiou ali dentro (acontece muito?) bastante. É normal, a pressão, né... (OP7).

No valvulado e no período matutino do corte e solda, muitas operárias acordam em torno de 04h30 da madrugada para trabalhar e não fazem o desjejum, o que pode ser mais um fator que colabora para as ocorrências de mal-estar que não existiria se a Alfa oferecesse café da manhã aos trabalhadores. Ainda que não sintam mais o odor com a mesma intensidade de quem não está acostumado, logicamente isso não neutraliza seus efeitos lesivos. Tanto que é comum precisar tomar remédios para o fígado durante o trabalho. Conforme Vieira (1996), o fígado é um órgão de armazenamento de toxinas que age para eliminar grande parte delas. Também foram relatados casos de alergia quando se utiliza meramente álcool como medicamento. OP5 e OP12 disseram conviver regularmente com dores de cabeça. OP1 relata que é comum casos de dor de cabeça entre as colegas.

> Acontece muito [...] eu já passei bastante. [...] falta de ar, pressão baixa, essas coisas... A gente trabalhando no verão, aí é muito quente ali muito abafado, tem o cheiro da máquina, a gente que já tá acostumada ali dentro não sente mais o cheiro igual a vocês, mas é bem forte [...]. Nós mudamos agora pra não ganhar, só que ali a gente trabalha com fumaça, fumaça tóxica, tem um monte de coisa ali, trabalha com *gillette*, barramento, estática com tudo" (OP3).

Quando são deslocadas para outros setores — momentaneamente apenas para suprir alguma necessidade emergente — podem comparar suas condições de trabalho. Às vezes, vão para a rebobinadeira (setor masculino) quando percebem o quanto as suas são piores e o quanto precisam se manter estáticas para exercer suas funções: "Lá se caminha bastante, não tem cheiro de nada, nada, nada" (OP3).

As máquinas apresentam vários riscos de acidentes. Esses riscos são agravados por certas condições de trabalho verificadas. Como bem avisa um quadro pendurado próximo à fábrica em forma de um chamado "mapa de risco", a repetitividade e a monotonia inerentes às atividades das mulheres são elementos de risco a acidentes porque favorecem a desatenção. A agilidade a que são compelidas a ter contribui para compor esse cenário de perigo que representa um importante fator de apreensão para as mulheres: "Exige bastante atenção porque primeiro lugar aquelas máquinas ali que a gente trabalha tem barramento, tem tudo!" (OP10). Barramento é um condutor elétrico. Salienta-se que atividades desempenhadas em um ritmo muito veloz estão mais sujeitas a acidentes, portanto requerem uma preocupação especial com políticas de prevenção (Stoffel, 1996). Os trechos dos depoimentos das entrevistadas, a seguir, explicam alguns perigos do trabalho que exercem; a primeira está inserida no valvulado e a segunda no corte e solda.

> [...] O perigo é quando tu for botar embaixo da máquina tens que olhar se não vai botar a mão junto, entendesse, tens que ficar ligada [...] tem pessoas que pra trocar um teflon não desliga a máquina, tocou no botão ela baixa... a nossa líder [...] o dedo dela pegou, foi uma gritaçada [...] tem que tá sempre ligado, entendeu, se der uma bobeira ali, tu dança, perde um braço, não pode, é por isso que quando a gente for trabalhar o problema tem que deixar lá na rua, não aqui pra dentro [...] tem que ter cuidado, né, tem que tá ligada, sempre ligada (OP6).
> É muito perigoso! [...] pra pessoas novas que entram é muito perigoso! Muito! [...] aquela bobina aberta ali imagina tu cortar o teu dedo, tu engatar o teu dedo nesse rolo! [...] a máquina é um robô, tu pode gritar, tu pode espernear e ela não vai parar! Se tu não desligar o botão dela, ela não vai parar! [...] se aquele bracinho bater na tua cabeça, ela pode furar o teu cérebro, mas pra nós é tranquilo, o que que a gente faz se cai o saquinho? Puxa com o pé. A gente não vai botar a cabeça ali embaixo o novato é capaz de fazer isso [...] essa história da lâmina de cortar os dedos, se bobear atora o dedo [...] não pode parar a máquina pra ti descansar, não! Máquina é máquina! Ela não tá nem aí, ela continua rodando e empilhando tudo ali no chão! (OP4)

Percebe-se traços de uma relação que elas desenvolvem com a máquina, semelhantes aos constatados em trabalhadores por Fonseca (2000) em sua pesquisa. É muito mais do que um simples instrumento de trabalho; exerce poderes acima dos que elas têm. A máquina impõe o ritmo de trabalho, precisam vencê-la, "dar conta" dela o tempo inteiro e ela pode aleijar, amputar membros e até matar. Nas empresas brasileiras, normalmente não há uma cultura preventiva em relação aos acidentes. Existem tendências a crenças enganosas que justificam esses eventos: culpabilizar o acidentado; e que o acidente seja aleatório e casual. Essas crenças sustentam a falta de políticas e técnicas que eliminem ou inibam as condições propícias a essas ocorrências. Como ressalta Stoffel (1996, p. 552), "os acidentes são causados e podem ser evitados [...] é inesperado, porém não aleatório. Não sabemos quando vai ocorrer, mas sabemos as condições em que pode ocorrer [...] se forem dadas condições de segurança e qualificação adequada, o risco de ocorrer um acidente é sensivelmente diminuído".

> A rotina extenuante — especialmente em função do controle exacerbado e da preocupação com os riscos de acidentes — exige enorme e constante concentração, o que naturalmente provoca transtornos também quanto à saúde mental. Sete entrevistadas (OP2, OP10, OP4, OP6, OP3, OP1, OP5) declaram sofrerem frequentemente de *stress*. OP8 não se refere a estresse, mas alega que é comum sentir forte cansaço mental.
> Já me estressei muito aqui dentro. Muito! [...] Deu uma crise de nervos! [...] eu tava trabalhando dopada! [...] eu não aguentava! Eu tava no meu limite, já tava num ponto assim que... Eu já não aguentava mais! Não aguentava, não tinha quem me segurasse, sabe? Estressada, estressada mesmo! (OP2)

Silva et al. (2009) analisam que a conjuntura que envolve o trabalho, além das atividades em si, pode acarretar psicopatologias no trabalhador. Entre algumas características que podem provocar impactos sobre a saúde física e mental estão: o ritmo exigido, a carga horária elevada com poucos intervalos de descanso e pressões de superiores por maior desempenho produtivo. Características observadas na Alfa.

Em casos de emergências, a Alfa contratou uma empresa de saúde que atende com uma ambulância. Na prevenção de acidentes, de acordo com o exigido pela Consolidação das Leis Trabalhistas (CLT), possui a Comissão Interna de Prevenção de Acidentes (Cipa) e o Serviço Especializado em Segurança e Medicina do Trabalho (SESMT). Este último é composto por apenas um técnico em segurança do trabalho bastante jovem, a propósito, que estava na empresa há três meses e atuante somente no horário comercial. Ou seja, durante dezesseis horas de funcionamento da fábrica, o que inclui uma jornada inteira no período da madrugada, não há a presença de nenhum profissional da área. A implantação do SESMT é obrigatória nas empresas, mas, como salientam Silva et al. (2009), costumeiramente são geridos apenas pelos representantes de empregadores e a participação dos trabalhadores é muito restrita ou nula, o que provoca ineficácia ao cumprimento de sua finalidade. Tal é o caso da Alfa. Além disso, somente quatro páginas no Manual de Integração e uma página na ordem de serviço — documentos que os trabalhadores recebem ao ingressar na empresa — informam normas de segurança. Uma das entrevistadas relata que representantes da CIPA empreendem frequentes atos inadequados à segurança como o uso de celular. Segundo ela, foram eleitos justamente por serem condescendentes com essas práticas: "Têm pessoas da Cipa do nosso setor que ganhou estabilidade não têm conhecimento nenhum pra fazer. Tudo o contrário o que um técnico de segurança da Cipa manda fazer, exatamente o contrário. Ninguém fala nada" (OP10). É comum que essas entidades sejam criadas apenas com o intuito de cumprir as exigências legais, tendo uma atuação superficial e ineficaz à segurança do trabalhador (Stoffel, 1996)

Marras (2001) atenta que a legislação trabalhista brasileira é bastante abrangente e com normas específicas ao determinar o que e como a organização deve proceder em relação a quase tudo que se refere à higiene, segurança e medicina do trabalho (HSMT). No entanto, no Brasil, 3,9 mil trabalhadores falecem anualmente em decorrência de acidentes de trabalho, o que coloca o país em 14º lugar nos levantamentos realizados pela OIT sobre o assunto. Mais de meio milhão de dedos são decepados anualmente em função da ausência de políticas efetivas preventivas aos acidentes. Portanto, provavelmente, a precariedade que essas mulheres vivenciam não é originada de uma fragilidade jurídica, e, sim, da falta de fiscalização e/ou aplicação das leis punitivas. Essa situação gera terríveis consequências para o indivíduo e para a sociedade.

Apesar de todos os riscos a que esse trabalho as expõe, os treinamentos de segurança que são oferecidos às funcionárias são insuficientes para preveni-los e instruir sobre os procedimentos corretos a serem seguidos nessas circunstâncias. Ao contrário do que foi dito por um chefe, de que há muitos cursos com esse escopo, quando questionadas sobre isso, apenas uma trabalhadora citou um procedimento formal destinado à segurança quando entrou na empresa, a saber, uma palestra. Mas, quando mudou de setor não teve acesso a nada nesse sentido.

Eu não sei pegar um extintor [...] Se você pedir ah vai lá e usa eu não sei, tem um monte de pessoas que não sabem [...] Esses dias a minha máquina começou a sair uma fumaça ai eu chamei o menino ele pegou o extintor e usou. Nós já não, nós saimo de perto [...] manda 2 ou 3 pessoas em cada setor [...] eu acho que é porque não pode parar, né (OP9).

Somente poucas pessoas são treinadas sobre como proceder em casos de acidentes. Assim, o que irá acontecer se elas por acaso não estiverem presentes durante um acontecimento desse tipo? Foram relatados dois acidentes em que exatamente esse acaso ocorreu e as pessoas acidentadas só puderam ser socorridas depois que conseguiram localizar as duas únicas pessoas que sabiam o que fazer. Mesmo a segurança do trabalhador está em segundo plano em relação à produtividade, porque "a produção não pode parar!".

Quando as mulheres se machucam, contam apenas com uma caixa de primeiros socorros e fazem elas mesmas os curativos ou se automedicam. Foram oferecidos cursos de primeiros socorros realizados pelo corpo de bombeiros apenas duas vezes, mas nem todas o fizeram. Há apenas um médico do trabalho que visita a empresa a cada quinze dias cerca de 2 horas. Além disso, não há enfermeiros. Quando questionadas sobre condições de saúde na empresa nenhuma entrevistada citou o médico. Quando se indagou a uma delas sobre se havia um médico na empresa, ela custou a lembrar de sua existência por ocasião da realização dos exames periódicos legalmente obrigatórios a que se submetem. Assim, o contato do médico com elas é realmente restrito. Uma lei obriga as empresas a elaborarem um Programa de Controle Médico e Saúde Ocupacional (PCMSO) a fim de preservar a saúde do trabalhador de possíveis doenças relacionadas ao labor que deve ser coordenado por um médico do trabalho (Marras, 2001). Isso não ocorre na Alfa pelo menos não efetivamente diante dos fatos apresentados e de tão inexpressiva presença médica.

As novatas não recebem qualquer treinamento inclusive de segurança antes de começar a exercer suas funções. A empresa, no entanto, parece saber da importância dos mesmos, pois está estabelecido no documento de descrição de cargos da Alfa a determinação de 60 dias de treinamento quando da inserção tanto para auxiliares de corte e solda quanto para de valvulado, o que inclui o item segurança no trabalho. O treinamento ocorre na prática, com as veteranas que devem ensinar como desempenhar as tarefas e os cuidados com a segurança. "Quando a gente entra ali sempre... como hoje se for entrar alguém na minha máquina eu vou tá auxiliando quem entrar hoje eu vou tá ensinando quem entra, é assim que funciona ali e outra menina também né, quem sabe vai passando pros outros" (OP10). Foi citado por uma delas que os líderes eventualmente passam algumas orientações quando as recém-inseridas já estão em exercício. Além de ficarem ainda mais sobrecarregadas com suas tarefas do que o habitual porque precisam dar conta do que a novata não consegue fazer já que são cobradas normalmente, as veteranas ainda precisam se incumbir do treinamento delas e de serem responsáveis por protegê-las, o que é mais uma fonte de tensão para elas por não disporem de tempo hábil para tanto. Salienta-se que não são remuneradas para isso. Uma entrevistada conta sobre o procedimento adotado quando de sua entrada na fábrica e o que precisa fazer como veterana: "Entrar, ir direto pra máquina, a (coordenadora) disse assim 'o, essa menina, é assim, dá uma força pra ela!', e deu! Pronto! [...] tem que tá falando 'o, tu não bota a mão, vai levar choque, aqui tu pode se queimar', eu não acho certo, deveria passar pra cada um, explicar pelo menos" (OP3). Como afirma Stoffel (1996), um significativo número de acidentes acontece com recém-contratadas na função devido provavelmente a treinamentos precários e também quando os funcionários são deslocados para outras funções sem noção de prevenção de acidentes. Na empresa pesquisada, tanto no corte e solda quanto no valvulado, as mulheres podem ser removidas para outros setores, ou para o corte e solda industrial "masculino", para o de retrabalho, para a rebobinadeira, sempre que for conveniente para a empresa em situações como quando alguém é demitido, até preencherem a vaga e o setor a que pertencem estiver sem material no dia. Não recebem nenhum treinamento para isso. No Brasil, segundo Stoffel, é comum que empresas de pequeno e médio porte adotem medidas de treinamento assistemáticas e deficientes ocorridas no próprio local de trabalho, como acontece na Alfa. Esse é um fator de risco para acidentes.

No valvulado é raro contratar mulheres sem experiência. Quando acontece, o esquema de aprendizado é o mesmo e a pessoa começa apenas "tirando o saco sem operar a máquina". Em menos de um mês já é testada: deve ficar na máquina o dia inteiro sem revezamento para logo se verificar se "serve ou não" e entrar imediatamente no ritmo máximo que puder atingir. O constrangimento e a aflição em ficar sozinha sem estar apta enquanto todas as outras produzem altos níveis e o medo de não ser efetivada as "ajudam" a realmente entrarem no ritmo em poucos dias.

> [...] meu Deus, eu olhava pra minha máquina, dizia assim, essa aí deve fazer 2.000 sacos por hora, eu fazia 200! Quase me matava e não fazia nada [...] a minha parceira que eu peguei era muito boa, tinha muita paciência e me ensinou [...] acho que demorei umas 3 semanas, já me colocaram na máquina sozinha só pra fazer né, não trocava, só fazia, me desesperei, pensei, meu Deus, eu não vou dar conta! [...] me colocaram pra trabalhar numa máquina que eu não conseguia fazer foi bem quando me colocaram sozinha na máquina. Eu já tava irritada porque não queria ficar sozinha na máquina né, nem sabia fazer direito o saco, né, daí me colocaramb na máquina sozinha, eu não conseguia fazer saco naquela máquina, eles diziam: "O quê? Não, não, a máquina é boa! O problema é teu!" [...] quanto mais eu pedia pra trocar mais eles me deixaram ali! (OP7).

Poderiam ter lhe explicado o funcionamento dessa máquina ou ter lhe trocado, já que ainda estava aprendendo. Desde o início, revelam a total desconsideração que pauta a relação dos superiores e de colegas homens com elas e ensinam de antemão que têm que produzir alto não importa sob que condições — essa é a norma imposta a elas. Condições adversas são dificuldades que dizem respeito a elas somente e à empresa indiferente apenas interessa o resultado que deve ser o mesmo. Exige-se o alcance de objetivos sem fornecer os meios necessários para tanto, o que, segundo Hirigoyen (2005), pode ser tipificado como deterioração proposital das condições de trabalho.

Nota-se que existe em boa parte dessas situações relativas ao ambiente de trabalho nos setores femininos um ponto fundamental em comum: poderiam ser evitadas pela empresa. As inevitáveis deveriam ser reconhecidas e remuneradas, conforme as determinações legais. Para

Hirigoyen (2005), condições de insalubridade e periculosidade conscientemente negligenciadas por desprezo ao trabalhador, representam uma manifestação de assédio moral.

Cansada foi o termo que praticamente todas utilizaram para responder sobre como se sentem ao final de um dia de trabalho. Algumas expressaram a sensação de "dever cumprido" (OP11) e até se referem à felicidade porque "não deixei a desejar em nada" (OP5) por terem se dedicado com afinco, o que denota um teor moral muito forte e até sagrado ao trabalho ao lado, ou mais importante, que o próprio cansaço. Uma delas lembra da obrigação de cumprimento das metas, infere-se como requisito para ir embora tranquila. Há quem pense também na satisfação por ter "vencido" mais um dia; "dou graças a Deus por mais um dia!" (OP12); "mais um dia pra minha aposentadoria!" (OP4). Dias que deixam pouco espaço para a vida além do trabalho: "Chega assim em casa parece que o tempo voa e já chega de manhã aí logo cedo já tem que voltar..." (OP10). Outras lembram que não podem ser vencidas pelo cansaço nesse momento porque é quando se inicia a próxima jornada de trabalho, dessa vez em casa.

> Cansada! Doida pra sair! Pra correr! Não sei se é muito calor... Aí cansada, cansada, cansada! Muito estresse, sei lá... Cansada! Doida pra chegar em casa, tomar banho. Quando toma banho acaba tudo! Meia hora debaixo do chuveiro, água gelada na cabeça! A água gelada acaba com tudo! Não é fácil, nega! (OP6).
>
> Muito cansada! Muito cansada! Até porque sai daqui, chega em casa, tem outros afazeres, tem casa, tem filho. Teu dia de trabalho não termina as duas horas não, às vezes, termina 9, 10 horas da noite quando tu vai deitar, então é um dia assim bem cansativo, mas necessário né, porque também se tu não se esforçar, não correr atrás, tu não adquire nada né, infelizmente é assim [...] todo dia a gente tem que ter (muita atenção) né, mas tem dias assim que é dobrado, é muito corrido. Quando tu vê, já deu a hora do almoço! É muito rápido, o dia passa rápido! Tu só nota que assim que tu tá cansada a hora que tu chega em casa e senta porque dói tudo! (OP1).
>
> Me sinto com o meu dever cumprido, fiz aquilo que era pra fazer, né, e tô com a minha consciência limpa porque eu sei que fiz bem feito, né, fiz o

meu trabalho, mas fiz um trabalho bem feito [...] quando eu chego assim em casa, aí dá uma descansada nas perna [...] depois começa a trabalhar fazer o serviço da casa, mas é bem tranquilo. Não... Eu tô acostumada já! (OP11).

Ao encontro do que diz a última, em outros momentos das entrevistas, diversas pesquisadas efetuam críticas às colegas que "fazem por obrigação" (OP3), "fazem por fazer" (OP10). A valorização do esforço, da ideia de fazer o seu melhor surge como um princípio muito relevante a elas. Assim como as noções de valor, de missão, que denotam uma ética do trabalho.

6.3 A divisão sexual do trabalho na Alfa: flexibilidade e rigidez dos "guetos femininos"

Pode-se constatar que a descrição das funções dos cargos que as mulheres exercem em ambos os setores vai ao encontro dos estudos de diversos autores referentes à denominada divisão sexual do trabalho (Hirata, Kergoat, 2007, 2002; Bruschini, 2007; Barreto, 2006; Carvalho, 2007; Lombardi, 2006; Bourdieu, 2003; Bruschini, Lombardi, 2004; Bruschini, Puppin, 2004; Fonseca, 2000; Lipovetsky, 2000; Lobo, 1991). As mulheres exercem atividades manuais que requerem habilidades e atributos de personalidade considerados "femininos"e que as segregam em "guetos": agilidade, exatidão, paciência, docilidade, concentração, obediência e determinação. É uma caracterização dos requisitos para o trabalho que coincide exatamente com o das operárias estudadas pela pesquisa de Guilbert (apud Hirata, 2002) realizada há mais de 40 anos.

As trabalhadoras executam o que a automação ainda não responde com um custo vantajoso. Esses atributos, junto à menor compleição física da mulher, são utilizados pelas gerentes entrevistadas para justificar a segregação. Como já mencionado, é um elemento muito forte na cultura da empresa o conceito de fragilidade física da mulher como uma justificativa que a incapacita indubitavelmente a todos os outros trabalhos no processo produtivo. Quando se questiona às trabalhadoras entrevistadas o porquê de todas as mulheres da fábrica estarem concentradas em apenas dois setores, as respostas preponderantemente expressam a versão da empresa. "É o que o pessoal me conta que lá não pode trabalhar mulher! É, os colega, que lá não pode trabalhar mulher. Acho porque é muito pesado né, mexe com tinta, aquilo lá pega coisa muito pesada, acho que não dá ali no corte melhor, claro" (OP12).

A periculosidade das máquinas dos outros setores que seriam incompatíveis ao exercício da mulher é um argumento que amedronta algumas que, por isso, declaram não ter interesse em sair de onde estão. A coragem é uma característica atribuída aos homens, à virilidade. Algumas assimilaram tão bem o discurso organizacional que são categóricas, seu pensamento em relação a isso não deixa espaço para reflexões: "são mais de risco bem maiores aí *não podem* trabalhar mulheres" (OP10), "*é pra homem*" (OP6). Na prática, muitas vezes, as mulheres executam "serviços pesados", "de homem", que são atribuições formais de colegas homens relativos a seus setores, assumindo essas funções como delas — assim foi relatado inúmeras vezes. Esse fato, assim como os deslocamentos situacionais para outros setores ocorrem informalmente, portanto, sem a devida contrapartida.

O "espírito de equipe" utilizado para legitimar essas práticas é frequentemente citado nos discursos da coordenadora e repetido pelas operárias com praticamente as mesmas palavras: "Ela quer que pega junto, né, vamo trabalhar em equipe porque tem que ser! Se um puxar prum lado, outro puxar pro outro, o negócio não anda" (OP8). A gerente enfatiza esse fator como atributo relevante para a manutenção do emprego: "Ajuda aqui, ajuda ali, não fica parado, não falta, então isso aí, a gente conta bastante".

De acordo com Heloani (2007), o discurso empresarial atual que exalta o valor expresso pelo senso do trabalho em equipe é contraditório no contexto marcado pela precariedade do trabalho e pelo desemprego em que se vive, porque esses incitam a competição e o individualismo. Contexto esse gritante nos setores "femininos" da Alfa.

Várias das operárias se contradizem, no entanto, ao longo do depoimento, ao manifestarem outra resposta quando perguntadas se acreditam que as mulheres seriam capazes de atuar nos setores masculinos: dizem que as mulheres são sim capazes de exercer qualquer função se qualificadas para isso: "Faz tudo que um homem faz" (OP8). Então, existe certa consciência de que se trata de preconceito. Três delas observam que para trabalhar como operador seria dispensável a força física. Algumas chegam a se considerar operadoras, mas não se rebelam frente a seu enquadramento funcional. Parte delas (duas entrevistadas) enxerga essa disposição também como uma questão cultural que não invalida a capacidade das mulheres ou a possibilidade de assumirem outras funções: "eu nunca vi mulher trabalhar nesse setor, por isso que não sei se botasse mulher o que que ia dar" (OP8).

> Olha, isso eu acho uma discriminação porque a gente tem, todo mundo tem a capacidade de fazer o mesmo trabalho que eles, ou até melhor, mas tem *alguns setores que exigem muita assim força do homem que a gente não tem*. Ali no corte *a gente precisa deles* na manutenção da máquina, é claro que *uma mulher poderia* colocar a mão ali e resolver, mas isso ficou né, dividido pros homens [...] nunca vi uma mulher arrumando a máquina né, mecânica de carro tu nunca vê uma mulher mexendo né, acho que já é um *serviço mais masculino* colocar a mão na graxa, no pesado [...] são coisas que se a gente puder deixar pra eles a gente deixa né, mas *não que a mulher não tenha capacidade* já tem casos de mulher que faz *serviço de homem* né (OP1).

Interessante observar a ambiguidade no discurso de OP1 em relação à divisão sexual do trabalho na empresa. Dividida entre os padrões tradicionais defendidos pela Alfa para manter essa disposição e o novo pensamento condizente com o que ela vê no cotidiano do trabalho. Paradoxo que ela assimila também na visão sobre isso presente na sociedade atual: mulher que faz "serviço de homem".

Exemplo esclarecedor é o que ocorre no setor de corte e solda. No início, quando de sua implantação, a proporção de homem e mulher era quase de um por um. Eles trabalhavam juntos na mesma máquina. Gradativamente, a quantidade de homens foi diminuindo e hoje cerca de 70% são mulheres e eles foram separados. Homens trabalham no corte e solda industrial que funciona somente no período da manhã e mulheres no corte e solda consumidor. Isso é justificado pela empresa assim: as sacarias industriais são muito pesadas para as mulheres. Contudo, curiosamente, quando a emergência de entrega é maior no lado masculino, as mulheres se transferem para lá a fim de cobrir os horários de intervalo dos homens, o que acontece com certa regularidade. Sublinha-se que as mulheres não ficaram somente com os materiais mais leves; ficaram também com as máquinas mais velozes, muito mais velozes. Portanto, que as sujeitam mais severamente a um tempo imposto que as mantém o tempo todo sob um forte ritmo, bem como ao intenso esforço físico e mental. Antes de agilidade, exigem submissão às demandas. No entanto, as entrevistadas não se indignam com essa diferença, mas a aceitam como se nada houvesse a ser questionado.

Uma situação típica de divisão sexual do trabalho no universo fabril (Barreto, 2006; Fonseca, 2000; Hirata, Kergoat, 2002, 2007; Lobo, 1991) pode ser apresentada na sequência:

> Nós mulheres não esperamo uma pela outra e os homens são mais de pedir, tá pedindo as coisas, assim eu acho que eles viram que as mulheres tavam se evoluindo mais, então foram contratando mais mulher do que homem [...] Eles são muito devagar, nós mulheres somos muito mais ágil. Eu não sei se é porque ali a máquina tem um ritmo que pede pra ti ser ágil, não tem como não ser! Pra ti não ser ágil, vai parar a máquina de 5 em 5 minutos pra arrumar o material [...] as deles são diferentes. Eles têm que tirar, assim não pode empilhar muito saco na máquina, só que eles tiram numa calma! Na calma! Tranquilo! Nós não, a nossa máquina é bem mais rápida! (OP4).

A dedicação e o empenho devem ser mesmo maiores entre as mulheres especialmente com as características delas porque são próprios de quem percebe que depende desse emprego específico para se manter trabalhando. Como bem reflete a entrevistada, o mito da agilidade feminina como um atributo intrínseco da mulher é no mínimo muito questionável. Pode ser que elas exibam maior agilidade. Mas, porque as tarefas direcionadas a elas são costumeiramente as que assim exigem. Sabe-se que o cérebro humano desenvolve habilidades à medida que são exercitadas. Quanto mais se pratica atividades que requeiram determinada habilidade mais essa é aprimorada. Outro exemplo é que, por estarem em uma posição social adversa em relação aos homens, as mulheres desenvolvem habilidades voltadas à percepção como a observação detalhista, pela necessidade maior de compreender e prever as situações que se apresentam (Bourdieu, 2003).

Segundo Hirata e Kergoat (2002), no mundo operário, as tarefas dirigidas às mulheres são próprias do *taylorismo,* enquanto os homens convivem com as compatíveis aos novos modelos de gestão. Formalmente, esse é o caso das operárias da Alfa. Contudo, há uma diferença no presente caso que reside no exercício ainda que informal do empreendimento de diversas tarefas como os relacionados a cuidados com as máquinas, que acaba por aproximar as mulheres do novo paradigma de gestão da qualidade total implantado pela empresa, no que se refere à polivalência dos operários.

O trabalho feminino, porém, segue *taylorizado* no controle extremo imposto às mulheres. Afora esses momentos, em que não têm alternativas além de tentar realizar os reparos nas máquinas, lhes é vedada qualquer tomada de decisão: "A gente não faz nada sem ordem dela" (OP6). "Tem que ser tudo passado por ela" (OP7). Problemas rotineiros como a decisão sobre descartar ou não material com falha costumam ser levadas aos líderes por várias entrevistadas, mesmo quando sabem qual será a resposta — por receio — e elas acreditam que deve ser assim. "Assim, quando dá uma falha no material, se sai alguma coisa que tu vê que tá diferente no material, aí tu passa pro teu líder, eu passo pro líder né, que é direto na coordenadora pra ver se dá pra mandar [...] todas fazem igual eu acho que fazem né, que, às vezes, não dá nem tempo de olhar pro lado, né" (OP8).

OP4 e OP10 consideram tomada de decisão atitudes ínfimas que podem realizar como repor etiquetas que estejam em falta ou que meramente retratam o descaso da empresa para com elas, como fazer curativos e pegar medicamentos quando se machucam. OP9 se refere a resolver desentendimentos que tem com as colegas como tomada de decisão. OP11 associa a pergunta às saídas do expediente, o que denota que nada decide. Essas se enganam quanto à autonomia que pensam usufruir. Na verdade, elas são livres tão somente "para se virar" para chegar ao resultado que a empresa exige invariavelmente. Essas situações estariam incluídas no que Pateman (1992 apud, Coutinho, 2006) conceitua como *pseudoparticipação*. Nesse tipo de interação, os empregados pensam equivocadamente que participam das tomadas de decisão na empresa, o que estimula a adesão aos interesses organizacionais. Trata-se de um método de manipulação.

Várias entrevistadas apresentam o ensino médio completo e estão ao lado de mulheres, principalmente as mais velhas, que não completaram o ensino fundamental, algumas nem chegaram ao 5º ano e segundo as entrevistadas, "trabalham muito bem, muito bem mesmo" (OP2). Reitera-se que todas ocupam exatamente o mesmo cargo, variando a gradação. A descrição de cargos da Alfa indica como escolaridade "desejável" para o setor de corte e solda o ensino fundamental completo e para o valvulado como "desejável" ser alfabetizado. Como elas mesmas dizem, o que é significativo para realizar as atividades inerentes a esses cargos é tão somente a experiência. Mas, é uma situação que causa perplexidade nelas mesmas: "Tem gente que é formada e tá aí dentro! Tá aí fazendo o que a gente faz, igualzinho!" (OP2). Que diferença fez para as jovens que completaram o ensino médio em relação às mulheres da geração anterior, seus vários anos de estudo a mais para trabalharem nessa fábrica? Nenhuma. Significa que o acesso maior à escolaridade não levou a melhores oportunidades de emprego para as mulheres nesse caso. Nem se reflete em autoconfiança. Essas entrevistadas que se formaram no colégio se diziam sem instrução, "sem estudo", alegavam que por isso não conseguiriam outro emprego, por não terem ingressado no ensino superior ou em um ensino técnico. Esse foi um discurso uníssono e outro ponto inusitado, pois quem apresenta o ensino médio completo no Brasil não pode ser considerado de baixa escolaridade. As que têm poucos anos de estudo se conformam nesse emprego, bem como a entender que há uma barreira concreta dentro e fora da empresa que não podem ultrapassar e não por responsabilidade da Alfa. Não obstante algumas percebem nisso uma injustiça, inclusive entre as que pouco estudaram. Aliás, muitos homens, a maioria, possuem no máximo esse nível de instrução, na média, o ensino fundamental, e ocupam os outros cargos.

Não vislumbram qualquer possibilidade de mudança para elas na empresa. "Não tem nem esperança como se diz... Não tem" (OP2). No nível operacional, a única possibilidade de transferência que essas mulheres veem é passar do corte e solda para o valvulado ou vice-versa. Os outros cargos que são facultados na empresa às mulheres pertencem aos setores administrativos que exigem qualificação superior, ou ao setor de serviços gerais como faxineiras. "Não vejo oportunidade aqui dentro [...] meninas que trabalham com nós que têm o segundo grau que eles podia dar uma oportunidade de... por que não tentar, né? Se não der certo..." (OP3). "Mudança de cargo ali a gente não tem, do jeito que a gente entra a gente fica" (OP10). "Aqui dentro não tem, assim, mulher não tem valor, entendeu? Pegar uma função melhor... Não tem" (OP9). Percebem que aos homens as oportunidades de crescimento são muito mais frequentes na empresa, inclusive para os oriundos dos seus setores. Entre as mulheres, algumas se lembram de apenas um caso ocorrido há muito tempo em que uma moça foi transferida para o setor de Recursos Humanos. "Eles dão oportunidade pros rapazes, teve muitos que mudaram de setor, melhoraram" (OP1). "Tem muitos meninos que entram aqui tirando plástico do valvulado que começaram e hoje eles trabalham na impressão, tão quase sendo operador [...] é mais comum os menino" (OP4); "teve um menino do nosso setor que foi pro laboratório!" (OP3). Quando questionadas diretamente sobre se já se sentiram discriminadas por ser mulher nessa organização, apenas uma respondeu que sim justamente por essa questão: "tem mulher que tem capacidade pra fazer, depende da oportunidade, né?" (OP3). Outra, embora responda não a essa pergunta, revela, em outros momentos, se sentir discriminada por isso e revoltada. "Eu vou morrer auxiliar 2; esquece! Aumento agora só aquele pra todo mundo e deu, acabou!" (OP9)

Afora essas, não encaram essas diferenças com indignação, com revolta. A discriminação que sofrem é cotidiana, "normal", tão inerente às suas vidas profissionais que é algo não notado tal como é, um crime constitucional. Também a incorporação da feminilidade, a qual tende a criar uma necessidade maior de agradar aos outros em detrimento de si próprio, gera uma tolerância a abusos de toda ordem (Beauvoir, 1980; Bourdieu, 2003; Lipovetsky, 2000).

Interessante é que a empresa possui um histórico de oferecer oportunidades de ascensão às pessoas. Diversos homens cresceram de forma incomum na empresa, "vieram de baixo", até como *office-boys* e hoje ocupam cargos de envergadura, inclusive de diretoria. Foram citados vários exemplos nesse sentido pelas gerentes entrevistadas. Para as mulheres, esses casos são exceções, na verdade três exceções, dois casos que correspondem às duas únicas gerências ocupadas por uma mulher, quais foram: recursos humanos, tradicionalmente reduto feminino, e que na empresa tem uma atuação bastante limitada; e a gerente dos setores estudados. Outro caso é a líder do valvulado. Esses últimos podem ter sido influenciados por corresponderem a setores majoritariamente compostos por mulheres. A presença de uma líder do sexo feminino é explicado pela empresa porque ali só trabalham mulheres, "praticamente 90% é mulher, então valvulado ali tinha que ser uma mulher, não tem jeito". Para liderar um grupo de mulheres não só pode como deve ser mulher. Depreende-se a ideia de que mulheres são seres distintos, logo é mais apropriado que uma igual as dirijam. Ideia que é compartilhada por algumas subordinadas: "De mulher pra mulher, tem mais afinidade, são mais abertas a conversar alguma coisa seja alguma coisa pra desabafar pro chefe [...] e o homem chefe não, ele só vai lá, passa o serviço, aí chega no final do mês e deu! Uma mulher não; tem mais intimidade" (OP10). Várias declaram preferir ser chefiada por mulher, o que revela uma "homossociabilidade" feminina e masculina. Um homem não poderia compreendê-las. Outras, entretanto, dizem não haver diferenças porque a relação de controle e poder seria a mesma, o que denota um caráter impessoal às relações de trabalho coerente com a cultura organizacional: "Tanto faz, homem, mulher, vais ter que respeitar do mesmo jeito, porque é a profissão, né, não tem o que mudar. Homem, mulher que é encarregado nunca vai... Recebe ordem, nós também vamo ter que obedecer as ordem" (OP8). De acordo com o discurso disseminado, a coordenadora assume uma postura de ordenar impessoal, exceto com as "amigas" e conforme o momento.

Segundo um dos responsáveis, a Alfa contrata hoje para começar a trabalhar amanhã. Para se treinar alguém no setor, levaria de 40 a 50 dias, o que não seria interessante para a empresa. Conforme o Programa de Treinamento da empresa, para todo o ano de 2009, os cursos dirigidos a todos os setores foram: 2 horas sobre política da qualidade; 2 horas sobre Programa 5S — técnica japonesa voltada à gestão da qualidade —; 1 hora sobre boas práticas de fabricação a fim de se ter uma atitude sanitária cuidadosa, o que é importante em razão dos produtos de higiene e de alimentos que a empresa produz; apenas 1 hora sobre prevenção de acidentes de trabalho e um evento de uma semana com duração de 1 hora promovida pela Comissão Interna de Prevenção de Acidentes (Cipa), a chamada Semana Interna de Prevenção de Acidentes (Sipat) (exigência legal), junto a outros assuntos como normas de trânsito e prevenção de doenças relacionadas e não relacionadas ao trabalho. Somente a esses cursos comuns as operárias não chefes tiveram acesso. Apenas os treinamentos voltados à qualidade foram obrigatórios. Quanto aos demais, nem todas participaram. Várias entrevistadas por causa do horário, porque os horários de ônibus são escassos e/ou por causa de seus encargos familiares, já que foi fora do horário de expediente. Isso apesar de o ônibus da empresa, implantado há pouco tempo, ter tido o horário alterado em função dos cursos, o que fez com que muitas participassem.

Uma das entrevistadas reflete que a falta de treinamento das mulheres prejudica a própria produção. Acontece muitas vezes de a máquina estar programada para processar certo tipo de material e vir um outro tipo da impressão. Se estivessem preparadas para lidar com a situação, reconhecendo o problema e adaptando a máquina, poderiam evitar diversas ocorrências de material colado e furado, que as atormentam porque são principalmente elas que sofrem com as consequências. Parece que é mais importante deixá-las apenas com o trabalho menos intelectualizado.

Os programas de treinamento que têm como escopo a gestão da qualidade são voltados a preparar o pessoal para as auditorias externas realizadas como requisito para a manutenção da ISO 9000. Durante o período de coleta de dados, ocorreram auditorias em alguns dias. No refeitório da empresa, em um mural, havia uma mensagem da administração informando os dias de auditoria e a seguinte frase inusitada: "Todos devem saber como contribuem para a qualidade!". Um procedimento inusitado, porque, se trabalham de acordo com os quesitos de "qualidade", já não deveriam saber naturalmente como o fazem? Precisam se preocupar em aprender como responder as perguntas nas auditorias?

Conforme se depreende dos depoimentos esses cursos são obrigatórios, ao contrário dos outros, e as pessoas são treinadas para memorizar respostas corretas às perguntas dos auditores externos. É questionável se os funcionários realmente entendem e adotam esses procedimentos de qualidade; ao menos as entrevistadas, até porque não há uma política de capacitação sólida voltada a elas para que isso seja possível. Assim, não podem realmente ser considerados parte de uma política de qualificação.

> [...] eles vão fazendo esse tipo de treinamento pra ir conscientizando as pessoas no caso o auditor passa lá e perguntar o que tem que fazer, tem pessoas que fica nervosa e *embabaca-se* toda, né, no caso, se eu for falar pelo que eu sei de cabeça, eu me *embabaco* toda pelo que eu li, não, eu explico tudo, se for assim, acontece assim eu tenho que fazer isso, tenho que medir, tenho que botar lá, tenho que fazer isso, aquilo, eu sei tudo, mas se eu for falar pela lógica no que tá no caso ali, eu não consigo me enrolo toda (OP2).

Esses treinamentos aparecem por vezes em frases "prontas" em seus depoimentos: "o que que eu faço? Tipo assim trabalhar com qualidade?" (OP4); "como que a gente faz? Tem que fazer tudo com ótima qualidade, a gente que faz tudo pra satisfazer os cliente!" (OP6). Desse modo, um dos princípios dessa política de qualidade conforme consta em documentos da empresa: "Qualificar técnica e instrumentalmente nossos colaboradores, proporcionando-lhes ascensão funcional e pessoal, conduzindo-os à qualidade" (Alfa, p. 2) não é seguido, pelo menos para as mulheres.

Apesar das irrisórias oportunidades que a empresa oferece, de responsáveis pela empresa declararem que os funcionários não têm interesse em se instruírem e de que as mulheres não assumem cargos diferentes em grande parte porque não tomam a iniciativa de querer aprender, elas demonstram que são bastante abertas a aprendizagem e que veem nisso um caminho necessário para a sonhada ascensão.

> Eu tinha vontade de aprender outra máquina... Aonde? Na impressão, eu tinha vontade de aprender a imprimir esse material que a gente faz, sabe, eu tinha muita vontade de ver ao menos o processo, eu já vi, não vou dizer que não, mas eu vi rápido. Eu tinha vontade de entender aquilo ali como é

que faz, o porquê que acontece aquilo ali, sabe, uma curiosidade, só que é difícil né, porque, no caso a gente tá sempre trabalhando, se a gente for pedir pra ficar lá, não vão gostar, tais entendendo. Mas eu tinha muita curiosidade de ver [...] lá só trabalha homens, daí é capaz de eles não gostarem de ter mulher lá [...] eu tinha muita força de vontade, curiosidade, muita mesmo [...] não tem possibilidade, não tem nem esperança, como dizem, não tem OP2).

O setor de impressão é almejado pelos funcionários, conforme a gerente de Recursos Humanos, por oferecer salários um pouco maiores, inclusive para auxiliares, em torno de 200 reais ou um terço acima da média recebida, em razão de ser uma área crítica do processo produtivo e exigir maior qualificação. Ser transferido para lá é encarado como promoção.

Um dos responsáveis pela impressão e a gerente de RH sugeriram que se contratassem mulheres para o setor. Argumentaram que por ser um setor no qual as tarefas exigem detalhismo, qualidade atribuída à mulher, seria até interessante para a empresa. No entanto, não foi aceita a sugestão pela diretoria, que alegou que seria necessário muito esforço físico para exercer aquelas atividades. No entanto, como lembram duas entrevistadas, não seria necessária compleição física para trabalhar como operadora. "Só precisa ter responsabilidade e é tudo digital mesmo. Não tem eixo, não tem que fazer nada. Pesado é o auxiliar" (OP3). A empresa alega ainda que poderia haver conflitos com os homens porque culturalmente não há mulheres em outras áreas que não de acabamento na indústria do plástico, "nunca se viu na região", diz uma das gerentes. Além disso, defendem que as mulheres não gostariam de trabalhar lá porque se sujariam de tinta. É crível que elas não prefeririam trabalhar em um setor mais interessante intelectualmente, muito menos estressante, assim como cansativo física e mentalmente, e melhor remunerado, porque a vaidade feminina é tão grande que não as deixariam suportar trabalharem sujas de tinta? Tal explicação utiliza os preconceitos de gênero mais uma vez para legitimar a discriminação. E embora a gerente de RH apoie a ideia, é omissa quanto a isso, já que não empreende uma ação nesse sentido.

Com efeito, como bem sabe a coordenadora: "o pessoal derruba; é igual um time de futebol, se os jogadores não jogarem, nenhum técnico vence, então o técnico não faz muita coisa se não tiver uma baita equipe de jogadores". Elas têm o poder de "derrubar", como conjunto. Ainda que não se possa negar a influência da educação que receberam que as predispõem mais à aceitação do que os homens (Beauvoir, 1980; Bourdieu, 2003), elas não o fazem por quatro razões fundamentais: pelo controle incisivo e constante que dificulta comportamentos fora do padrão, por acreditarem que dependem desse trabalho para não ficarem desempregadas pelos seus perfis, por um sistema consistente de preconceitos, ideias e valores que permeiam a todos na empresa e que atua no sentido de preservar tudo como está e, o que é decisivo, pela rivalidade e individualismo instigado entre elas.

Interrogadas sobre como seria o desempenho dos homens nas atividades que fazem no valvulado, soou a elas como uma ideia tão insólita que várias deram gargalhadas. Preponderantemente responderam que não seria uma empreitada bem-sucedida. Algumas devido ao desempenho técnico porque acreditam que os homens não seriam tão ágeis e cuidadosos quanto as mulheres. "Mulher é mais ágil, mais rápida, não sei, a mulher tem mais cuidado ali, também tem que ter cuidado, prestar atenção, também, né, na hora que tiver fazendo né, pra não botar muita perda fora [...] os homens são mais grosseiro são mais... então, eu daria outro serviço pra eles, impressão, extrusão, isso ai dá pra pra eles" (OP11). "Não, não né, não" [ri]. "Ah! Não sei... Acho que eles não têm jeito pra aquilo dali, agilidade né, tem que ter tem que ajudar pra fazer" (OP7). "Acho que não dava pra eles. [...] não tem como, não vai ter agilidade igual nós temo, é coisa pra mulher. Valvulado é feito pra mulher, eu acho" (OP6).

Não conseguir serem cuidadosos, como colocam algumas entrevistadas, é uma ideia que está de acordo com a disseminada impetuosidade masculina inerente à virilidade (Bourdieu, 2003; Barreto, 2006; Dejours, 2003). A educação familiar ao preparar as mulheres para o exercício das atividades domésticas origina nelas habilidades propícias ao trabalho repetitivo e ágil, como destreza e exatidão manual. Para outras entrevistadas, eles não teriam uma característica comportamental importante que só a "feminilidade" concede: a paciência para suportar aquele trabalho: "Olha, se tivesse muita força de vontade, porque é um serviço assim muito parado, então se torna chato, cansativo" (OP1). "Tendo umas exceções [...] homem não tem jeito pra trabalhar naquilo ali, é uma coisa que [...] mais parado, é uma coisa parada, aquilo ali tu só mexe as perna e os braço, só fica parado no mesmo lugar, não te mexe" (OP2). A coordenadora operacional corrobora essas ideias apresentadas pelas trabalhadoras e diz que já se tentou contratar homens para essa área, mas "homem ali não dá certo".

Hirata e Kergoat (2002) vão ao encontro dessa conclusão, quando afirmam que somente a educação que predispõe à submissão torna possível aceitar o exercício das tarefas tradicionalmente assumidas pelas mulheres na indústria. De acordo com os autores, nas indústrias que se orientam por princípios *tayloristas*, a presença das mulheres é bastante expressiva, ao passo que nas de processo contínuo, que adotam novos modelos de gestão, os homens representam quase a totalidade da força de trabalho. A educação diferenciada conforme o sexo exerce uma influência fundamental nesse contexto à medida que desenvolve na menina características comportamentais bastante adequadas a operários subordinados ao *taylorismo*, como a resignação e a docilidade.

Uma delas indica razões objetivas pelas quais os homens rejeitam as funções: "eles não querem ir pra lá porque ganha pouco; a verdade seja dita, a maioria ganha bem mais. Outros já têm estudo, outros já querem crescer" (OP5). De fato, a justificativa mais lógica é a de que eles não querem. Por que iriam querer? Pessoas que acreditam não terem alternativas, situação mais comum entre as mulheres, estão muito mais dispostas a aceitar e se submeter a um trabalho com essas características. Como explica a coordenadora:

> No mercado de trabalho, como a mulher não é valorizada, então se tu tem um emprego, tu não tem porque dificilmente tu consegue arrumar outro rapidinho. Os rapazes é mais fácil, então pra eles é fácil. Não deu aqui, amanhã já arruma ali, já vou pra lá, já arrumo cá... Pras mulheres e também por causa da idade é mais complicado, então se tu contrata uma mulher

hoje *elas fazem de tudo pra ficar*; os rapazes não [...] é muito complicado contratar homem.

A coordenadora também mencionou que como é um setor que há 19 anos só trabalham mulheres, os homens se sentiriam constrangidos em suas virilidades tão grande é a fronteira entre trabalho feminino e masculino ou entre feminilidade e virilidade que pauta essa classificação do trabalho tal como na pesquisa de Fonseca (2000) e de Silva (1995). Como na pesquisa de Hirata e Kergoat (2002), uma delas expressa como justo os homens receberem maiores salários, já que executam serviços mais arriscados. "O dos homens são mais pesado eles ganham mais porque mexem com tinta com esses equipamento mais arriscado, então é isso [...] se fosse pra ganhar promoção já tinha sido há muito tempo" (OP5).

A naturalização de diferenças entre homens e mulheres é um dos sustentáculos da divisão sexual do trabalho porque a legitima à medida que, pela "natureza", as mulheres são mais capazes a certas funções e os homens a outras. Quando admitido como verdade, esse fator torna incontestável essa disposição (Barreto, 2006; Beauvoir, 1980; Bourdieu, 2003; Hirata, Kergoat, 2007, 2002; Lipovetsky, 2000; Lobo, 1991; Silva, 1995). Embora quase todas expressem que seria uma temeridade inserir um homem no valvulado, boa parte não chega a ser taxativa: seria improvável, mas não impraticável o sucesso da experiência. Isso leva a pensar que a crença naturalizante entre elas não seja absoluta em função provavelmente do fato de atuarem nos setores masculinos quando necessário à Alfa. "Não nega" [ri] "eu acho que não olha, não sei, depende do homem também, mas eu acho que valvulado é mais mulher, né" (OP9).

No discurso organizacional, o conceito de inferioridade, de incapacidade física da mulher é bastante flexível, moldável às necessidades e interesses da empresa, mas bastante rígido quando se trata de transferências formais para outros cargos. A organização do trabalho na empresa obedece no plano das ideias, ao seguinte princípio segregador, como em estudos de Hirata e Kergoat (2007, 2002): às mulheres cargos que exijam paciência e aos homens força e resistência física a condições insalubres e coragem frente ao perigo. Assim, o trabalho das mulheres é considerado não arriscado e sem necessidade de força. Mas, na verdade, as tarefas que lhes são atribuídas (inclusive as que não são inerentes formalmente a seus cargos), especialmente do modo como é exigido que as cumpram somado a condições altamente insalubres, exigem delas grande resistência física e a suas máquinas escondem vários perigos como elas próprias têm consciência. Portanto, requerem coragem, especialmente das novatas. De conformidade com o que as autoras sublinham, existe certa flexibilidade nos preconceitos de gênero que sustentam a divisão sexual do trabalho, observada nitidamente no caso da Alfa. A divisão sexual do trabalho é sustentada por razões que antes de serem técnicas são culturais e sociais, condizentes com a dominação sob a mulher (Bourdieu, 2003; Hirata, Kergoat, 2007).

6.4 "O emprego *Kanban*": o jacaré vai comer!

Uma das razões para que não considerem seu trabalho valorizado é o vínculo intermitente de emprego que têm com a Alfa. "Quando tem material eles te valorizam, valorizam o teu serviço, quando o material tem que sair. Mas, quando não, não é valorizado" (OP6). Ao observar a lista de funcionárias da Alfa na qual constam as datas de admissão de cada uma se verifica uma situação peculiar: a grande maioria delas foi recém-contratada ainda no ano da coleta de dados, 2009. Na verdade, muitas já têm uma história de longa data com a empresa. Explica-se: a Alfa não trabalha com sistema de estoque; apenas opera sob o regime de encomendas. Assim, somente produz se há pedidos. Os setores em que a mulheres trabalham são voltados a produtos cuja demanda é variável para a empresa, especialmente no valvulado, que sofre a influência da sazonalidade agrícola. Retoma-se que o principal cliente da Alfa, por ser fixo e gerador da maior parte das receitas, é uma empresa para a qual fornece rótulos para garrafas cuja produção não envolve essas áreas. Sistematicamente, quando há uma baixa nos pedidos, as mulheres são demitidas em massa; quando as encomendas voltam a crescer, a maioria é convidada a retornar. Tal fato acontece periódica e subitamente. É condição já inerente ao trabalho delas. Bourdieu (2003), Hirata e Kergoat (2002) atentam que o trabalho feminino costumeiramente é o mais suscetível a demissões. Bruschini e Lombardi (2004) e Nogueira (2004, 2006) reforçam essa constatação assim como a consideram um fator que comprova o papel rebaixado da mulher no mercado de trabalho em relação ao homem. Sublinha-se que as contratações não são realizadas em regime temporário. A rotatividade é mais longa, ocorre por meio de contratações tradicionais e demissões.

Segundo a tipologia apresentada por Caldas (2000), as demissões em massa por redução de demanda são conhecidas como cortes conjunturais. O objetivo desse tipo de desligamento é a diminuição provisória de encargos financeiros e a propensão é que os demitidos retornem quando a demanda voltar aos patamares anteriores na mesma proporção necessária, tal como acontece com as operárias da Alfa. Uma de suas características básicas é normalmente se restringir aos trabalhadores com maiores dificuldades de inserção no mercado de trabalho porque formam o conjunto mais disponível ao reingresso.

A maioria das mulheres do valvulado já trabalhou pelo menos três ou quatro vezes na fábrica que utiliza esse prático e rentável sistema de demitir e contratar. O perfil dessas mulheres e a experiência de trabalho restrita a obtida naquele cargo, conforme explica uma gerente, elucida a disposição delas em regressar. "Difícil mercado de trabalho pra mulher por causa da idade. Tudo ali tá um pouco avançada, é difícil sair daqui! Vai fazer o quê? Necessita de estudo, tudo ou pega uma faxina ou vem pra cá de volta ou vai pra (concorrente), mas a (concorrente) não pega por causa da idade". Na região, a maior fonte de emprego é a indústria do plástico. Conforme o IBGE (2009), é um setor da economia em que a mulher sofre maiores dificuldades de inserção. Observa-se que sua entrada é permitida nas áreas de piores condições e instáveis, o que coincide com o processo de feminização estudado por Nogueira (2006) em diversos países.

De acordo com os depoimentos de diversas entrevistadas, inclusive gerentes, uma empresa de grande porte é a única na região além da Alfa que trabalha com o setor de valvulado, mas não admitem mulheres acima dos 35 anos de idade. As outras empresas de plástico da região não contratam mulheres para trabalhar no corte e solda nem em outros setores produtivos. De modo que não vislumbram outro caminho se não esperar serem convidadas a voltar à Alfa alguns meses depois. Os dirigentes da empresa sabem bem tirar vantagem desse fato. Esse convite habitual à volta é visto por elas como uma bondade dos dirigentes da organização, especialmente da coordenadora. "Aí a gente assim fica em casa depois quando vem material, aí eles chamam a gente, né, bom que eles dão oportunidade de a gente vir de novo!" (OP11). Mas, por que não o fariam? Elas têm experiência, dispensam treinamento e já são ágeis, têm o perfil desejado para o cargo, na realidade, é de grande interesse dos gestores da empresa trazê-las de volta. Mais do que isso: é uma necessidade para que possam ter mão de obra imediata para suas encomendas.

Quando esses períodos de queda de encomendas se aproximam começam os comentários que as deixam pungidas. Existe até uma expressão que todas usam para designar esses períodos: "O jacaré vai comer!". E o suspense ameaçador: quem serão as escolhidas para o desemprego? Oito entrevistadas declararam não se sentir seguras em relação a seu emprego. Apenas duas declaram o contrário. Ambas têm uma história curta na empresa e ainda não passaram por essa experiência, o que pode explicar a discrepância. Uma delas se sente segura por ter uma agilidade muito acima da média nos dois setores. A outra porque permaneceu quando ocorreu a última queda de produção quando ela achava que iria por ser novata. No entanto, essas duas confirmam a ocorrência sistemática das demissões em massa, embora uma delas expresse que esse fato seja mais observado no valvulado. De fato, a coordenadora manteve várias novatas, o que as surpreendeu. Informou às funcionárias que foi para avaliar o trabalho delas e compará-lo aos das outras "saber se daqui a pouco eu posso demitir, trazer de volta". Sabiamente utiliza esse fator em seu discurso como uma demonstração de reconhecimento ao bom funcionário, "esse pessoal que saiu não saiu por disciplina, não saiu por faltas [...] teve um desempenho bom". Talvez esse fato explique pelo menos em parte as animosidades existentes entre as antigas e as novatas, o que será melhor abordado a seguir.

Todas as outras, porém, não se consideram seguras em relação a seu emprego, que pode lhes ser retirado abruptamente: "Segurança ali a gente não tem. No mesmo tempo que tu tá trabalhando, te botam pra rua!" (OP6). Percebem que qualquer uma pode ser demitida independentemente de seu desempenho e de sua dedicação. Isso porque de um modo geral não percebem critérios definidos para as demissões ou esses mudam. Segundo Caldas (2000), uma política de desligamentos responsável e planejada deve necessariamente ser "sistemática, participativa e humana", características não encontradas quando se investiga esses processos na Alfa. Para o autor, o contrário significa "corte de cabeças", o que favorece maiores impactos prejudiciais aos remanescentes e às próprias organizações em diversos aspectos como no ambiente, nas relações de trabalho e no comprometimento com a empresa. Como tal não ocorre na Alfa, o clima que predomina é de ameaça.

O sentimento de comprometimento efetivo requer reciprocidade para existir. Se não, é o trabalho por imposição, por medo.

> Trabalha por obrigação entendeu? Pelo menos aqui dentro da Alfa é assim, como tem fase que a gente sabe tem queda de material, ai, meu Deus! Que medo de ir pra rua! Aí se matam a trabalhar, é aquela que mais pode trabalhar e quando tem que é pra ti trabalhar pra ti fazer uma coisa boa parece que tomara que aquela bobina não saia que é pra ficar parada (OP3).

A insatisfação com o clima de trabalho e crises concernentes aos enxugamentos são aspectos favoráveis ao assédio moral, uma vez que geram a insegurança e induzem à competição interna (Salin, 2003). Como sublinha Caldas (2000) processos de demissões em massa provocam intensas consequências no ambiente de trabalho; em princípio, ninguém passa por essa experiência ileso. "O mais grave efeito no ambiente organizacional parece ser o clima de estresse gerado pelos *enxugamentos*. Antes e durante os cortes, a expectativa e a incerteza parecem sempre provocar forte tensão psicológica e frustração" (p. 99). Esses fatores podem desencadear uma série de nocividades como estresse e conflitos. O estresse em particular é um componente que pode fomentar o assédio moral (Salin, 2003).

Segundo representante da Alfa, "elas não se importam, já são acostumadas". Logicamente, não é o que se depreende de seus depoimentos.

> Fica aquele boato "ah o jacaré vai comer!". Aí eu já fico pensando, ah será que eu vou? Será que eu não vou? Fica aquela expectativa no setor né, uma comentando com a outra, "ah, tal fulano foi, tal ciclano foi" [...] aí nós ficamo com medo porque a gente precisa né, a gente precisa do emprego! (OP9).

Para que se possa alcançar ainda melhor o que essas mulheres representam para a empresa, basta observar o modo em que acontecem essas demissões, como no exemplo citado a seguir relativo à última demissão em grande quantidade ocorrida no corte e solda. O único critério utilizado na referida demissão foi: custos, ou seja, quem recebia uma quantia (irrisoriamente) maior — normalmente, as mais antigas — foram dispensadas. Dessa forma, mulheres com na média 10 anos de empresa, tempo em que se sacrificaram verdadeiramente à produção considerando as condições do trabalho que executam, foram rejeitadas por esse critério por ser uma forma prática de se demitir já que é um critério igualitário e dentro da ótica predominante instituída de que a empresa deve sempre lucrar o máximo, não havia o que as trabalhadoras pudessem discutir. Observa-se assim a aplicação da gestão como entendida por Gaulejac (2006): sob uma aparência neutra existe uma ideologia que converte os seres humanos em meras "coisas" que devem ser usadas a serviço da produtividade, que é um valor absoluto. Uma administração determinada pela racionalidade instrumental que visa somente atender a lógica custo *versus* benefício que define a visão de mercado (Freitas, Heloani, Barreto, 2008; Ramos, 1989). A teoria organizacional predominante se construiu como estabelecido pelas formulações teóricas de Max Weber (1978) a respeito da burocracia e da racionalidade instrumental fundamentada pela lógica de mercado inerente à mesma. Nesse contexto, as organizações são concebidas como sistemas econômicos desprovidos de qualquer valor moral ou ético e fundamentadas no controle.

Caldas (2000) ressalta que a discussão moral sobre os *enxugamentos* é essencial. Não se deve desprezar o fato de que seres humanos perdem sua fonte de subsistência. Nesses processos, pessoas são tratadas muitas vezes como objetos, recursos ou máquinas; são descartadas quando não são úteis para a empresa. Gerenciados sob o mesmo raciocínio do paradigma atual da administração de estoques, certos estudiosos os denominam como "emprego *Kanban*" ou de "liga-desliga": liga quando necessário, desliga quando não é. Essa maneira de agir é notória nos setores femininos da Alfa.

Eis um trecho de uma dessas vítimas, que se sentiu consternada, com razão, por ter sido demitida inesperadamente após muitos anos de trabalho obstinado.

> Sempre me dediquei muito! Muito! Sempre! E quando eu voltei também não mudei nada, sempre o que eu faço hoje eu fazia antes de ter ido pra rua sempre me dediquei muito no trabalho e foste! Então, porque que tu não podes ir de novo? Então, não me sinto segura [...] Sei que eles não vão me colocar pra rua porque não tô fazendo o meu serviço bem feito, eu sei que por esse motivo eles nunca vão me colocar, mas podem alegar outra coisa (OP4).

Ela retornou à empresa quando a chamaram de volta alguns meses depois. Denotava que esse evento a marcara profundamente, enquanto relatava o ocorrido. Estudos indicam que se o processo de demissão abala o senso de justiça e a segurança dos remanescentes, esses serão muito fortemente impactados (Caldas, 2000). Segundo o autor, ainda é comum, a despeito da instabilidade crescente que os empregos vêm assumindo, que os empregados ao fornecerem à empresa comprometimento e alto desempenho esperem receber em troca a manutenção de seu emprego. O sentimento de injustiça e de traição toma conta do indivíduo demitido, nesse caso, já que percebe que só ele cumpriu com a sua parte. Consequentemente, a confiança em relação à empresa diminui. Esses efeitos se confirmam no caso da entrevistada: ela agora tem consciência de que pode ser demitida pela Alfa, independente de sua *performance*.

Existem indivíduos que criam uma relação tão profunda com o seu trabalho e com os colegas comparável à estabelecida pelos laços familiares, como expressa OP11. Para esses, conforme Caldas (2000), a demissão é vivenciada como abandono em uma experiência carregada de emoções associadas ao sentimento de perda.

> É uma família, então a gente sente muita falta, eu sinto [...] Toda vez que chega sempre aquele comentário "vai pra rua" eu já fico nervosa! Ai já fica aquela coisa ruim, medo de ir pra rua assim! É horrível isso! [...] tomara Deus que abençoe que tiver bastante pedido pra nunca mais fechar o valvulado! [...] toda vez que eu vou pra rua daqui eu choro! Eu choro pra *caramba*! (OP11).

Os colegas podem estabelecer entre si laços análogos ao de irmãos. Uma delas (OP6) fala com pesar de uma colega demitida que considerava sua única amiga no trabalho. Logo que foi iniciada a pesquisa, a Alfa demitiu 20 mulheres do setor de valvulado. Informaram que quatro ou cinco meses depois provavelmente receberiam novos pedidos e elas seriam solicitadas de volta. Nessa última demissão em massa no valvulado, houve quem percebesse critérios de demissão regidos em torno do máximo desempenho produtivo: quem apresentou mais atestados médicos não importando a razão "metade (das que foram demitidas) foi por atestado" (OP7), as que produzem menores quantidades, as que não são ágeis para trabalhar na máquina que por isso só "tiram" e as pessoas que costumam discutir. É importante também ser uma figura agradável e serena aos chefes, ainda que não seja garantia para não ser demitida, pode ser benéfico, conforme a situação. "Tem os líder que ajudam, ela se tu não se dá bem com o líder... [...] aqui dentro tu tem que rir pra todo mundo tem que se arreganhar pra todo mundo pra poder garantir o teu lado" (OP3). Os superiores não gostam de trabalhadoras críticas, o que influencia nas demissões. Um dos aspectos que caracterizam a gestão atual é que "o valor de cada um é medido em função de critérios financeiros" (Gaulejac, 2006, p. 425). Outro aspecto é que críticas só fazem sentido se vierem acompanhadas de aplicações que tragam produtividade, de tal forma que "o conformismo é o pendente do primado do utilitarismo" (p. 423).

A instabilidade no emprego também tem como decorrência permitir que essas mulheres usufruam apenas relativamente de independência financeira em relação ao marido ou à família. "Tu não tem uma segurança tipo de fazer uma dívida grande ou comprar alguma coisa grande pra mim sabendo que de uma hora pra outra tu pode ir pra rua" (OP3). Essa situação está de acordo com o pensamento tradicional de que o verdadeiro lugar da mulher é em seu lar e de que o trabalho externo deve representar tão somente um auxílio para as despesas da família. É uma noção imposta à mulher que a coloca como uma pessoa sob a sujeição econômica do marido. Dessa forma, o homem exerce o papel de poder e autoridade sobre sua esposa (Fonseca, 2000). Na mesma direção, Barreto (2006), bem como Bruschini e Lombardi (2004), constatam que o trabalho formal da mulher está subordinado ao doméstico.

O compromisso absoluto com a lucratividade torna qualquer ato impessoal, neutro, justificável e aceitável.

> Vai ter que escolher daqueles 50 ali, ela vai ter que botar 25, então não é ela dizer assim, não, vou escolher esse, aqui não é escolher, ela não tem opção. Vai botar 25 pra rua então 25 daquele ali eu vou ter que tirar e botar pra rua [...] qualquer um pode ir, não tem essa, tu pode trabalhar bem [...], mas isso não leva a nada, quem trabalha mais quem não trabalha quando tem que ir pra rua, vai e deu [...] é como ela diz, *se tiver que botar tem que botar* né, não pode fazer nada! (OP10).

Quando se abraça a "causa economicista", conforme analisada por Dejours (2003), nega-se a responsabilidade de cada indivíduo e o senso de justiça. Como defende o autor, ignora-se que o sistema neoliberal atual é regido por leis econômicas sim, mas depende das condutas humanas. Nesse contexto, esse esquema de ideias é absorvido em cada empresa, já que cada organização reflete a sociedade em que está inserida. Essa causa é abraçada também como uma espécie de defesa, de fuga à consciência da responsabilidade do sofrimento social. O entendimento da exclusão como adversidade e não como injustiça, na verdade, é a banalização do mal, de acordo com o autor. De certa forma, os critérios utilizados para as demissões isenta os responsáveis. Encute-se o entendimento de que esses foram lógicos, exatos, igualitários e até justos porque, afinal, "a empresa é feita para lucrar". O mesmo se aplica para as próprias ocorrências de demissões. Por essa doutrina que domina a sociedade atual, era inevitável que fosse assim: "se tiver que botar, tem que botar, não pode fazer nada" (OP10). "Quando o material tá baixo, eles botam, vai gente pra rua mesmo, em relação a queda, essas coisas assim, se precisar colocar pra rua eles colocam mesmo, se *tiver* que mexer eles mexem" (OP2). "Não tem pedido, aí não tem como eles ficar com o pessoal! Como é que eles vão pagar o pessoal?" (OP11) (em uma empresa que fatura mais de 25 milhões de reais anualmente!).

Para Dejours (2003), a banalização do mal é incorporada pela maioria dos cidadãos e se revela pela falta de movimentos políticos de protesto contra a crise social que se atravessa. De fato, elas sofrem com as demissões, algumas se sentem injustiçadas, mas há um conformismo, uma passividade inegável na postura delas. A empresa precisa delas — poderiam reagir, caso se unissem, reinvidicar melhores condições, mas nada fazem. Em grande parte, porque esse fato é assimilado como natural e inevitável. Sujeitam-se. Negar o mal, com efeito, é uma forma de sobreviverem, de tolerarem a constante ameaça do desemprego e de presenciarem suas colegas serem sacrificadas, muitas das quais empenhadas ao trabalho e que ficam em condição de penúria. "Eu disse pra eles, eu tenho um emprego e tenho cem funcionários, então eu tenho que garantir o meu emprego, eles sabem que eu demito mesmo".

A constituição da identidade individual da mulher que a pende para a tolerância, o altruísmo e a brandura, que a programa para não combater (Beauvoir, 1980; Bourdieu, 2003) e da coletiva, a qual dificulta o espírito de classe (Hirata, Kergoat, 2002) certamente soma-se a essa concepção para gerar a inércia. Além disso, a hostilidade entre elas, o que será tratado à frente, é um importante fator para explicar a falta de reação.

Além disso, a concepção predominante na sociedade atual, ou seja, o senso comum, retrata que os dominados e injustiçados são somente os desempregados, sobretudo quando se trata de classes baixas. Os que estão empregados são vistos como privilegiados. A esses é considerado vergonhoso se queixar em um panorama de desemprego (Dejours, 2003). Quando se conhece a miséria e se vive a um passo dela, poder sobreviver não importa a que preço desperta conformismo, pelo medo de perder o meio de subsistência, e até gratidão.

Fui criada desde pequena, muita vez não tinha comida pra comer na minha mesa. Hoje em dia eu tenho meu trabalho, meus filho tem tudo dentro de casa, graças a Deus! Tem a comida pra comer, tem a roupa deles, então não posso, tá... Por que que eu vou tá lamentando, às vezes? Hoje em dia eu posso dizer que eu sou rica, que eu tô no céu! Quando eu era pequena, eu sofri bastante, então a gente deve agradecer tudo que eu tenho agora, né, agradeço muito pelo serviço que eu tenho! (OP10).

Após a realização de um levantamento no mercado, verificou-se que já existem máquinas com tecnologia desenvolvida para executar o trabalho dessas mulheres, conforme representante da empresa. Cada máquina substituiria o trabalho de dez trabalhadoras. Informou ainda que no momento a aquisição das mesmas seria inviável por ser muito mais oneroso do que os custos com as trabalhadoras. Caso seja seguida a tendência costumeira de barateamento das inovações tecnológicas, em poucos anos, as operárias da Alfa serão derradeiramente descartadas. Isso vai ao encontro do verificado por estudos de Hirata e Kergoat (2002) de que as inovações tecnológicas marginalizam as mulheres, tirando-lhes o emprego ou dirigindo-lhes aos trabalhos "mecanizados".

6.5 Assédio misto e relações de gênero

O relacionamento das entrevistadas com os homens de outros setores responsáveis por certas atividades em suas áreas é pautado pela violência. Muito recorrente nos depoimentos das mulheres (OP1, OP5, OP7, OP9, OP10, OP4) tanto do valvulado quanto do corte e solda foi a indisposição dos operadores de máquina em realizar os reparos necessários ou mesmo em transportar artefatos pesados que são tarefas de incumbência deles. Elas precisam parar as máquinas enquanto esses serviços não são realizados. Eles postergam a ida, não aparecem, não fazem o solicitado, negando que exista qualquer problema ou ainda agravam o dano. "Pra máquina não ficar parada, pra encarregada não ficar olhando" (OP9), são obrigadas a resolverem como puderem. Conforme Hirigoyen (2005), objetivos tais como metas e funções a serem atingidos pelo empregado, mesmo quando determinados pelo contrato de trabalho, o que não é o caso, devem ser adequados aos recursos oferecidos pela empresa para tanto, à sua qualificação, às características de emprego e à sua remuneração. Acrescenta-se que é muito econômico o operário que desempenha multitarefas comum no atual contexto marcado pela Gestão da Qualidade Total (Zibas, 1997): dispensa maiores contratações e não é pago por isso. Exige-se delas o exercício de tarefas acima de suas qualificações, pois não tiveram qualquer treinamento para tanto — tampouco são remuneradas e reconhecidas por exercê-las. Essa situação caracteriza um assédio misto, pois se origina dos colegas homens e dos superiores que são completamente coniventes com essas condutas, as quais podem ser consideradas deterioração proposital das condições de trabalho, conforme classificação de Hirigoyen (2005). A cobrança pelo cumprimento das metas diante dessa situação é ainda mais aflitiva.

> Aí eles insistem que o problema é da gente. Às vezes, tem algum problema... "Não, o problema é da máquina!" "Não, o problema é teu! [...] eu só tô fazendo!". "Não, mas o problema é teu!". E a gente sabe, né, a gente trabalha na máquina, a gente sabe qual é o defeito e eles insistem que não. O problema é da gente, não importa. Às vezes, tem alguma coisa pra arrumar também da máquina, a gente já se vira, já nem chama mais porque, às vezes, vão lá só olham: "Ah não, tá bom!" Assim, vai lá e mexe e continua bem pior que tava. Continua do jeito que tava ou pior! A gente tem que se virar porque chega no final do dia eles querem produção, não importa se tá ali, se não tá ali, eles não querem saber! 15 minutos a gente já perde cento e poucos sacos, mas eles não querem saber! Querem que tu faça os 1.700 e deu! (OP7)
>
> Quando acontece da máquina quebrar, tu fica, né, preocupada porque tem que fechar sempre certinho, chega no final do dia tua produção tem que fechar certinho [...] a gente tem metas, né, então tu fica preocupada quando a máquina quebra, aí, e eles cobram isso de ti [...] é quando a máquina quebra, aí tu não alcança aquela meta aí, às vezes, eles perguntam porque, né, achando que tu tais assim fazendo corpo mole e [...], às vezes, tu não tem culpa, né (OP1).
>
> Os peso todo, às vezes, eu tenho que pegar, pego porque quando essas imundice aí não adianta! "Vai lá, faz aquilo ali!". "Ah, já vou, não, não sei

o que. Vai lá faz, mas é pela metade, aí a gente vê que não é um serviço bem feito, vou lá e faço de novo, mas [...]. Faço bem serviço pesado ali do que muitas mulheres que não podem pegar e muito homens não conseguem [...] às vezes, tu precisa de alguma coisa assim 'o oh, fulano, vai lá pegar pra mim!'. Ah agora não posso! Ah, tá pesado!". Então às vezes tu fica esperando e o cara não vai [...]. Deus me deu essa força muito boa, não tenho nada, que com 40 anos eu me sinto muito bem [...] tem uns ali que eu vou te falar, não fazem, são assim a gente fala 2, 3, 4, 5 vezes, não vão, então isso aí se torna chato pra gente, então tens que fazer o quê? Meter a cara e, às vezes, tu pode até discutir com uma pessoa dessa, aí é pior, eu prefiro fazer do que tá pedindo (OP5).

A suposta fragilidade feminina — que é tão rígida como critério de admissão e transferência — não preocupa a empresa em situações do dia a dia em que elas lidam com materiais pesados, como já exposto. Em alguns momentos, o técnico de segurança e os chefes as recriminam por carregarem pesos. Contudo, às vezes, a própria gerente ordena que o façam. Na verdade, a recriminação parece mera necessidade de se manter o controle, o domínio. Podem fazer qualquer ato, desde que a chefe ordene. Não podem esquecer quem tem o controle sobre tudo. Dessa forma, trabalham com equipamentos pesados, por exemplo, trocam bobina e carregam paletes. "Faço de tudo um pouco até serviço assim dos rapazes, troco bobina, que era coisa que era pra eles fazer, carrego palete, tudo o que tiver que fazer ali a gente faz" (OP3).

Aprendem funções de operador efetuando os consertos necessários através do precário recurso de observar o que os homens fazem, e perguntar, procedimento que as coloca em risco desnecessário de acidentes, logo também pode ser enquadrado como assédio moral (Hirigoyen, 2005). Alguns operadores respondem suas perguntas, outros não, possivelmente por receio de perder o conhecimento exclusivo, de se tornarem dispensáveis. "Tudo o que eu sei eu aprendi, a maioria tudo sozinha, olhando eles mexer! Tem muitos que não querem porque acham que vão pegar o lugar deles, acho que é isso" (OP9). "Você vai aprender é operar a máquina com a gente que é uma coisa que não é muito difícil. A única coisa que é difícil é acertar o pedido, mas isso aí tem os menino que são operador"

(OP10); "eu olho... no caso, para a máquina, e geralmente o auxiliar fica esperando, né, fazer essas coisas, aí tu fica prestando atenção" (OP3).

Programar pedido na máquina é a única tarefa de operador que elas não conhecem, porque não há como observar e eles não explicam. Algumas pensam que seja difícil. "Eles não dão chance, assim, tipo, às vezes, tens vontade de aprender o que um operador faz, tipo acertar pedido. Não acho difícil; ali é mais cabeça" (OP3). Deve ser um conhecimento que os operadores intentem preservar para o grupo a fim de assegurar a existência de seus empregos. Também pode ser uma forma de tentar preservar um reduto masculino: há uma única operadora em toda a fábrica no período da madrugada e a situação é a mesma nas outras fábricas de plástico da região, conforme expressaram diversas entrevistadas. Culturalmente, é um trabalho masculino. O conceito de virilidade concede em grande parte o valor aos trabalhos tidos como prerrogativas masculinas, os quais se entende que somente um homem poderia fazer. Esse fator é bastante comum no mundo operário (Bourdieu, 2003).

Quando questionadas diretamente a respeito do relacionamento com os homens, preponderantemente as entrevistadas dizem que é bom durante a restrita convivência que têm. Mas, essa conjuntura referida reflete o rebaixamento que as operárias sofrem por parte dos dirigentes da empresa, o qual influencia os homens a também explorá-las e desrespeitá-las. Sabe-se que o desequilíbrio de poder é uma condição chave para a ocorrência do assédio moral. Empresas cujas culturas sejam marcadas pelo sexismo geram a percepção dos homens de que o grupo das mulheres apresenta menos poder, o que favorece o assédio contra elas (Einarsen, 2005; Salin, 2003). Até porque fomenta a expectativa de impunidade quando se dirige às mesmas, o que é uma precondição para sua ocorrência (Freitas, Heloani, Barreto, 2008; Einarsen, 2005; Salin, 2003). A discriminação a certo grupo que representa "estranhos no ninho", autoriza e incentiva tais situações de assédio (Einarsen, 2005; Hirigoyen, 2005; Freitas, Heloani, Barreto, 2008). Reitera Gaulejac (2006) quando defende que uma empresa pode instigar comportamentos perversos em seus membros.

Ao contrário do que respondem diretamente, elas expressam um ressentimento espontâneo contra esses homens. Até porque muitos se recusam a ensinar. Mas, resignam-se, fazem o que eles deveriam fazer e se calam. Refugiam-se na ideia de que a dedicação ao trabalho é uma virtude da mulher e os homens são mesmo indulgentes, "moles" (OP10), "imundície" (OP5), "tem que pedir pra fazer as coisas" (OP4), "só têm força, a única coisa que eles têm de bom" (OP7). O comportamento desses homens pode não ser movido só pela indulgência e total desrespeito pelas mulheres, mas também como uma forma de se impor sobre elas, de mostrar quem domina a situação. Na verdade, é o exercício do poder concedido pela supremacia social masculina (Bourdieu, 2003; Hirata, Kergoat, 2007, 2002). Nesse caso, é o exercício explicitamente violento. Violência apoiada pela imagem social inferior que é atribuída a elas (Barreto, 2006; Heloani, 2007).

Aliado à pressão, várias mulheres sentem interesse em aprender, a fim de ampliar suas aptidões e enriquecer seus trabalhos, buscando realização, por vontade de aprender e pelo sonho de algum dia poder crescer profissionalmente, até em outra empresa; caso de quem já está há mais tempo e não tem mais essa perspectiva na Alfa. Elas veem nisso um motivo de orgulho, de valor, e que concede significado ao que fazem. "Tem pessoas que tão 4 anos aqui que não fazem o serviço que não... tem que tá chamando o operador prá tá arrumando, tem menina que tá há 3 meses que dá um banho" (OP3). Não há oportunidades de treinamento formal nem de aprender a programar os pedidos para essas mulheres que desejam ampliar seu conhecimento, assim há uma barreira concreta e objetiva que as impedem de ingressar em outros cargos, imposta pela empresa e apoiada pelos homens que serve como justificativa: a falta de qualificação. A total falta de acesso a treinamentos tecnológicos é um fator fundamental que as mantém marginalizadas. Às operárias devem ser reservados os cargos de menor prestígio, portanto banidas dos técnicos e constituídos por tarefas com poucas e simplificadas operações; é uma norma da divisão sexual do trabalho formalmente obedecida na empresa (Barreto, 2006; Bourdieu, 2003; Hirata, Kergoat, 2002; Silva, 1995; Lobo, 1991). Fazem o que os homens se negam, mas são impossibilitadas de ingressar nos cargos masculinos.

> Por ser mulher, claro! Fosse um homem já ensinavam mais assim a gente. A gente tem capacidade de aprender e eles não ensinam, significa que a

gente trabalha na máquina, trabalha, trabalha, trabalha e não tem nunca um resultado que faz diferença, um resultado melhor pra mim é ter uma profissão melhor, né, pra quando sair daqui pegar em outro lugar como operadora. Não tem como passar pra operadora, eles não ensinam! (OP9). Vou morrer ali. Ali não dá oportunidade pra mulher [...] mexo em tudo, só não sei acertar pedido porque é o operador que acerta, por quê? Porque não dão espaço pra gente fazer as coisas, entendesse, não tem, como é que nós vamos aprender? E nós temo capacidade de aprender, a gente tem, pelo menos eu tenho [...], mas eles têm medo de a gente ser melhor do que eles [...] Tem gente que quer ficar ali embalando, só embalando, só embalando... Essas menina não vão ter futuro nenhum! Eu penso assim, o dia que eu sair daqui pegar em outra fábrica eu gosto eu gosto de trabalhar em fábrica [...] aprender aqui nem que for olhando eles fazer as coisas pra aprender, né, faço errado, mas depois eu acerto pra pegar em outro lugar e mostrar o serviço que aqui não é valorizado, mas sim lá é valorizado (OP8).
Eles não querem! Eu acho assim, nenhum é mais do que o outro, só que os homens não aceitam uma mulher saber mais do que eles, entendeu? Então a menina explicar assim assim eles não gostam, né, eles acham que sabem! Homem não gosta de ser mandado! (OP3).

O conhecimento é uma forma de poder. Os homens são educados para se sentirem bem quando se relacionam com uma mulher, quando de alguma maneira, exercem domínio sobre elas. Caso contrário, se sentem ofendidos em sua virilidade (Bourdieu, 2003). Quando chegam a trabalhar ao lado dos homens por ocasião dos deslocamentos informais, especialmente no corte e solda, percebem que eles não admitem que uma mulher tenha mais conhecimento e por isso, de certa forma, assuma o comando da situação.

Se algo der errado em consequência de elas terem executado serviços nas máquinas que não são delas, serão agressivamente repreendidas tanto pelos chefes quanto pelos colegas homens, apesar de não terem tido opção, em outra manifestação de assédio misto. Algumas veem seu senso de justiça ferido com a ideia de empreender funções alheias e expressam sua revolta se recusando, quando podem realizar certas tarefas que são capazes de executar.

O que é pra homem fazer as mulheres fazem também [...] mandar, mandar eles não mandam, porque eles sabem que é serviço deles, mas deixa aí, nós vamos fazer... Se ele viu você fazer você faz [...] pela demora a gente já fez já voltou [...] eles são muito mole [...] pelo que eu ganho, aprender a acertar um pedido eu não quero [...] eles brigam com a gente, pegam no pé bastante, "por que fosse mexer ali?" (OP10).

Podem até saber, mas não mexem porque não é meu serviço; aí fica a critério de cada um, eu não, se eu vejo, eu posso mexer, eu vou mexer, e deu, porque não tem necessidade de eu tá vendo que é aquilo ali [...] por que que eu vou chamar se eu posso fazer? [...] eu opero uma máquina, eu sei operar uma máquina! Só que eu não sou operadora, eu sou auxiliar! (OP2).

Eu, se eu vejo, eu meto a mão, mas já aconteceu de eu meter a mão e levar *esporro* deles, do chefe. Chega dá medo! [...] Tem umas que trabalham ali que parece que trabalham por obrigação, tipo assim, ó, eu não vou trabalhar porque ela tá parada, então também não vou trabalhar! [...] às vezes, eu tô carregando um palete "vou te entregar pra técnica de segurança!". Se eu for puxar é pesado, mas se outra pessoa for me ajudar a empurrar vai dividir [...] elas não fazem, não te ajudam e ainda te ajudam a te entregar! [...] tem que aprender! Tem pessoas que não aprendem! Se eu tô aqui dentro pra trabalhar eu tenho que gostar daquilo que eu faço, eu tenho que aprender, se não vou ficar o resto da minha vida aqui dentro pra nada, por nada (OP3).

As trabalhadoras que resistem a assumir as funções masculinas também o fazem em grande medida porque não enxergam perspectivas na empresa, veem que não serão reconhecidas não importa o quanto se esforcem. Elas são criticadas pelas que fazem porque incomodam os operadores desnecessariamente e também porque estão conformadas, acomodadas com a monotonia das atividades que lhes são reservadas e com a ausência de expectativas que a mesma acarreta. As delações demonstram a falta de coesão entre elas. Na verdade, há um choque entre as que ainda sonham em sair de onde estão e as que já se acomodaram com suas vidas e talvez não queiram arriscar viver uma decepção, o que estimula certa rivalidade entre elas — assunto explorado a seguir. As críticas das primeiras são uma forma de resistência em aceitar o trabalho como uma atividade meramente instrumental conforme a empresa lhes apresenta, na qual se visa unicamente à remuneração. Elas almejam identificação com o que fazem (Blanch Ribas, 2003).

Conclui-se, por tudo o que executam, formal e informalmente, que a denominação de seus cargos "auxiliares" não condiz com a realidade no que diz respeito às atribuições que efetivamente exercem. Muitas opinaram nesse sentido e demonstram resistência quanto à denominação de seus cargos: "Todo lugar que tu opera uma máquina ou qualquer outra coisa que tu faça tu és uma operadora e ali a gente não é. No caso, eu opero uma máquina, eu sei operar uma máquina eu posso dizer que eu sei [...] só que eu não sou operadora, eu sou auxiliar!" (OP2). "A gente opera a máquina, mas a gente é auxiliar! (OP10). "Nós somo operadora, né, mas quem é líder... Mesmo que cuida dessa parte são só os homens, ali tem o líder, o J. Essas coisa assim é só os homens" (OP1). Em entrevista, a própria representante da empresa disse que existiam operadoras. "Eu sou opera... Eu sou auxiliar de operadora de máquina" (OP8). Uma delas realmente se denomina e denomina algumas como operadoras. Porém, ressalta-se que formalmente apenas uma mulher se enquadra.

Afinal, operar as máquinas é grande parte do trabalho delas. Elas não auxiliam membros que realizam essa etapa do processo; realizam efetivamente essa etapa da produção. Além disso, assumem muito encargos extras que deveriam ser dos operadores. Na prática, o que difere várias auxiliares dos operadores é não executar serviços complexos de conserto mecânico e elétrico, apesar de aquelas que trabalham há mais tempo até saber executá-los, mas são proibidas porque envolvem riscos para a máquina. Auxiliar é uma designação que diminui a imagem social de seu trabalho. Esse aspecto faz parte de uma cultura organizacional que posiciona a mulher em uma representação de inferioridade em relação ao homem. "A gente... Opero a máquina, mas não ganha como operadora, ganha como auxiliar [...] algumas fazem trabalho de operador" (OP9). "Operador a gente já é! já somo operador a bem dizer [...] tudo na nossa máquina nós é que fizemo, às vezes, chama lá um técnico de manutenção, uma coisa quando quebra ou eletricidade, claro que eu não vou mexer pra levar um choque, mas muitas coisas ali eu entendo" (OP5).

Preponderantemente sentem que seu trabalho não é valorizado pela empresa. "Eu acho que, pelo jeito que a gente trabalha e o que a gente faz, era pra ser bem valorizado [...] são muitas que sabem até mais do que homem" (OP10). "É muito desvalorizado a mulher aqui dentro" (OP9). Como expressam Barreto (2006), Bourdieu (2003) e Lobo (1991) é a sociedade e não o sistema capitalista que origina a imagem inferior da mulher e, por consequência, do que fazem; contudo, ele a absorve e a reforça. Ao considerar essa empresa, verifica-se que essa desvalorização ocorre mesmo quando na prática elas executam "serviço de homem". Para Dejours (2003), a falta de reconhecimento no trabalho, em função do sacrifício e do empenho que muitas vezes é exigido, é tão impactante para o indivíduo que pode ocasionar até doenças mentais.

Além dos conflitos já mencionados, o relacionamento das mulheres com os homens também envolve abusos de ordem sexual. A moral sexual repressora culpa as mulheres por eventuais ocorrências desse tipo que suportam. Esses casos pelos depoimentos não são frequentes até porque o contato com homens é obviamente restrito e quando ocorrem são com os oriundos dos outros setores que devem se sentir com maior ascendência sob elas. Em alguns momentos, surge um raciocínio deturpado pelos preconceitos de gênero que transforma a vítima em vilã: é absolutamente aceitável e "natural" que um homem tenha condutas invasivas de teor sexual em qualquer ambiente, inclusive de labor. Se tais condutas passam dos limites, tornam-se desrespeitosas, é porque a mulher permitiu, "deu o direito", não foi reservada o suficiente como uma mulher "correta" deve ser, portanto é culpada, já que o homem apenas estava seguindo seu implacável instinto. "Só vai se tornar uma piada de mau gosto se você deixar [...] ele vai fazer porque é homem" (OP10). Ao encontro das constatações de Freitas (2001), em função da cultura machista em geral, é a reputação da vítima e não a do assediador que é difamada. Deve-se ter muito cuidado ao se relacionar com homens: é preciso selecionar pericialmente com quem ser espontânea, descontraída, amigável e com quem se deve tratar à distância para evitar problemas.

> Tem pessoas assim que tu já não pode brincar, tanto que não sabe brincar, sabe, aí pensa que é... pensa bobagem, pensa coisas que não é pra pensar, então tu tens que saber com quem tu brinca, com quem tu conversa (OP2).
>
> Tem sempre tem, mas eu não ligo, mas é difícil porque comigo eu sou mais quieta no meu canto, né, não sou de dar trela, assim dou trela quando a pessoas são gente fina entendeu? Tem o papo legal, o assunto é legal as pessoas que têm atitude, cabeça boa pra conversar, essas coisa assim, as

pessoas que não são assim, já me afasto mais fico mais, quieta no meu canto (OP8).

Já aconteceu comigo, com outras menina, tem assim tem rapaz aí que é bem abusado assim (mexem com vocês?) hã-hã. [...] passou uma guria o cara por ter amizade com ela, liberdade com ela, é uma guria casada e ele casado passou a mão nela, passou a mão na bunda da moça, aí ela negou a fala com ele aí voltaram a se falar. Na verdade, ela deu a liberdade, eu digo a maneira que ela era com ele, né, ele tomou a liberdade de fazer isso (OP3).

O ambiente extremamente discriminatório e que despreza as mulheres favorece essas ocorrências, de um lado porque se conta com a impunidade, e de outro porque estimula as agressões. As origens do assédio sexual não estão no desejo sexual, estão antes relacionadas ao poder (Freitas, Heloani, Barreto, 2008). O intuito é expressar o poder de dominação masculino sobre a mulher (Bourdieu, 2003). Ao contrário dos eventos verificados no trabalho de Barreto (2006), na Alfa os homens que as assediam são pares, não estão em condição de superioridade hierárquica. Também não podem ameaçá-las. Mas estão de tal forma acima delas que sabem que não serão punidos por isso. A certeza quanto à impunidade concede permissão para esses atos (Freitas, 2001). É mais uma faceta da supremacia dos homens sobre as mulheres na empresa. O assédio sexual é análogo ao assédio moral contra mulheres uma vez que ambos são influenciados pela cultura machista que permeia a sociedade (Hirigoyen, 2005). Segundo Freitas (2001), resulta da não aceitação efetiva da mulher no trabalho. No presente caso, as mulheres são aceitas desde que inseridas onde os homens não querem estar, e são sempre inferiorizadas. O assédio sexual é mais uma forma de subjugá-las.

6.6 Relações hierárquicas: violência, domínio e seus reflexos entre as subordinadas

Não somente as trabalhadoras, mas também os líderes, são totalmente dependentes dela para empreender qualquer ato, pelo menos os que ela possa descobrir. O temor que as trabalhadoras sentem da mesma aparentemente também é compartilhado por eles. Diz ela: "Eles não tomam nenhuma decisão sem me consultar; eles têm medo de tomar decisão errada, também tem isso, né? Mas, eles têm autonomia. Eles não tomam porque não querem". Nada decidem e nada fazem sem antes obterem o seu aval mesmo em questões de pouca relevância. Todas as situações são transmitidas a ela. Infere-se que sentem medo e não consagração pela chefe. "Se a (gerente) não tiver, eu posso ficar mais contigo, mas ela (líder) vai ligar pra (gerente). Sem a (gerente) ela (líder) não faz nada, nada, nada a não ser se a (gerente) não vem" (OP6).

Nem mesmo o controle é delegado a eles porque ela "tá sempre de olho" (OP9, OP5, OP11), "ela é bem atenta, ela tá sempre ali pra ver se tá tudo certinho" (OP12). Observação compartilhada por OP4. "Quem fica mais em cima é ela, quem cobra mais é ela" (OP2). Está constantemente nos setores observando as mulheres trabalharem em uma vigilância incisiva que consegue aos olhos delas atingir a onipresença: "Eles tão sempre olhando né, sempre de olho, mesmo que tu não perceba, mas eles tão olhando" (OP8). Os relatos de OP7 e OP3 também vão nesse sentido. Esse domínio é tão verdadeiro que concede a ela poderes onipotentes: "Se tu mentir pra ela... Todo chefe conhece a gente [...] ela já sabe na hora só de tu abrir a boca [...] se for mentir ela já logo nota! Ela conhece uma por uma!" (OP6). Uma das entrevistadas considera esse fator como um sinal de valorização do seu trabalho...

A figura do líder denota em certos momentos cumprir um papel de intermediador entre a coordenadora (gerente) e as subordinadas, o que sugere um traço da cultura brasileira indicada por Freitas (1997): o uso da intermediação para evitar conflitos. É um expediente que, às vezes, utilizam quando precisam, por exemplo, se ausentar: "A gente até tem medo; quando eu quero, eu peço pro líder, o F. vai lá pede pra C. deixar se eu vou chegar um pouquinho mais tarde" (OP3). Algumas dizem que gostam da pessoa do líder (OP10, OP7, OP6). OP7 diz que se sente à vontade para se comunicar com a líder e não com a coordenadora. "Com a (líder) assim tenho bastante intimidade com ela, a gente conversa bastante, ela é bem boa pra trabalhar".

Muitas entrevistadas consideram a gerente "boa pessoa" e duas se referem a ela como amiga. "Eu gosto muito dela, sabe? Ela é uma pessoa muito boa como chefe, como amiga, só que assim aqui dentro é aqui dentro e lá fora é lá fora; lado pessoal é uma coisa e profissional é outra (OP10). "A gente tem muita amizade. Ela tem amizade com muitas meninas ali dentro, mas lá fora é uma coisa e aqui dentro é outra; a gente não mistura, se não daqui a pouco ela não vai ter mais *domínio*. Aqui dentro é encarregado" (OP4). "Pra mim, ela é boa" (OP6). "É uma boa pessoa" (OP8). "É legal" (OP12). Entre as doze entrevistas, nove demonstram sentir admiração por ela e justificam suas ações repressoras como necessárias à produção, embora duas delas tenham expressado contradições acerca da visão sobre a chefe em seus depoimentos. Naturalmente, é provável que todas tenham sentido receio ao falar sobre ela, considerando o ambiente repressor em que estão inseridas. OP8 diz várias vezes "não tenho nada que reclamar dela!", mesmo quando fora do contexto da pergunta. OP11, questionada sobre o que pensa sobre o controle exercido pela gerente, declara que "não, não, não tenho nada a falar sobre isso".

Mas, como demonstram os trechos anteriores de depoimentos, esse fator pode ser explicado também por um elemento muito recorrente presente nos discursos de quase todas, portanto inerente à cultura organizacional e provavelmente vindo da figura centralizadora da chefe: a concepção de separação entre a vida pessoal e a profissional. Como se a empresa fosse um mundo à parte e como se fosse possível que cada um deixe de ser a pessoa que é para se tornar um semi-humano sem sentimentos, sem paixões, sem concepções pessoais quando está no ambiente de trabalho. "Tem que deixar os problemas lá fora" (OP6). "Aqui dentro é aqui dentro, lá fora é lá fora, então a gente sai, faz churrasco, eu tenho uma casa na praia, o pessoal vai lá, só que aqui dentro é aqui dentro; o pessoal sabe que se eu tiver que demitir amanhã qualquer um, eu demito" (gerente). Assim, a amizade é um valor que só pode existir "lá fora". Não somente a amizade, mas qualquer valor não condizente com o soberano princípio da lucratividade. Essa é a orientação correta e que torna tudo aceitável. Como destaca Morgan (1996), quando organizações se transformam em arquétipos de dominação é comum que a capacidade de governar seja obtida e mantida por meio de concepções compartilhadas discretas quanto ao seu caráter de poder. Logo, "princípios impessoais e a busca pela eficiência tendem a tornar-se os novos meios de escravidão" (p. 284).

Assim, se a rentabilidade é obedecida, poucos atos são condenáveis, porque se entende que nada se origina de cada pessoa e é fruto de quem ela seja e sim da lógica custo *versus* benefício. Cada indivíduo é considerado sem autonomia, já que, só há uma regra a ser seguida e é assim que deve ser. Logo, o que quer a chefe faça, o faz porque "também é mandada", "é o trabalho dela", "ela é cobrada" (OP10), em um discurso uníssono. Utilizando a analogia de Dejours (2003) como um soldado em guerra: tem que matar! Não tem opção. Conforme o autor, a prática da injustiça, da violência e da imposição do sofrimento alheio são desvirtuadas como práticas benéficas, em conjunturas que as definam como parte do trabalho (obrigatoriedade — "é o trabalho dela") ou em nome de uma causa que revista seu significado de sublimação (utilitarismo — o argumento de que é para o bem da empresa, logo, para o bem de todos). A obrigatoriedade e o utilitarismo neutralizam a culpa e a vergonha.

Assim, adoecer ou um filho adoecer e faltar ao trabalho por esse motivo, fazendo uso de atestado, é considerado uma contravenção na Alfa, premissa válida para todas. Sabe-se que os gestores da empresa não costumam ser tolerantes em relação a isso, especialmente quando se repete. Como cuidar dos filhos ainda é uma incumbência da mulher primordialmente e muitas na empresa têm filhos abaixo dos 5 anos de idade (faixa etária em que são comuns doenças infantis) passam pela angústia provocada pelo conflito entre seu papel de mãe e o risco do desemprego. Medo causado pela hostilidade com que se defrontam nessas situações ou por perceberem que isso é um critério para as demissões de grupo. Não é um dilema, já que todas dizem que não abandonariam um filho doente para trabalhar, mas é um sofrimento sem solução nesse ambiente. OP3 e OP7 também se referem a esse fato. As gerentes entrevistadas declaram que o número de faltas principalmente entre as mulheres é mínimo: "Se faltar uma vez no ano é muito provavelmente". Ou seja, faltam em casos de extrema necessidade.

> Só dão valor quando o funcionário tem saúde! Toda empresa, né, quando o funcionário fica doente, não tem mais valor, queria saber o motivo disso... [...] tem pessoas que ficam doente e ela repara de sair [...] quem tem filho que depende da gente é obrigado! Se eu pego atestado é porque eu

preciso! Jamais eu vou ficar em casa se eu tenho saúde! [...] elas já não ficam mais a mesma pessoa, entendesse? Já mudam a cara! A gente já nota que elas não recebem bem, mas acho que todo ser humano é obrigado a ficar doente! Ninguém é de ferro! Trabalhar doente ninguém consegue! [...] a gente nota que elas não ficam agradável. [...] Mudam! Mudam completamente! (OP6).

Essa entrevistada demonstra certa ambiguidade ao falar da chefe; justifica suas atitudes violentas em outros momentos, como parte do trabalho dela, mas quando fala desse assunto, particularmente íntimo e doloroso, a critica.

A pesquisa de Barreto (2006) indica o uso de atitudes hostis aos trabalhadores adoentados e acidentados no trabalho como uma forma de se livrar dos que não estão plenamente saudáveis e assim plenamente capazes de alçarem altos níveis de produtividade, sem ter que seguir as disposições legais, como prática comum no universo fabril. Na verdade, esse tipo de pressão também é uma forma de aviso a todos. Para Freitas, Heloani e Barreto (2008), no Brasil, o assédio moral é sistematicamente aplicado como um expediente para eliminar os que alcançam baixa produtividade ou que exibam um comportamento visto como desvantajoso ao sistema de organização. Observa-se, no caso das operárias da Alfa, que não há espaço para debilidades físicas ou responsabilidades familiares; a produção deve estar sempre acima de tudo. Caso contrário, o assédio moral é usado para a adaptação ao exigido ou a exclusão.

Cada ser humano é inexoravelmente livre para fazer escolhas. Pode optar por não praticar atos abjetos mesmo que lhe custe desvantagens. Embora a sociedade influencie, não se deve inocentar nem as organizações que são responsáveis por permitir ou incentivar nem os indivíduos que têm poder de escolha que são autônomos para deliberar, promover ou não ações degradantes independente da pressão que sofram (Hirigoyen, 2001; Freitas, Heloani, Barreto, 2008).

É comum a coordenadora usar de gritos, repreensões agressivas e desqualificações perante todos, o que constitui em um assédio manifesto em atentado contra a dignidade e violência verbal de acordo com Hirigoyen (2005).

Ela já vem, já mete a boca! [...] "Tu sabes que não é assim, é assim!" [grita]. Às vezes ela fala assim *"Vocês fazem, fazem, fazem e nunca aprendem! Nunca fazem certo!* Parece que tão tudo fazendo as coisa errada!". Mas, é quando a gente merece, né, tem umas ali que são terríveis [...] já pensasse ela lidar com isso tudo! Não sei como ela tem saco pra aguentar! [...] de elas brigar às vezes de elas chamar a atenção, às vezes, elas são obrigada, elas tão aí pra isso! Já pensou se for deixar tudo, se ela não for ali... Já pensasse essa mulherada toda à vontade?! [...] já pensasse no que que ia dar?! (OP6).

Nesses ataques, segundo a mesma autora, não se expressam contestações de procedimentos concretos acerca da atividade profissional; em vez disso, o assediador, ao se expressar, faz um julgamento geral, rotulando o indivíduo como incompetente, como se pode observar nessa passagem.

Entretanto, a imagem de "bem rígida", "braba", "mandona", "pulso firme", demonstrada por todas sobre a gerente é entendida não somente como natural, mas ainda louvável. Três entrevistadas chegam a utilizar a palavra domínio para descrever a relação com a chefe, ou seja, têm consciência de que são dominadas e enxergam esse fato como apropriado e necessário. São justamente essas características que fazem dela "boa chefe" e mesmo digna de admiração.

Acho que elas trabalham bem, são umas boas chefes, porque também pra ser chefe tem que ser rígido, não pode ser tolerante demais porque se não o funcionário ele quer fazer gato e sapato, também tem que ser... Pra ser chefe tem que ser, comé que se diz, tem que ter pulso firme, é, não pode toda vida tá rindo pro funcionário, tem que tá sempre liderando com pulso firme, né, se não vira bagunça [...] se eu fosse chefe seria assim também [...] porque eles pagam salário pra gente trabalhar não pra brincar, né, se a pessoas não quer trabalhar então dá vaga pra quem quer, eu acho assim [...] aí tem que chamar a atenção, né, mas é a razão deles, porque eles pagam pra trabalhar não pra brincar (OP10).

Eu admiro ela, adoro trabalhar com ela [...] tem horas que, às vezes, *ela é, vamos dizer, injusta com uns e com outros,* sabe, mas eu admiro o serviço dela [...] *Todo mundo anda como ela quer,* sabe [...] ela não gosta muito que tu saia, vamo dizer, que saia da linha dela, é o jeito dela trabalhar é assim [...] ela tá sempre de olho, ela tá sempre controlando, então é onde não vira bagunça, onde fica tudo certinho, é como ela quer [...] tem que ser do jeito dela e ela já acostumou a gente a trabalhar dessa forma [...] tudo que acontece de diferente é com ela, então a gente já sabe o ritmo dela, como que ela trabalha, ela tem a meta dela e a gente segue essa meta pra não, como se diz, sair fora dos trilho *se não ela já da puxão de orelha*, aí ela já briga assim na razão dela [...] Ela é bem rígida [...], mas se não fosse assim te garanto que hoje, no caso, vamos dizer, o corte não é como é, eu digo, assim poderia ser mais bagunçado (OP2).

Pra mim, é uma pessoa boa, ela tem o jeito dela, assim, às vezes, ela é um pouco, é que assim é o jeito dela [...]. Encarregado tem que ter um pulso firme, né, não pode deixar, né... Se não já montam em cima, né, tem que ser autoritária né, e ela é uma pessoa que fala as coisas e a gente cumpre, né, o que ela fala: "Ah faz isso, faz aquilo", a gente faz tudo o que ela manda, a gente faz [...]. Ela tem o jeito dela de *dominar* [...] é as coisa tudo certa né, tem que ser tudo que ela pede a gente faz direitinho [...] e tá certo, ela tá sendo paga pra isso também como nós tamos sendo paga pra trabalhar na máquina, fazer as coisa certa, ela também tá sendo paga pra orientar a gente, fica de olho na gente, se faz alguma coisa errada, ela chama atenção (OP9).

Se passar alguma coisa, ela chama a atenção da gente e eu acho que tem que chamar mesmo, porque se não vai virar uma bagunça [...] ela é muito determinada no que ela faz, não é à toa que ela tá aqui. Se ela vê alguma coisa errada, tem que arrumar aquilo ali, enquanto não arrumar aquilo ali... Enquanto ela não resolve o problema, ela não sai dali. [...] muito dedicada também [...] se não daqui a pouco ela não vai ter mais *domínio*, né, eu acho que ela é pulso firme, é uma encarregada muito boa. *Como ela fala pra nós nas reuniões, "se o meu jeito de trabalhar é esse e dá resultado não vou mudar!"* (OP4).

A ideologia — nesse caso, pautada pela eficiência e pela produtividade como o objetivo supremo a ser alcançado pelo bom chefe — tem um papel fundamental no alcance do empenho das pessoas à produção, como esclarece Pagès et al. (1987), além de acentuar a dominação e a espoliação da classe trabalhadora. A utilização de instrumentos tecnológicos e ideológicos constituem os novos métodos de controle das empresas modernas, segundo os autores, embora, no caso da Alfa, métodos explícitos sejam igualmente aplicados sobre as trabalhadoras estudadas.

Observa-se ainda no último depoimento a lógica maquiavélica de que os fins justificam os meios: "se dá resultado", tudo é válido. Ambos os setores coordenados por essa chefe costumam ser elogiados dentro da empresa pelos seus excelentes desempenhos produtivos a despeito da reputação austera transmitida pela coordenadora de um modo geral, inclusive nos setores administrativos, conforme relatos obtidos em diálogos não gravados. "O meu setor é bastante elogiado porque o trabalho sai bem, a produção sai bem, mas não sou que faço, o pessoal é que faz [...] se eles quiserem, me derrubam!"

Os estudos inspirados em Foucault, cujo foco são as "microtécnicas" de poder, esclarecem que grupos são disciplinados pelos atos rotineiros das organizações. A vigilância está no centro desse entendimento. A vigilância pode ser direta ou derivar de mecanismos culturais de reafirmação, capacitação e persuasão moral ou também por instrumentos tecnológicos de controle — ambos os tipos se configuram na Alfa. Sob essa ótica, conforme as palavras de Hardy e Clegg (2001, p. 276) o poder envolve "a busca da descrição de seu papel estratégico — como ele é usado para transformar as pessoas em personagens que articulam um jogo de moralidade organizacional".

É interessante aludir à concepção de *habitus* e de poder simbólico, de Pierre Bourdieu (2004). Nessa concepção, as implicações das ações se originam de uma combinação do *habitus* de uma determinada classe e do sistema do campo de forças em que estão inseridas. A definição de *habitus* se distingue da de hábito por sua vivacidade, sua possibilidade de inovação, de ação, de não ser uma disposição estática. O conceito de *habitus* ultrapassa a noção de que as atitudes dependem simplesmente da vontade de um sujeito ou de um grupo, ainda que não negue seu papel como executor na estruturação dos entes.

O *habitus* promove a movimentação uníssona dos ocupantes de um mesmo espaço do campo decorrida do casamento entre suas atitudes e onde se situam no jogo, ou seja, os atos incitados pelas disposições que ocupam e os atos efetuados. Essa conjuntura está diretamente relacionada à noção de pertencimento àquela posição evidenciada pela postura de "fazer o que se tem que fazer" e de se apreciar o que se faz ou de se acomodar diante disso pela crença de que não há outra escolha. O poder simbólico tem sua força assentada na sua capacidade de não ser identificável, pois age de modo encoberto e camuflado através dos sistemas simbólicos integrantes da cultura e assim faz com que as estratificações do universo social sejam vistas como "naturais, evidentes, inelutáveis". A dominação é legitimada; não é percebida em seu caráter tirânico graças à incorporação dos *habitus* que condicionam as percepções, as avaliações e as atitudes (Bourdieu, 2004).

O misto de submissão ao poder e fascínio na relação chefe/subordinado é um aspecto típico da cultura empresarial do país. Para Motta (1997), as empresas brasileiras apresentam um abismo de poder compatível à péssima distribuição de renda e às raízes escravocratas. A relação hierárquica "parece de um lado basear-se em controles do tipo masculino, o uso da autoridade e, de outro, em controles de tipo feminino, o uso da sedução" (p. 31). Predomina, neste caso, um modelo de administração inspirado na ideia do ser humano como indolente, que somente trabalha se for obrigado, concepção que remete ao *taylorismo* ou à clássica Teoria X de McGregor assimilada por elas de um modo geral. Segundo Simon, uma consequência da Teoria X ou do controle *taylorista* é que os trabalhadores, por perceberem que são alvos de desconfiança, trabalham tão somente para atender ao exigido pelo controle. Por sua vez, ao observar que só trabalham sob cobrança, o administrador vê sua crença comprovada, o que seria uma profecia autorrealizada (Motta, 1997). "Tinha umas cinco sentada no chão. Quando a (gerente) entrou tiveram que levantar igual um furacão" (OP3). No entanto, como já mencionado, várias criticam as que "fazem por fazer". São as que resistem, as que ainda enxergam um significado mais amplo para o trabalho, além da remuneração.

Essa crença legitima a postura autoritária da chefe e contribui para desarticular qualquer reação aos abusos. Dejours (2003) analisa como atributos relacionados à virilidade como a violência, o domínio e o controle são exaltados, são considerados virtudes no atual contexto de espoliação dos trabalhadores, e associados com demonstrações de coragem de quem "cumpriu com o seu dever". Quando na verdade a coragem seria enfrentar o árduo caminho de se opor à ordem estabelecida. A virilidade pode ser e foi, nesse caso, incorporada por uma mulher. Presumivelmente como uma forma de resistir ao preconceito que envolve as mulheres em cargos de chefia, principalmente em segmentos econômicos tradicionalmente masculinos. Mulheres nessa posição precisam vencer uma barreira de preconceitos para serem reconhecidas por sua competência profissional como decorrência da imagem feminina. Por isso, enfrentam uma pressão muito maior do que os homens em relação a *performances* e podem achar necessário assumir um comportamento viril (Bruschini, Puppin, 2004; Carvalho, 2007; Lombardi, 2006; Puppin, 1994; Thiry-Cherques, Pimenta, 2004). O poder é inerente à virilidade e a legitimidade em detê-lo passa por assumir atributos viris (Bourdieu, 2003). A resistência que teve de enfrentar para alcançar e se manter nesse posto em sua trajetória profissional certamente foi grande. Mas, nem por isso sua postura é justificável. Interessante que entrevistadas identifiquem nela traços de um comportamento muito mais viril do que apresentaria um homem em seu lugar: "ela é bem pulso firme mesmo, coisa que eu acho que ali um homem não teria capacidade" (OP10). "Ela é bem mais determinada que chefe homem. Ela tem muito mais pulso firme" (OP4).

Paradoxalmente, contrariando o que as empresas apregoam ao exaltar a autonomia dos funcionários, na realidade assiste-se à repressão de qualquer diversidade (Hirigoyen, 2005; Freitas, Heloani, Barreto, 2008). De acordo com o regime *taylorista*, busca-se a padronização maior possível, a homogeneidade nos comportamentos e pensamentos. Assim, favorece-se o controle e se previne rupturas. A cobrança está sempre presente mesmo em questões irrelevantes, o que parece ser bem-sucedido porque faz com que elas assumam o comportamento submisso e empenhado requerido. "Ela (gerente) é muito rígida, gosta das coisas muito assim, certa, né, sempre 100% [...] (as operárias) são muito certa muito... Até chatas, isso, dedicadas no que elas fazem" (OP1). Além disso, revela uma necessidade incisiva de que nada fuja a seu controle, compatível ao *taylorismo*.

Além disso, quando há consciência das arbitrariedades e humilhações a que estão submetidas, o medo de perder o emprego aliado à percepção de que não adianta reagir atua como uma força paralisante que as impede de se defender.

Não tem que responder! Acho que chefe não adianta responder! Sempre tu perde, sempre quem sai perdendo é tu! Chefe nunca perde nada, não é? Qual é o lado da corda que vai arrebentar, o dela ou o meu? O meu, no outro dia, tô na rua! Ela não vai pra rua, tem que pensar nisso! (OP6).

Não se limita de modo algum à subordinação à hierarquia, mas se estende explicitamente no tratamento pessoal dirigido às subordinadas. É uma forma deliberada ou não de incutir nelas o pensamento de que nada podem fazer, não podem ter voz, ninguém as vai ouvir porque elas são ninguém. "Ela não chama pelo nome. Ei!!! Se tu tá fazendo qualquer coisa ei, ei, ei!!! [grita]" (OP3). Recusa de comunicação foi outra categoria proposta por Hirigoyen (2005) também identificada na pesquisa. A gerente desencoraja consideravelmente com sua postura altiva e pouco tolerante qualquer iniciativa de comunicação. "Tu conversa com ela, parece que ela não presta atenção, parece que ela não presta atenção em ti, é o jeito dela, mas é ótima encarregada! Dizem que é ignorante, mas é o jeito dela! [...] a reclamação dela é demais! Não dá bom dia pra ninguém!" (OP6). "Eu quase não converso com ela, eu chego pra conversar com ela assim só quando eu tiver assim uma necessidade muito grande porque não tem muito conversa, porque ela é fechada, muito fechada, então são poucas as pessoas que chegam até ela pra conversar" (OP1). "Tenho muita vergonha dela" (OP12). OP7 também declara que não conversa com ela.

Outra forma de instigar o comportamento passivo, utilizado pela gestão, é sempre inibir qualquer iniciativa das funcionárias. Hirigoyen (2005) destaca que o assédio descendente é o que produz repercussões mais nocivas às vítimas pelo medo e pela sensação de impotência provocado pela disparidade de poder. "Ela é muito mandona! Tem que ser do jeito dela! A última palavra é dela!" (OP6).

Ela tem que mandar, não tu agir [...] eu chegar assim e falar pra ela, Deus o livre tem que ser ela, ela falar "tu vai" e não eu chegar pra ela "eu vou". Aqui o funcionário não tem opinião, *a gente tem muito medo*, entendeu? *Eles não param pra ouvir. Se eu chegar "eu não quero saber e vai trabalhar, vai fazer isso!"*. E não chegar tentar dizer o que tu quer (expressar opiniões, reclamações). Não, Deus o livre! Não. Tem medo, né, trabalha pressionado, porque tu entra ali, tá o teu nome na folha, chega lá, é tanta coisa pra fazer, vou fazer o que eu tenho que fazer, deu o meu horário, vou me embora, aquilo passou assim (OP3).

Elas são impedidas de se expressar. As tentativas são coibidas e, imediatamente, reforça-se o autoritarismo através das ordens. Assim, o medo e a pressão pela sobrecarga de trabalho instigam o silêncio. Uma vez assimilado o comportamento passivo, a tendência é de que seja sempre seguido. Se ocorrerem desvios, eles são tratados pelo revigoramento do domínio. Assim, quando perguntam hipocritamente se há sugestões quanto à produção nesse ambiente de controle tão severo é óbvio que a maioria quase sempre não se expressa. "Todo mundo é acomodada, a verdade é essa" (OP4). Ah, opinião não dou não, nem opinião nem reclamo de nada. Pra mim, tudo tá bom" (OP11). "Não, não sinto (à vontade para se expressar) eu não gosto de incomodar, não" (OP9). Outra forma de estimular a afonia é levá-las a perceber que o que dizem não é considerado: "Eles sempre dizem que pode, né, mas sempre que tu fala alguma coisa é eles que tão certo" (OP7). "Eles vão pelo que eles acham, não pelo que a pessoa falou" (OP2). Três entrevistadas são dissonantes, contudo, uma se refere a solicitações de saídas do expediente, uma imediatamente diz que não tem nada que reclamar dela, o que denota receio de falar sobre a chefe, e a outra, em seguida, lembra da importância de respeitar os chefes.

Prates e Barros (1997) afirmam que é inerente à cultura organizacional brasileira a "postura de espectador", a qual apresenta duas causas. Não há comunicação verdadeira vista como uma troca; há os comunicados, as ordens. Tal aspecto caracteriza o que denominam como mutismo brasileiro. Para os autores, acrescenta-se a isso um baixo senso crítico, típico do povo nacional. Essa condição geraria baixa autonomia e tendência em deixar as responsabilidades para os superiores em um processo de infantilização. Quando tem a chance de se expressar, o indivíduo não consegue pensar por si mesmo. Logo, mesmo quando pode se expor, "envolvido em um clima de perplexidade, o liberado sente-se novamente forçado a conformar sua conduta às expectativas da autoridade externa"(p. 62). Nesse caso, porém se verificou surpreendentemente que apenas quatro entrevistadas manifestaram realmente pouca visão crítica. A maioria das entrevistadas demonstra discernimento crítico sobre diversas questões — cinco delas criticaram pelo menos em algum momento a ação da própria chefe. Mas o mutismo aparece muito forte no cotidiano de todas. Pode-se explicar o silêncio quando os chefes perguntam em momentos pontuais se têm alguma opinião pelo ambiente repressor que vivenciam rotineiramente e já internalizado, uma vez que elas têm o que dizer.

A falta de espírito coletivo também contribui porque é muito mais difícil e arriscado se expor sozinho. Aliado a isso, a acomodação pode ser explicada pela falta de qualquer perspectiva para elas dentro da empresa. Dessa forma, não sofrem frustrações. Por outro lado, os próprios indivíduos temem se diferenciar do grupo e com isso serem excluídos, por isso evitam expressar opiniões ou ter atitudes que se distinguam ao que predomina no conjunto. Se é um sistema centralizador, as novatas tendem a se adaptar, ao mesmo se comportam de modo a não destoar do conjunto, portanto propendem em pouco tempo a se silenciar. Dessa forma, artificialmente, adota-se um modo de ser que não é fiel à própria identidade. O discurso empresarial corrente enfatiza a liberdade de expressão e a iniciativa dos funcionários, mas caso eles sigam essas ideias, são desprezados ou repreendidos (Freitas, Heloani, Barreto, 2008; Hirigoyen, 2005).

A manipulação do ego é usada para explorar os alvos e também para obter membros fiéis infiltrados entre as trabalhadoras, que podem contribuir para controlá-las e influenciá-las. Curioso o caso de uma delas que tem o mesmo cargo das colegas, não foi mencionada por nenhuma das entrevistadas, mas efetivamente fala, comporta-se como se fizesse parte do grupo de chefes e acredita nisso. Refere-se às demais na terceira pessoa, como se fosse diferente, e ao trabalho delas como se não fosse o seu também. Funcionária dedicada, já com muitos anos de empresa, sempre no mesmo cargo, certamente sente necessidade de ascensão e de reconhecimento, o que é ardilosamente utilizado. Isso a leva a trabalhar de forma ainda mais árdua, assumindo serviços além do que as outras executam, inclusive fora do horário de trabalho, disposta sempre que exista qualquer tarefa a ser cumprida sem contrapartida financeira e desconto de horas, mas com satisfação, e com a intenção de influenciar as colegas a se manterem moldadas ao desejado pela coordenadora. Chama a atenção ao longo de seu depoimento o quanto assimilou os objetivos da chefe como seus próprios e se esforça para alcançá-los junto às outras tanto quanto a defende fielmente em qualquer questão. Utiliza palavras radicalmente dissonantes do verificado nos outros depoimentos para descrever a relação gerente/subordinadas: "Respeito, parceria, união" (OP5). Chega a declarar que as subordinadas "sempre são favorecidas em tudo!". Apresenta um discurso resignador que propaga o conformismo para as outras e também para si própria.

> Gosto de fazer o que eu faço, que nenhum serviço, vem dizer pra mim que é bom, que não é, todos são ruins, mas depois tu vai acostumando... Acostuma, acostuma, quando tu vê, pronto, já tá ali, já é tudo de bom! [...] trabalho é trabalho, fora daqui é outra coisa, mas aqui a gente tem que respeitá-los porque eles são mandados também, né, tem muitas coisas que eles pedem, a gente tem que fazer, como eu te falei, *esporrozinho* básico a gente ganha, isso é normal, todo chefe dá, mas a gente, respeita muito eles e eles respeitam muito a gente é da troca de parceria de união! Isso é muito bom! Eu gosto de trabalhar aqui! (OP5).

Outra razão para considerá-la uma boa chefe, uma pessoa "maravilhosa", é a "ajuda" que diversas disseram que ela sempre concede quando se precisa (OP7, OP6, OP9, OP1, OP11): "Tudo o que ela pode fazer pra ajudar a gente, ela faz" (OP7). Esse pensamento normalmente surgia como resposta ao se inquirir o que pensavam dela como chefe. Tal ajuda consiste em permitir que se ausentem ao trabalho em eventuais compromissos, como ir ao médico, desde que compensem as horas faltantes. Essa condição foi bastante presente nos depoimentos, revelando ser de sumo valor para elas, o que é natural, porque muitas têm filhos pequenos ou cuidam de parentes doentes. Entre as que não mencionaram, três não têm filhos pequenos, logo, não teriam tanto essa necessidade. A prerrogativa de um superior em conceder benefícios e favores aos subordinados é uma forma de poder, o designado Poder de Recompensa, descrito por French e Raven em estudo publicado em 1959, e é largamente utilizado pela superiora (Champion, 1979). Mas é uma ajuda cuja gratidão é cobrada, é uma moeda de troca. Em circunstâncias de urgência, quando precisa-se de horas extras, muitas vezes em cima da hora, ou mesmo nas férias, elas se sentem com a obrigação moral de atender por causa disso.

Para Freitas (1997), Prates e Barros (1997) um dos traços fundamentais da cultura organizacional brasileira é o que denominam "personalismo". No país, os valores do modelo familiar patriarcal e escravocrata do passado foram absorvidos no desenvolvimento da cultura organizacional corrente, o que fez com que ela se centrasse não no indivíduo, mas nas relações sociais. Herdou-se uma fusão de controle e afeição na relação entre subordinado e chefe. O patriarca não possuía somente a força de trabalho do escravo, mas era seu dono. Nas organizações atuais, verifica-se que as relações vão além do profissional, confundem-se com traços de amizade e vínculos pessoais. Como sublinha Freitas (1997), "uma relação em que o pai (superior) ao mesmo tempo em que controla o subordinado e o ordena (relação econômica) também o agrada e protege-o (relação pessoal)" (p. 49). A empresa como a família é associada à afetividade e à proteção, ao mesmo tempo provoca receio pela agonia em torno do risco de lhe ser retirado o que representa algo tão essencial à vida. Tanto que "nesse tipo de relação indivíduo-organização, a demissão pode ser extremamente traumática, pois significa a expulsão simbólica da entidade nutriente e protetora, e a perda do referencial familiar" (Caldas, 2000, p. 233). Eis a dinâmica das relações paternalistas bastante frequentes nas organizações brasileiras, que fornece ao chefe um instrumento poderoso de domínio. Os "favores" são uma forma de se obter lealdade e gratidão. Como fazer queixas, protestar, voltar-se contra quem nos protege? Ou lhe ser ingrato? "Ela me serve, eu sirvo também" (OP6), foi o pensamento manifesto comum. Além disso, para a empresa, é bem melhor que peçam autorização e depois compensem as horas perdidas do que faltar mediante atestado médico. Contudo, é uma ajuda que requer contrapartida, portanto essa generosidade é ilusória, já que a empresa não perde nada com isso e ainda garante a disposição das funcionárias em situações de emergência. Essa ajuda também pode ser uma forma de obter adesão, fidelidade, por meio do dever de retribuir a assistência e do sentimento de gratidão.

> Pra mim, não tenho nada que reclamar dela, sempre quando eu precisei ela me ajudou, [como] assim quando eu peço pra sair cedo, alguma coisa, né, eu preciso resolver um problema, aí eu falo com ela, ela me deixa sair [...]. Eu nunca cheguei tenho que levar minha filha no médico "não vai"

> [...] agora também assim quando ela precisa de mim se eu posso servir ela eu também sirvo [...] "eu preciso de um serviço teu", arrumo alguém pra ficar com a minha filha e fico [...] ela vê o meu lado, eu também vejo o deles! (OP6).
>
> A gente trabalha até as 2 essa bobina que a gente cortou, até as 8 veio com falha e ela precisa do material até a noitinha, até hoje à noite. Então, ela pede a gente, se a gente pode ficar até às 4 horas da tarde pra gente escolher material. Aí a gente fica numa boa (OP4).

Acrescenta-se que essa "ajuda" não é para todas, indistintamente. É preciso que a chefe simpatize com a pessoa. Assim, o discurso que separa a pessoa do trabalho que executa, que a chefe apresenta para todas para justificar seus abusos de poder e as demissões consecutivas, na prática, não significa ser imparcial. Na verdade, ela tem por hábito favorecer as "amigas" nesse e em outros aspectos. Infere-se que sejam amigas em termos porque ela não deixou de demitir essas também. Talvez sejam apenas convertidas em leais aliadas. Observa-se aqui mais um traço tradicional da cultura organizacional brasileira: o chamado formalismo (Prates, Barros, 1997). O formalismo se refere à discrepância entre o estabelecido nas normas e a prática correspondente. No Brasil, o formalismo está atrelado às relações pessoais; as regras variam a seu sabor. Caso se trate de um amigo, as normas se ajustam a seu benefício; caso não, as leis são implacáveis, o sujeito irá se deparar com seus rigores. "Injusta com uns e com outros" (OP2); "Vai de ela se simpatizar mais com um" (OP3). Também "vai do humor dela" (OP3 e OP2). Assim, não há regras; há alguém que manda a seu bel-prazer.

> Preciso ir em ... (centro urbano) fazer alguma coisa, qualquer coisa que seje, ta, ela vai dizer "não, tudo bem, amanhã tu paga a hora", eu posso pagar hora no outro dia, "ah amanhã não posso, tá", "ah, então tu paga hora outro dia" [...] preciso pagar 2 horas, aí eu pago 1 amanhã, outra depois [...] não é qualquer lugar que eles pegam deixam sair por qualquer motivo (OP7).
>
> Amanhã eu preciso ir no médico, pó, não quero faltar, se eu faltar ela vai brigar, então vou pedir pra trocar o horário. "Não, não tem essa, não pode! Só se tu conseguir alguém pra trabalhar no teu lugar, se não, não dá". E já aconteceu de tu tá ali, aparecer alguém, "ah, troquei o horário" e não foi

ninguém trabalhar no lugar [...], mas quando precisa ela pede [...] pó, se eu servi pra ti por que tu não podes servir pra mim? [...] eu fiz uma coisa errada [...] já aconteceu de passar o turno, ela vê e meter *esporro*, já aconteceu com outra menina que ela conversa mais passar e ainda ri, achar graça daquilo (OP3).

Nota-se as diferenças explícitas em relação ao controle: enquanto algumas não podem se ausentar nem por motivo de saúde, outras podem fazê-lo por qualquer motivo; o mesmo erro origina uma pessoa agressiva reprimenda e para outra benevolência. Ainda nesse trecho, percebe-se práticas de assédio moral, uma vez que foi negada à trabalhadora atender a necessidade vital de cuidar de sua saúde e que o erro foi tratado não por crítica, mas por censura violenta, o que se configuraria como uma violência verbal (Hirigoyen, 2005).

Os privilégios também acontecem em diferenças salariais arbitrárias e na carga de trabalho desproporcional. A cobrança desigual faz com que as "preferidas" se poupem no corte e solda sobrecarregando as parceiras, o que é um comportamento que remete a assédio moral. Mas a amizade não é o único critério para a política desigual. Apresentar um desempenho alto faz com que sempre as mesmas mulheres sejam transferidas em momentos em que o setor não opera à espera de material enquanto as outras permanecem em folga e não há qualquer reconhecimento quanto a isso. Embora, é claro que nenhuma pessoa, nem chefes, possam ser neutros, completamente isentos de subjetividade; questões formais de trabalho, como promoções salariais, devem ser igualitárias o máximo possível caso se queria preservar um ambiente organizacional saudável. Essas atitudes parciais contribuem para um sentimento de hostilidade entre elas.

Tem auxiliar 1, 2 e 3 né, no caso, eu sou 1 apesar de fazer a mesma coisa igual do mesmo jeito, só que eu sou 1, tem gente que é 2, e tem gente que é 3 [...] tem pessoas ali que tem menos tempo que eu e já são 2 e eu sou 1 e faço a mesma coisa (OP2).

Segundo depoimentos, apenas uma mulher está caracterizada como auxiliar 3. Como havia diversos outros casos de distorções salariais por tempo de serviço, certa vez um grupo de mulheres que estava nessa situação se reuniu a fim de solicitar a promoção para auxiliar 2 à chefe, o que representava um aumento de 90 reais ou menos de um quarto do salário mínimo de então. O aumento foi concedido somente para algumas delas. Não se pode afirmar se foi decisão organizacional e/ou da coordenadora, embora ela tenha tratado com ironia uma mulher que não conseguiu. De qualquer forma, uma decisão injusta como essa ante a uma reivindicação grupal tende a suscitar entre elas hostilidade, inveja, raiva, ao inibir a coesão das trabalhadoras. Repele novas iniciativas dessa natureza. Além disso, quando têm a oportunidade de comparar sua situação com a dos homens, percebem diferenças nesse sentido. Foi relatado o caso de um homem que assim que ingressou na empresa reclamou de seu salário como auxiliar e já recebe o mesmo que mulheres que trabalham na Alfa há anos.

A informalidade quanto às carreiras deixa as promoções suscetíveis a desvios. Naturalmente, as antigas, ou que acumulam mais serviços na prática, se sentem injustiçadas com a situação. "Eu tô sendo sempre auxiliar e o meu salário que, vamo supor, é que seria 40, 50 *pila* mais que de outra pessoa que entra pra ser auxiliar também. Esse tempo todo (quase 10 anos) você vai ganhar quase o mesmo que eu, você entrando agora. Eu não acho certo" (OP10). Pode ser uma fonte de rivalidade entre elas.

> Uma pessoa que trabalha 10 anos não pode ganhar igual, a que trabalha 3 anos! Ah, porque trabalha igual. Será que trabalha igual? Será que se dedica igual tem a mesma preocupação? [...] se já tá ali esses anos todos é porque é bom funcionário, não que quem tem 1 ano não vai ser também, mas deixa chegar lá na frente! (OP4).

Comentou-se que, certa vez uma mulher foi demitida porque deixou passar muita falha. O interessante é que ela estava trabalhando em trio e somente essa mulher foi dispensada por esse motivo, quando checar seria atribuição das três, principalmente de outra que estava posicionada na mesa. Ocorre arbitrariedade porque, ao mesmo tempo em que reaviva o temor em todas as subordinadas, demonstrando o que pode lhes acontecer, a coordenadora costuma favorecer as pessoas com quem tem mais amizade.

Salin (2003) indica que geralmente um modo de gestão muito autocrático como o visto na Alfa pode levar ao assédio moral (assim como o outro extremo; em um estilo de gestão *laissez-faire*, a falta de clareza e controle podem suscitar irritação e intolerância, assim atender as condições requeridas para deflagrar o problema). Ainda não se pode afirmar que certos modelos de organização são mais suscetíveis ao fenômeno que outros. Sabe-se, porém, que existem algumas características que influenciam significativamente. Dentre elas, a centralização acentuada de poder, a implantação de estratégias de demissões em massa e a perversidade advinda dos dirigentes. Fatores esses identificados na Alfa. A omissão dos dirigentes, no caso, os diretores e o presidente, é o que permite a ocorrência do assédio. "O cinismo do sistema" se faz mostrar pela fuga às responsabilidades individuais estimulada e sustentada por alguns modelos de organização assim como a megalomania dos dirigentes que justificam qualquer ato em nome da lucratividade (Freitas, Heloani, Barreto, 2008).

Os desentendimentos, as discussões e mesmo as brigas, bate-bocas, baixarias são muito frequentes, segundo quase todas as entrevistadas, e ocorrem pelas mais diversas razões. "Mulher, ela já fica braba contigo e não fala mais. Bem difícil trabalhar com mulher!" (OP10). A coordenadora costuma convocar todas as funcionárias em sua sala quando as brigas acontecem para repreensões e acenos de demissão. É comum uma das trabalhadoras ter que trabalhar com outra com quem tem inimizade, inclusive parte chega a solicitar a superior que não posicione à "antagonista" na mesma máquina. No entanto, esse pedido é visto como uma delação pelas colegas devido as reprimendas costumeiras da chefe em relação às brigas, o que gera ainda mais animosidades. Assim como fazer queixas desse escopo à superior. Presumivelmente por isso uma minoria das entrevistadas tenha declarado não haver qualquer problema de relacionamento entre elas. Assim, quando a coordenadora não percebe ou decide ignorar as inimizades, algumas decidem "suportar" contrariadas a convivência forçada. Às vezes, por falta de opção: "ela vai botar você pra trabalhar com aquela pessoa e não pode reclamar" (OP10).

> Quem era pra ver não vê ou finge que não vê e aí se torna uma coisa assim enjoada, uma coisa chata, sabe, tu não trabalha legal. Eu não trabalho bem! Se eu trabalhar com a pessoa que eu não quero trabalhar, eu trabalho emburrada, eu trabalho braba [...] És obrigado a aguentar pra não passar por

dedo duro ou por ruim [...] tu tá vendo que a pessoa não quer trabalhar contigo e tu é obrigado a trabalhar com aquela pessoa (OP2).

A inimizade entre elas acaba repercutindo na falta de companheirismo e mesmo por uma espécie de vingança no modo como desempenham o trabalho. Ao mesmo tempo, as que gozam de amizade com a coordenadora se sentem protegidas para trabalhar menos, o que gera conflitos.

> Quando uma não se bica muito com a outra, aí acontece assim de dar aquela discussãozinha, acontece assim de uma trabalhar mais, tipo vou no banheiro, vou tomar água, fazer isso, fazer aquilo e a outra fica na máquina sempre [...] a menina roda tal máquina a (coordenadora) não ta, "hoje tu roda essa", aí uma vai pro banheiro, outra vai embora, fazer aquilo pra se espalhar, pro operador escolher a que tá ali [...] pra elas fugir do serviço [...] *tu é minha amiga, aí eu briguei com aquela fulana [...] tu não tinha tanta amizade com ela, tu já não vai falar com ela! Aí já ficam fazendo picuinha, falando uma mal da outra entendeu*, assim é... A máquina dela tá sem material, "não quero te ajudar!". Se a chefe tiver ali elas trabalham, mas se não tiver for 6 horas da tarde acabou o material só porque elas não falam contigo... Ficam parada, mas não te ajudam. Acontece muito isso, muito, muito! (OP3).
>
> É cada um por si aqui, aquela que mais poder comer a outra é o que mais tem aí dentro! Muito... intriga, né, fofoca, essas coisa [...] lugar assim horrível [...] aí uma assim não vai com a cara da outra, aí começa aquelas intriga, uma não fala com a outra... (OP8).

Recusar a fala e levar as amigas a fazer o mesmo, gerar maledicências, deixar de efetuar seu trabalho sobrecarregando a parceira, não cooperar se não for obrigada, são atos hostis que sugerem manifestações de assédio misto. Interessante observar que o assédio moral descendente provoca nelas em conjunto comportamentos entre si agressivos e que remetem a assédio moral. Fala-se muito no poder formal como condição para o assédio moral, mas o poder informal assim como situacional pode exercer a mesma condição (Salin, 2003; Einarsen, 2005).

Conforme Hirigoyen (2001), os ataques relativos ao assédio moral variam conforme o sexo do agressor. As fofocas, assim como outros ataques mais sutis, são tipicamente vindos de mulheres. É um tipo de manifestação de assédio dirigido contra a imagem da pessoa (Einarsen, 2005).

No presente caso, as fofocas têm os mais diversos temas e englobam a vida pessoal. Parte transparece uma moral a respeito da vida sexual austera às mulheres, alvos de "suspeitas" infindáveis a esse respeito sob qualquer fato que gere o mínimo de margem a cogitações maliciosas.

> Principalmente assim quem tá solteira. Eu há pouco tempo me separei então, sabe? Eu tinha que escutar muita coisa é... Saber que aquela pessoa ali tá te apontando, tá falando "olha, ela se separou, tu sabia?". E tu não poder fazer nada pra não dar confusão, sabe? Mas, tu sabe que ela ta... Que o assunto é você, entende? [...] "Olha ela se separou! Mas, por quê? O que será que aconteceu?". Tentar adivinhar o porquê [...] todo mundo ficava tentando adivinhar e perguntando o porquê o porquê e eu nunca dava espaço pra elas, então daí elas ficaram sempre com aquele... Até hoje tão ainda com aquele ponto de interrogação [...] eu procurei fazer de conta que não tinha notado e deixar pra lá né, porque ia dar mais confusão ainda se eu chegasse e chamasse atenção [...] deixa passar porque se for esquentar a cabeça com tudo tu fica isolada ali não fala com ninguém (OP1).

O comportamento sexual na vida particular da mulher é um elemento relevante para a sua imagem no ambiente de trabalho, pode até fazer parte da avaliação de sua conduta em tal ambiente (Puppin, 1994).

O controle intenso sobre os resultados exerce influência nos relacionamentos interpessoais porque as tarefas são realizadas em duplas ou em trios. Dependem uma da outra para atingirem as metas. Se a parceira não acompanha o seu ritmo, se o tempo está passando e elas estão atrasadas para cumprirem o exigido, se uma por algum motivo como passar mal e revanche pessoal sobrecarrega a outra ou simplesmente obriga a outra a trabalhar mais, começam os embates.

> Eu gosto que a minha encarregada bote uma pessoa que me ajude não que... Como já teve muitas pessoas que trabalhou comigo e... Pra fazer corpo mole, quer dizer, tu tem que trabalhar igual uma lacaia e a pessoa que tá... trabalha contigo fazendo corpo mole, então não gosto. Eu gosto que pegue junto comigo entendesse, eu faço uma coisa, a pessoa faz outra, então não fica pesado, uma ajuda a outra (OP8).

A pressão intensa no trabalho gera a tendência nos trabalhadores em avaliar os desempenhos uns dos outros e a ignorar a avaliação do próprio sistema de trabalho. "Na impossibilidade de intervir nos malfeitos da organização do trabalho, eles se agridem mutuamente, até atingirem a si mesmos" (Gaulejac, 2006, p. 79).

> Ai começa aquela briga, "ah, porque tais fazendo mais eu tô fazendo menos", apesar de que o salário é o mesmo [...] Só discute, só fala ali rápido, "o, anda, anda, rapidinho!". Tem gente que faz mais daí a outra vai sem vontade pra maquina né, daí é complicado tu vai lá se esforça se esforça faz um monte e a outra vai lá e fica batendo papo com a colega da frente ai não se esforça daí a outra vai lá "á tá demorando tem material" sempre dando uma direta (OP7).

Quando a avaliação de desempenho não é individual, os colegas podem exercer um controle opressivo sobre os parceiros com o intuito de castigar ou eliminar os menos produtivos (Salin, 2003).

> Sei lá, eu sou muito diferente. Se não der pra fazer 3 mil, 2.900... Porque não é todo dia que a gente tá boa [...] a menina que tá comigo hoje já foi não sei quantas vezes no banheiro porque a pressão dela tá baixa. Vou ficar brigando com a guria? Não, problema é dela. Se ela tá ruim, deixa ir (OP6).

Tal como a gerente, também elas exercem um controle tão austero sobre o trabalho uma da outra que muitas chegam a não admitir nem limites físicos como justificativa para não obedecer ao princípio soberano da produtividade, o que configura um assédio misto.

Na verdade, o próprio controle e avaliação de desempenho ainda que centralizador sofre interferência do conjunto. Como explica OP10, se o desempenho da novata não for rapidamente satisfatório, ela acaba sendo rejeitada sucessivamente pelas antigas que se recusam a trabalhar com ela até finalmente ser demitida. "Se fica 2, 3 meses ali, já tens que tá ágil, tens que pegar o teu ritmo... 'Eu tô me quebrando ela não tá me ajudando', a gente fala pro líder!" (OP4). "Daí a gente vai lá e fala pra ela quando... Quando alguém não tá trabalhando, não tá cooperando, que tu quer dizer porque são duas pra trabalhar na máquina" (OP11). Salin (2003) destaca que quando o controle é exercido de alguma forma pelos colegas pode afetar as relações entre os membros e, por conseguinte, propiciar o assédio moral.

"Umas aprendem mais fácil, aprendem melhor, outras é mais empurrada só na briga" (OP2). "Se você faz, eu não faço aí você vê que eu não faço e que eu ganho igual a você, aí você se estressa [...] trabalha duas em duas só que geralmente uma trabalha mais do que a outra" (OP10). Os diferentes desempenhos geram inimizades e conflitos nesse ambiente no qual a alta produtividade é uma lei a ser cumprida. A benevolência da coordenadora à parte das pessoas que fazem "corpo mole" tem por objetivo favorecer as amigas ou como um fim em si mesmo ou com o deliberado intuito de instigar o individualismo e a rivalidade entre elas. Seja por negligência ou por astúcia, essa consequência serve aos interesses da empresa uma vez que impossibilita articulações entre as trabalhadoras. Como defende Hirigoyen (2005), o espírito coletivo que cedeu lugar ao individualismo no cenário corrente criou um ambiente bastante propício à rivalidade e que atua no sentido de impedir movimentos reacionários.

Também certamente o medo de "desagradar" a superiora inibe o apoio coletivo. As que chegam a protestar o fazem isoladamente, não contam com o apoio geral. A falta de ressonância acaba desestimulando as reações de grupos porque sentem que estão arriscando sozinhas, o que fomenta inimizades e individualismo. Sem dúvida, atitudes não conjuntas são mais arriscadas. No entanto, as escolhidas para a ousadia de pronunciar queixas são as mais próximas da chefe.

> São *xereta*, *puxa-saco* da líder, sempre tem [...] eu sou de falar, elas não são de falar. Tudo tá bom, aí quando a gente reclama que quer as coisas boas elas agradecem, mas não abrem a boca pra reclamar [...] não falam junto com nós [...] eu não vou, não falo nada, já disse. Sou eu que pago e todas saem ganhando! (OP6)

Em ambientes que suscitam alto nível de estresse decorrente de excesso de volume de trabalho a ser cumprido, forte pressão de ritmo e ambiente de trabalho frenético não há espaço para o entendimento entre as partes de um conflito e há elevada insatisfação com o trabalho. Por isso, existe uma correlação entre assédio moral e ambientes estressantes (Salin, 2003).

> Eu acho que se trabalhasse cada um por si era melhor não tinha tanto atrito, às vezes, tem assim dia que a menina que trabalha comigo, ela não tá

legal, às vezes, eu também não tô legal [...] aí ela traz os problemas aqui pra dentro, aí qualquer coisinha ela explode, entendesse, por mais que tu seja boa tu não vai só escutar, né, uma hora tu tens que explodir (OP6).

Ficar se metendo na vida da outra, "ah, por que essa faz tanto, aquela faz mais", isso muito de olho uma na outra! Tem gente que faz, tem gente que não faz, e às vezes dá um problema, daí já desconta numa pessoa que não tem nada a ver, que já ta, irritada, tem gente que é assim (OP7).

O ambiente de pressão, que exige superação constante, predispõe à irritabilidade. É mais um elemento que se soma para desencadear as brigas. Morgan (1996) atenta para a conveniência do individualismo entre os trabalhadores para os gestores quando se refere ao fato de que normalmente as empresas se valem da seguinte estratégia política para "vencer" em casos de resistência: o princípio do "dividir para governar". No mesmo sentido, Pagès et al. (1987) revelam, em estudo de uma multinacional, que a empresa se valia de diversas técnicas para prevenir ações de resistência coletiva. As reações eram permitidas e até certo ponto incentivadas se ocorressem em nível individual — essa também era uma técnica de inibir o coletivismo. O medo do social era subjacente ao medo do incontrolável, de uma organização que "obedece a outras leis que não as da eficácia, da utilidade, da rentabilidade" (p. 132).

Como decorrências do assédio moral descendente que sofrem, o coleguismo cede terreno à competição, ao rancor alimentado por anos, em alguns casos. As relações são rompidas drástica e definitivamente, inclusive recusa-se a fala. Isolam-se em grupos, "panelinhas" e quando um membro se opõe a algum membro do outro grupo, aquele primeiro grupo não deve se dirigir mais ao segundo. Faz parte das regras de conduta. Caso contrário, é considerado uma traição à "amizade", uma amizade de laços débeis.

Existe rivalidade entre as antigas na empresa e as que têm pouco tempo de atuação. Parte das antigas "acha que sabe mais" (OP3), não aceitam ouvir opiniões das mais jovens diante dos problemas que enfrentam, querem controlar a situação, mostram-se sem paciência. Emblemática foi a recepção oferecida a uma recém-contratada na empresa no setor de valvulado. Não é um fato muito frequente porque não é comum contratarem mulheres sem experiência no setor. Estimulada pelo sentimento de rivalidade, uma das antigas que nem trabalhava na mesma máquina, afligia e "torturava" a novata que ainda não tinha agilidade. Salin (2003) se refere à prática de assédio moral por colegas como um meio de discipliná-los às regras de produção. A cena remete a prática de assédio. Nesse caso, existe uma discrepância de poder informal e a incapacidade ou pelos menos grande dificuldade, de a novata se defender somado a certa repetitividade, o que, no conceito de Einarsen (2005), se configura como assédio moral. Também para Hirigoyen (2005), pois se dirige a um grupo — novatas — e há repetitividade.

> Ah, quando eu comecei, que eu fui pra essa máquina, tinha uma mulher que trabalhava perto de mim que ela dizia assim pra mim: "Pó, hoje tu vai direto fazer! Ó, não gosto de saco no chão!". *Ficava todo hora*, sabe, ela era mais velha, eu tava pegando o jeito de fazer. Ela era mais rápida do que eu, daí sempre tinha, né, de ficar falando: "Nossa quanto saco!". Daí injustamente, né, porque tipo agora o saco tá ruim, tá colado, mas pra mim é a mesma coisa, eu pego o ritmo e faço, naquele ritmo ali não importa e pra elas não (OP7).

Assim, desde o início, o recém-contratado já passa a desenvolver certo rancor que vai atear as discórdias no futuro. Por outro lado, as antigas reclamam da falta de empenho das mais novas. Provavelmente, a diferença ocorra por não estarem tão bem condicionadas quanto elas a um regime de trabalho que exige empenho máximo, pelo menos da maioria.

> Vão chegando as pessoas novas, saindo as pessoas mais velhas, que já têm, assim, mais amizade, né, vão entrando as gurias nova, aí começa a haver conflito, fofoca essas coisa [...] a gente é velha ali, a gente trabalha pra caramba, e as guria que são nova entram aí guria não querem nada com nada e a gente é velho e trabalha pra caramba [...] e não fazem o que a gente faz que é mais velha a gente trabalha direto que eu acho né, eu tô falando do que eu acho (OP8).

Aumentar a diversidade do conjunto em relação a certas características como idade suscita um risco maior de agressões no trabalho (Salin, 2003). Caldas (2000) indica que os *enxugamentos* afetam o clima de trabalho uma vez que as interações estabelecidas durante certo período de convivência se perdem, o que atua na desunião das equipes.

No entanto, a opinião unânime entre as entrevistadas profundamente arraigada para a forte hostilidade que marca o ambiente dos setores em que trabalham é um argumento altamente depreciativo e determinista dirigido às mulheres que seriam "uma corja!" (OP9). É impressionante como até mesmo as palavras utilizadas para expressar esse pensamento são praticamente as mesmas, o que remete que seja um elemento da cultura organizacional e uma ideologia ardilosamente utilizada pela empresa. Reitera-se Pagès et al. (1987) sobre a relevância das ideologias organizacionais como forma de obter anuência aos interesses de uma empresa. Freitas (2001) e Heloani (2007) colocam que deteriorar a imagem da vítima é necessário para deflagrar o assédio moral, em nível individual. Nesse caso, a concepção que atribui a culpa pelos maus relacionamentos a elas mesmas, a falta de caráter intrínseca à mulher é extremamente conveniente para a Alfa, pois encobre suas verdadeiras razões e as mantêm inertes pela falta de consciência e pela desunião, o que as torna desprotegidas do assédio moral. Há uma única exceção em que uma pesquisada demonstra estar inserida em um ambiente extremante conflituoso, mas não apregoa essa justificativa. Além disso, conforme Hirata e Kergoat (2002), a imagem depreciativa que recai sobre as trabalhadoras tem um status "natural", biológico, o que pode explicar em parte a invariabilidade relativa aos argumentos expostos para justificar o mau relacionamento entre elas e também o pensamento de que não há nada a ser feito. Em um ambiente no qual predominam mulheres, as intrigas, confusões, artimanhas, maledicências são inevitavelmente corriqueiras, tal é o pensamento que explica a situação. "Não é só aqui, onde tem mulher tem muita fofoca!" (OP6).

Para Hirata e Kergoat (2002), da formação da identidade coletiva da mulher decorre que as operárias, além de menosprezarem seu trabalho, tal como ocorre com os operários especializados, também se menosprezam como sexo. Não aparece entre as operárias da Alfa o menosprezo por seu trabalho, mas a segunda assertiva se confirma. Segundo as autoras, para afirmar suas individualidades, elas distinguem certas características suas das outras mulheres como se realmente todas as outras fossem iguais de tal forma que chegam indiretamente a não se assumirem como mulheres.

As entrevistadas assumem um discurso naturalizante, como costuma assumir a identidade da mulher, o que explica em parte a dominação masculina, de acordo com Hirata e Kergoat (2007, 2002), Barreto (2006), Bourdieu (2003), Fonseca (2000) e Beauvoir (1980). Segundo Bourdieu (2003), a apropriação da visão do dominante pode provocar nas mulheres em nível individual um desapreço por si mesmas ou uma baixa autoestima, evidenciada, por exemplo, na repulsa de muitas mulheres com o próprio corpo, por não se adequar às cobranças do padrão de beleza. Coletivamente, esse processo as faz assentir com uma concepção social pejorativa e rebaixada da mulher.

Assim, as trabalhadoras chegam à conclusão de que mulheres por natureza não são confiáveis. Então, o melhor é evitar amizades, envolvimentos pessoais.

> Eu não tenho colega aqui dentro assim eu não tenho raiva de ninguém só que não gosto muito de ter muita amizade. Eu falo com todas, mas eu não tenho amiga, amigo é eu e Deus [...] Não dá pra confiar aqui dentro tu não pode falar nada nega. [...] não pode confiar em ninguém [...] mais vale sozinha do que mal acompanhada, então eu ando sozinha (OP6).

Para Einarsen (2005), a qualidade do ambiente psicossocial de trabalho é um fator de influência ao assédio moral. Um clima social de tensão interpessoal e de baixa confiança fomenta seu aparecimento.

Acrescenta-se a isso o fato que as operárias têm de enfrentar todos os dias um cotidiano imutável, sem estímulos: "A gente sempre trabalha do mesmo jeito na mesma coisa. Não é nem um desafio, nem uma tortura, é o teu trabalho, é a tua obrigação fazer aquilo" (OP4). "É toda vida igual. Não muda! É toda vida o mesmo. Não muda nada nada!" (OP6). Há pouco espaço para qualquer satisfação e realização. Muitas vezes, nem mais para o sofrimento; parecem entorpecidas pela rotina. Envolver-se com as aventuras e desventuras alheias pode ser um recurso de escape para aguentar a rotina imutável.

A identidade coletiva das trabalhadoras não é integrada em subgrupos, mas isolada sem laços de coesão, o que dificulta a identificação com um coletivo enquanto a dos homens é dispersa em diversos subgrupos podendo ultrapassá-los (Hirata, Kergoat, 2002). Portanto, o espírito de integração em um grupo formado por mulheres tende a ser mais intrincado, o que também pode explicar a falta de senso coletivo necessária para conquistarem melhores condições de trabalho.

Apresenta-se a seguir um quadro síntese sobre as manifestações de assédio moral identificadas na Alfa frente às categorias do fenômeno adotadas na presente pesquisa e à classificação quanto ao agente que as promovem referente a posições hierárquicas (Hirigoyen, 2005).

QUADRO I
Manifestações de assédio moral nos setores operacionais analisados

Direção de assédio	Comportamentos ou categorias de assédio			
Classificação	Deterioração proposital das condições de trabalho	Isolamento e recusa de comunicação	Atentado contra a dignidade	Violência verbal e sexual
Descrição	Censurar atos inevitáveis. Avaliar desempenho injustamente. Exigir alcance de metas individualizadas e inflexíveis. Controlar de modo excessivo e abusivo. Destinar funções sem tempo nem preparo adequados. Negligenciar segurança e saúde. Hostilizar os que se ausentam mediante atestados médicos e usar esse fator como critério de demissão. Privar de qualquer autonomia. Tomar decisões injustas em relação a demissões advindas de erros grupais, a determinação de salários e a atribuição de volume de tarefas. Obrigar a serviços extenuantes em função de erros alheios.	Coibir conversas entre si. Inibir tentativas de diálogo com a superior. Isolar fisicamente.	Humilhar publicamente.' Não chamar pelo nome. Determinar, como local de trabalho, o depósito da fábrica. Desqualificar.	Gritar. Censurar agressivamente.
Misto	Não fornecer os serviços necessários à execução do trabalho. Censurar por incidentes de responsabilidade do próprio agente. Sobrecarregar a parceira. Não cooperar. Controlar opressivamente.	Negar a fala e levar as colegas a fazer o mesmo.	Gerar fofocas.	Assediar sexualmente.

Fonte: Elaboração própria.

6.7 O que pensam as operárias da Alfa sobre o trabalho

O aspecto fundamental que distingue o trabalho feminino atual do que ele foi ao longo da História é o significado que ele assumiu na vida da mulher. O trabalho deixou de ser apenas um meio necessário para complementar a renda familiar para se tornar um fator que compõe a sua individualidade e fonte de realização pessoal. "Passou a ser um valor, um instrumento de realização pessoal, uma atividade reivindicada e não mais sofrida [...] o trabalho, em nossas sociedades, tornou-se um suporte muito importante da identidade social das mulheres" (Lipovetsky, 2000, p. 221, 224).

Para o autor, essa visão é diferenciada para as mulheres de acordo com as atividades mais ou menos estimulantes que assumem. Assim, para as mulheres cujas atividades são restritas à execução no nível operacional, muitas vezes somente a remuneração as levaria a trabalhar. A falta de realização pessoal, provocada pela monotonia e pela pobreza intelectual de suas tarefas, somada ao peso da dupla jornada de trabalho, geraria mais nelas do que nas outras mulheres a vontade de voltar à condição de dona de casa. Contudo, de encontro ao pensamento do autor e até do que se é levado a imaginar, a despeito das funções que exercem, todas as operárias entrevistadas gostam de exercer um trabalho fora de casa. Elas precisam trabalhar por sua condição social, mas não se queixam, não se lastimam por isso, não prefeririam estar em casa. Apresentam alguns valores semelhantes aos de mulheres oriundas de outras classes sociais. Veem na independência financeira que o trabalho traz um valor fundamental em suas vidas para que possam viver com liberdade e com autoestima. "Tem que ser independente, ter o seu próprio emprego, seja lá qual for. Trabalhando já é suficiente" (OP10).

Algumas se referiram ao trabalho como uma necessidade psicológica inerente à vida. "Pra mim, é tudo, porque tem que tá sempre ocupada em alguma coisa pra não ficar pensando em besteira" (OP8). Identificam no trabalho, como apresenta Lipovetsky (2000) em relação às mulheres profissionais, um elemento de sua individualidade. Uma delas concede ao trabalho o valor da própria existência: "Sem o trabalho na vida da gente, a gente não é ninguém" (OP10). "Eu gosto de trabalhar. Não gosto de ficar parada" (OP2). Julgam "maravilhoso" (OP2), "*show* de bola" (OP10) a presença das mulheres no mercado de trabalho. Admiram as mulheres que trabalham: "São guerreiras" (OP9). "Eu acho que é cada vez mais elas tão procurando o seu espaço. É bom pra não ficar só dependente do marido, dos homens [...] procurar estudar tal pra conseguir ocupar o seu lugar" (OP1).

> O trabalho é uma das coisas mais importantes da vida da gente! [...] se tem uma coisa que eu agradeço a Deus todos os dias é o meu trabalho, minha filha, e o meu trabalho! Todo dia eu agradeço a Deus! [...] quando eu era casada, eu não trabalhava, mas eu dei mais valor pra mim mesma depois que eu comecei a trabalhar porque assim, ó, tu não depende de ninguém [...] eu acho que o trabalho é muito importante na vida de uma mulher, seja ele qual for! [...] quando eu me separei, se eu trabalhasse fora, com certeza não teria sofrido tanto! A queda não teria sido tão grande pra mim! [...] eu tive que trabalhar, mas assim nunca reclamei, nunca me lamentei [...] eu agradeço a Deus que eu tenha que acordar cedo, mas que eu tenha um trabalho [...] tantos que querem e não têm! (OP4).

Para essas, o trabalho assume um significado muito além de um simples meio de sobrevivência engloba a autorrealização, as duas facetas de significados outorgados ao trabalho, segundo Blanch Ribas (2003). Apenas três entrevistadas são dissonantes e indicam somente a necessidade financeira de seus filhos e/ou delas como razão que as levam a trabalhar em um sentido basicamente instrumental, ou seja, apenas o interesse pelos ganhos financeiros individuais (Blanch Ribas, 2003). "Trabalhar todo mundo tem que trabalhar, né, [ri] é assim, é isso. Porque a gente tem que trabalhar mesmo" (OP7).

Para uma delas, é uma forma de assegurar o sustento familiar em caso de doença ou falecimento do marido. Outra se referiu à necessidade de complementar os rendimentos do marido para oferecer aos filhos uma vida mais confortável. Justamente são essas que atribuem ao homem à função maior ou única pelo sustento da casa. Essa noção de renda extra, de ajuda relativa tradicionalmente ao trabalho feminino não aparece mais do que duas vezes nos depoimentos. Entre as mulheres casadas, a renda feminina surge tão indispensável quanto a do cônjuge para o provimento familiar, uma vez que o marido não obtém um salário suficiente. É um fator que legitima o trabalho da mulher e a sua importância.

> Se trabalha fora é porque precisa. Ninguém vai sair de casa se não precisa, só se for louca! Eu saio de casa todo dia 5 horas da manhã, deixo a minha filha com os outro... Tu acha que eu vou vim pra cá porque eu quero? Eu preciso. Eu acho que as pessoas que saem de casa pra trabalhar pensam numa coisa melhor de vida, assim sabe, pra ter condições melhor pros filho, pra ajudar o marido, o que o marido ganha hoje em dia não dá! Tem que trabalhar pra ajudar pro orçamento, tudo! Do céu não cai, né, nega (OP6).

Quanto às oportunidades disponibilizadas às mulheres pelas empresas em geral percebem diferenças em relação aos homens, mas preponderantemente são otimistas. Defendem a igualdade entre os sexos no mercado de trabalho. "Antes a mulher tinha bem pouca, agora já tá igual, tem que ser igual" (OP8). Acreditam que há uma receptividade crescente, o que é curioso por ser um contraponto à realidade delas. Há só uma variação: "Eu acho que agora elas tão tendo mais mais chance né, não como antigamente. Antigamente não tinha... Apesar de que não é tanto como os homens, né, é bastante diferente" (OP7).

> Meu Deus, foi a melhor coisa que existiu, sabe, porque antigamente e até hoje ainda existe esse papinho, né, sempre os homens em primeiro lugar, tal, eu acho muito importante porque eles tão abrindo espaço pra gente [...] é muito importante porque a gente sempre foi discriminada, né, em tudo, e hoje eles tão vendo que não é mais assim, a mulher tá conseguindo espaço em tudo e eu fico muito feliz por isso (OP5).
> Ah, eu acho guerreira, mulher hoje em dia tá tomando conta de quase tudo, né, porque antigamente as mulher não trabalhavam, ficavam em casa, né, e hoje as mulheres já tão passando em cima dos homem. Tem muitas coisas que as mulheres já tão, né, pegando lugar dos homens, serviço que a gente nunca imaginou que uma mulher fosse pegar, pega, e trabalham, como tem até política, tem mulher que trabalha até como política, essas coisa, era difícil antigamente, uma mulher na política, e hoje em dia tem, né, eu acho que a mulher é uma pessoa muito guerreira, muito batalhadeira (OP9).

Segundo Lipovetsky (2000), diversas pesquisas expressam que a determinação das mulheres para o trabalho nos dias de hoje está relacionada a diversos fatores que traduzem sua necessidade de consolidar a autonomia, de criar sua própria vida, e não mais vê-la condicionada pelas decisões e conveniências alheias, ou seja, de se tornar sujeito de sua história. No entanto, nas trajetórias profissionais das operárias da Alfa, a vida familiar está entrelaçada. Ainda que a atividade profissional se revista de um significado além da subsistência e que integre sua identidade de modo geral, opostamente ao que defende o autor, para essas mulheres a família é preponderante, é o que dirige suas vidas, o que decide sobre sua inserção no mercado de trabalho. Confirmam-se as constatações de Bruschini e Lombardi (2004) nesse sentido. Várias engravidaram muito jovens, casaram-se e interromperam os estudos e/ou abandonaram o emprego para cuidar da criança. Uma das entrevistadas optou pelo desemprego para cuidar de um familiar adoecido. Esses fatores exerceram influência importante para que hoje ocupem um emprego considerado pouco qualificado. Ao encontro das conclusões de Barreto (2006), ainda é atual a existência de uma norma social pela qual as mulheres devem priorizar o espaço doméstico em detrimento ao público. Deve prevalecer "seu dever" para com a família e não seus anseios individuais. Muitas delas, após o fim do casamento, e ainda com filhos pequenos, viram-se obrigadas pela necessidade financeira a retornarem ao espaço público, mesmo as que recebem pensão alimentícia para os menores. Tornaram-se chefes de família, situação de acordo com a tendência crescente auferida pelo IBGE (2009) segundo a qual no Brasil entre os anos de 1996 e 2006, o percentual de famílias chefiadas por mulheres aumentou em 79%.

Sentem o peso imposto pela dupla jornada de trabalho tanto as casadas quanto as divorciadas. Todas são as únicas responsáveis pelos afazeres domésticos e pelo cuidado com os filhos, o que torna suas rotinas muito cansativas e com muito pouco tempo para o lazer e repouso. Contudo, poucas são as que discutem essa disposição. Essas precisam brigar para obter o que ainda é considerado uma "ajuda" dos homens e não um dever.

> A mãe é mais responsável, a mãe, assim, ela se preocupa mais com as coisas, né. Quando a minha filha tá doente... Meu Deus! Eu me apavoro! Se o meu

marido tiver um jogo pra ir, se eu falo que ela tá com febre com dor de barriga, ele vai. Eu não! Eu não saio pra lado nenhum enquanto ela não tiver bem! [...]. Se a minha filha tá doente, eu gosto muito da minha encarregada, respeito muito ela, mas se ela disser que não, eu vou! Mãe é mãe! (OP6).

Hoje em dia eu acho que são o casal, né, tanto o homem quanto a mulher hoje é normal, até tem casos que é a mulher que sustenta a casa, né, eu acho que nada melhor do que dividir as tarefas as despesas também, acho que hoje é igual tanto pra um quanto pra outro! (OP1).

Acho por preconceito, né, a mulher que tem que fazer tudo, mulher que tem que fazer faxina, mulher que tem que lavar roupa, mulher que tem que fazer comida pro filho, mas de vez em quando eu brigo e ele ajuda também [...] acho que os dois, né, tem que haver companheirismo, né, se eu trabalho, ele também, eu ajudo em casa, tem a cesta daqui, tem a cesta lá no serviço dele (OP12).

Uma delas precisa despender boa parte de seu salário para pagar pessoas ou creches particulares que cuidem de seu filho enquanto trabalha porque as creches públicas fecham as portas durante o período de verão. O "instinto materno", o sagrado amor de mãe, que torna menores quaisquer outros desejos, que a consagra em primeiro lugar aos filhos, ainda é exaltado como vocação natural da mulher que o homem não teria. Na verdade, resultado de uma educação bastante diversa ainda em função dos sexos, que tende a preparar praticamente só a mulher a exercer esse papel.

A interferência das obrigações domésticas é determinante também para que estejam nessa empresa. Os horários de jornada e a proximidade de casa estão entre os principais motivos que as levam a trabalhar na Alfa, uma vez que permitem conciliar melhor essas funções. Os outros motivos expressos, inclusive pelas solteiras sem filhos, foram a ausência de oportunidades melhores para elas em função da escolaridade e da experiência que apresentam — inclusive as que detêm o ensino médio completo — e/ou da faixa etária em que estão geralmente um quesito de rejeição pelas empresas.

Diante das adversidades estruturais de mercado algumas tentam se conformar com o muito pouco que recebem em todos os sentidos desse emprego perante tudo que dão de si e com o entendimento de que não lhes resta nem sonhar nessa empresa. A menos que seja com o futuro dos filhos.

> Eu vim de família pobre. Aqui tu não pega chuva não pega sol, claro que, meu Deus, tem serviço muito melhor que esse daqui, sem dúvida nenhuma, mas pra quem estudou! [...] Eu já pensei, mas é complicado porque eu já tenho 40 anos, então vou conseguir serviço melhor onde? [...] Eu não me importo porque eu sei que pra mim é isso, posso até tá errada, porque tem tanta gente que consegue mais alguma coisa, mas eu sempre digo assim "a mãe é isso, minha filha, agora tu não!" [...] Eu sempre falo "estuda, minha filha, pra um dia tu pegar um serviço bom!" [...] Eu não queria que a minha filha viesse! (emocionada) [...] porque assim o dali eu vou como? [...] Eu não desdenho do que eu tenho, do meu serviço, pra mim tá muito bom, gosto de fazer isso, mas queria que minha filha tivesse outro serviço! E acho que ela vai conseguir porque ela é bem estudiosa, bem esforçada! (OP4).
>
> Tá muito ruim de serviço lá fora, se tu não pegar e não agarrar com as mãos, já era... Ainda mais no meu caso, a idade da gente, hoje em dia, não pegam mais mulher de 40 anos, 41, 42, tá difícil, tá muito difícil, e estudo eu não tenho. Se tu dissesse não, mas tu tem capacidade de estudar, por que tu não estuda? Sinceramente, minha filha, minha cabeça já não atina mais, não sirvo mais pra estudar [...] mas, eu pra mim, como tá ta, bom, tá bom, vou fazer mais o quê? Depois vou fazer o quê? Mais nada não é? (OP5).

A dificuldade concreta em mudar sua situação é assimilada como impossibilidade, talvez como um meio de se evitar frustrações e dor. Algumas tentam se convencer de que são felizes em um "jogo do contente", fogem, iludem-se, e buscam se contentar com o que têm, de alguma forma, se realizam, e chegam a defender a empresa. O problema é que, ao se recusar a admitir a injustiça que ao menos no íntimo não deixam de enxergar, não lutam pelos seus direitos à igualdade e pela felicidade real.

> [...] pra mim tá bom, entende, mas tem gente que tem mais estudo, tal, tem muitas gurias aí que têm o segundo grau, tudo, tão ali, crescer como? Às vezes, não tem como crescer. Os homens já têm mais vantagens, já têm mais trabalho, já têm salários melhores, a verdade é essa, né, tô falando a verdade, eu penso dessa forma, e é o que eu vejo, né, [...] aqui a gente não tem

como crescer, as mulheres não têm. Já os homens pode tudo porque os setores deles são mais trabalhoso, né, mais pesado, eles ganham bem mais do que a gente, então os homens têm mais chances do que as mulheres aqui, não tem, assim, porque a maioria não tem estudo, não tem quase nada [...] mas eu dou o máximo de mim [...] às vezes, dá o que pode, então eu não vou muito pelo interesse do dinheiro [...] não sou uma pessoa chata, então pra mim, tá tudo de bom, o que vier é lucro (OP5).

Outras admitem comodismo. Cedem à opção de continuar no caminho conhecido, mesmo que ruim, a se arriscar em um rumo diferente, no qual vão ter que descobrir como agir, quais são as regras para "sobreviver" e enfrentar desafios que podem frustrá-las. Os empecilhos podem servir como pretextos para isso. Uma delas por não poder realizar um sonho que lhe parece impossível, deixa de lutar por melhores condições de vida.

Eu gosto e assim também porque a gente precisa, né, e não sei, acho que é [...] a gente se acomoda, né, reclama, mas se acomoda nessa coisa. Já tá acostumado a fazer aquilo todo dia. É chato, estressante, mas já tais acostumado com aquilo até tu pegar outra coisa... Entendeu? (OP3).
Eu já trabalho aqui, eu sei como seguir meu trabalho! Porque se eu for pensar assim "ah, eu queira trabalhar em outros lugares", hoje as pessoas, eles têm muito preconceito tem que ter estudo, tem que ter carteira assinada [...] se fosse pra mim, o que eu gostaria seria... Que é o meu sonho. Como eu não posso fico aqui porque eu gosto mesmo [...] às vezes a gente depende muito, na vida, pra você subir, você precisa de dinheiro, não é por acaso, pra subir ou pra ter uma posição boa você precisa ter dinheiro. Tudo é pago. O curso que eu quero, se eu for pagar, eu não posso ajudar o meu pai (OP10).

Há as que já trabalharam como domésticas e sabem que têm essa alternativa. Mas, sentem verdadeira aversão por tal caminho, inclusive não trabalhar "em casa de família" foi indicado como um dos pontos positivos que enxergam nesse emprego. Essa é uma atividade que associam a humilhações. Foi citada ainda a informalidade que costuma estar atrelada ao trabalho, a recusa dos patrões em assinar a carteira de trabalho que dificulta o acesso aos direitos trabalhistas básicos. Talvez, soma-se a isso uma questão de *status* social. Ser uma empregada doméstica no

Brasil é ter uma profissão muito inferiorizada socialmente, muito mais que o trabalho operário.

> Eu acho 99% melhor! Porque tem família que te valoriza, mas tem família que não te valoriza! [...] eu sei que cada um tem o seu lugar, mas eu sempre via que a empregada não se sentava na mesa com eles e eu sei que é assim, né, mas por quê? Entende? Sabe, é uma coisa que... E na fábrica, não! Na fábrica é diferente, aqui na fábrica todo mundo é igual! Eu acho assim, posso até tá errada, mas... (OP4).

O convívio com muitos pares que têm a mesma posição social dentro da fábrica sem rituais ou símbolos que diferenciem socialmente umas das outras (todas usam uniformes, todas se alimentam no mesmo local e horário, entre outros elementos da rotina que vivem) fornece a percepção aparente de que na empresa "todos são iguais", o que apenas em poucos pontos é verdadeiro.

Considerações finais

O assédio moral no ambiente de trabalho é uma violência que engendra diversas consequências graves no âmbito individual, organizacional e social (Hirigoyen, 2005; Freitas, 2007). Os modelos de gestão são determinantes para sua ocorrência, seja por incitá-la, seja por permiti-la (Einarsen, 2005; Freitas, Heloani, Barreto, 2008; Hirigoyen, 2005; Salin, 2003). Em razão disso, é fundamental o estudo de características organizacionais presentes em casos de assédio moral no trabalho. Paralelamente, as mulheres, de acordo com diversos estudos, constituem um grupo particularmente mais vulnerável ao problema, que quando dirigido a elas apresenta idiossincrasias relativas às relações sociais de gênero (Barreto, 2006; Darcanchy, 2006; Hirigoyen, 2005; Salin, 2003).

Dado o contexto apresentado, essa pesquisa apresentou como objetivo principal caracterizar o fenômeno do assédio moral dirigido a mulheres no trabalho.

Foram identificadas muitas manifestações de assédio moral entre as operárias entrevistadas, demonstradas ao longo do trabalho, relativas a diversos aspectos, nas quatro categorias propostas por Hirigoyen (2005). Destacam-se, a seguir, as principais delas, manifestas especialmente na forma de hostilidades. Como ocorrências relativas à deterioração proposital das condições de trabalho — categoria que predominou — atentado à dignidade e violência verbal, destacam-se as relativas ao controle de gestão: cobrança persistente por volumes de produção acima das capacidades físicas das trabalhadoras no valvulado, censuras violentas por "erros" inevitáveis no corte e solda; avaliações de desempenho injustas;

imposição de ritmo de trabalho que não respeita os limites físicos; controle sob a produção excessivo e abusivo; repreensões agressivas e humilhantes. Sublinha-se ainda a exposição constante a diversos fatores insalubres e periculosos sem necessidade.

Verificou-se a presença de hostilidade, classificada por Hirigoyen (2005) como isolamento e recusa de comunicação a partir do isolamento físico do conjunto de mulheres dos demais operários, parte delas inseridas no depósito da fábrica, e da coibição de se expressar, bem como de tomar iniciativas. Também pode ser entendido como uma humilhação, o que seria coerente associar a atentado contra a dignidade. Esse fator demonstra que as categorias não são isoladas, mas se mesclam no conjunto de microtraumas que geram o assédio.

Foram relatados ainda casos de assédio sexual.

Quanto às características de gestão em que os ataques ocorrem, foi analisada como fator relevante a autocracia marcada por aspectos como a centralização acentuada de tomada de decisão, bem como controle incisivo e constante. Salienta-se ainda a manipulação da gestora operacional dos setores femininos no uso de suas atribuições para dominar as trabalhadoras, o que configura abuso de poder. Outro fator relevante são as práticas e decisões arbitrárias além de parciais. Essa administração repressora é justificada e legitimada por um discurso que prega a rígida separação entre vida pessoal e profissional, na qual somente a produtividade deve ser buscada e por uma visão *taylorista* do trabalho.

As reações diretas das operárias diante dos ataques da gerente que sofrem é a passividade ante a violência ou o apoio à chefe assediadora. Indiretamente, tais ataques desencadeiam comportamentos hostis entre elas. Freitas, Heloani e Barreto (2008) ressaltam que uma consequência deliberada do assédio moral é a degradação das relações de trabalho do coletivo. Constatou-se que o assédio moral descendente desencadeia no presente caso, comportamentos de assédio misto. Isso decorre de uma combinação de fatores associados a características organizacionais, quais sejam: o fomento ao individualismo, à competição e à rivalidade nas práticas e políticas da gestora, somados à insegurança ateada pelos enxugamentos periódicos e assistemáticos, bem como a fatores físicos que predispõem à agressividade (Salin, 2003). O assédio misto deflagrado pelos homens analogamente gera nelas diretamente passividade e contribui para fomentar a tensão, a pressão, a irritabilidade, o estresse, enfim, para compor um ambiente favorável a ocorrência dos ataques de assédio moral entre elas. Esse último, relativo à deterioração proposital das condições de trabalho, permitiu analisar o assédio moral no contexto da divisão sexual do trabalho. De um lado, os homens dos outros setores se recusam a efetuar os serviços que lhes cabem em relação às áreas das mulheres ou até agem no sentido contrário, danificando ainda mais as máquinas em vez de consertá-las, por exemplo. De outro, a organização, além de ser conivente com eles, cobra o alcance das metas às trabalhadoras normalmente sem lhes conceder os meios adequados para tanto, assim submetem-nas à forte aflição. Isso as obriga a realizar serviços acima de suas qualificações que as colocam em perigo. Caso cometam erros nessa situação, ainda são repreendidas pelos superiores e pelos próprios homens. Essa conjuntura favorece o estado de dominadas em que elas se encontram. A referida violência está relacionada a um aspecto da divisão sexual do trabalho, que determina o conhecimento tecnológico como prerrogativa masculina, uma vez que os homens se negam muitas vezes a ensiná-las, preservam o conhecimento exclusivo sobre uma das tarefas e a empresa não oferece acesso a quaisquer treinamentos com esse escopo a elas. Contudo, esse fato faz com que possam empreender trabalhos "masculinos", logo, realizar tarefas mais interessantes intelectualmente. Também atua no sentido de degenerar a visão naturalista da divisão sexual do trabalho. Acrescenta-se que o fato de não serem remuneradas nem reconhecidas por essas atividades parece se caracterizar como uma forma de assédio moral.

Salienta-se que a sistematicidade com que ocorrem esses atos violentos somente é possível porque conta com a omissão ou o apoio em especial do setor de RH e dos altos dirigentes da Alfa, presumivelmente porque se acredita que dê bons resultados financeiros. Não se deve ignorar a responsabilidade da cúpula de gestores da empresa sobre o trabalho de seus subordinados em posições de chefia. Tal responsabilidade é inquestionável, já que ela é inerente à própria atividade do administrador. Como sublinha Heloani (2004), é comum que superiores, agentes do assédio moral, desfrutem de prestígio nas empresas devido a desempenhos produtivos satisfatórios em curto prazo, a despeito de seus atos violentos.

Para Hirigoyen (2005), a prática do assédio moral é variável com as classes sociais dos alvos. Assim, ao se tratar de classes trabalhadoras de mais baixo nível sociocultural, a exemplo dos que executam as tarefas produtivas, o assédio moral seria mais explícito, sem o uso de artifícios; enquanto nos mais altos cargos, sua manifestação seria mais imperceptível e ardilosa. Como se verificou, de fato, no caso das operárias da Alfa, o assédio é muitas vezes cru, sem disfarces, mas nem por isso menos ardiloso. Heloani (2007) defende que o assédio moral é um processo disciplinador, no qual o objetivo é dominar e controlar a vítima que para o agressor representa uma ameaça, tirando sua liberdade de ação. Sua finalidade última é saciar a sede de poder e de vantagens (Hirigoyen, 2005). Todos os ataques conspiram para que as trabalhadoras estejam de tal forma dominadas que não podem reagir ante todos os abusos que sofrem.

É interessante aludir ao conceito de poder disciplinar de Foucault (1984): tipo específico de poder que permite o controle do corpo humano (gestos, atitudes, comportamentos, hábitos, discursos) que visa tornar o homem dócil politicamente e útil economicamente, ou seja, maximizar a força econômica e minimizar a força política (Foucault, 1984).

É um sistema disciplinar muito bem instituído centrado no trabalho árduo como valor e no controle incisivo, impulsionado pela necessidade financeira de pessoas com características que engendram dificuldades no mercado de trabalho. Observa-se pelo controle sob o corpo — obrigação de estar em pé e em movimento mesmo quando não há trabalho, o ritmo frenético exigido, por exemplo — e também pelo controle psicológico obtido pelo medo suscitado, por exemplo, pela instabilidade dos empregos, pelo desprezo, pelo controle obsessivo sobre o desempenho. Por fim, pelo controle social verificado, por exemplo, pelo estímulo ao individualismo entre elas e pelo emblemático isolamento físico que as coloca explicitamente como um grupo distinto do conjunto de trabalhadores e assim instiga essa imagem coletiva. Disso decorre que as trabalhadoras não podem viver uma relação de companheirismo de classe com seus colegas do sexo masculino, que são a grande maioria dos trabalhadores da Alfa, porque estão praticamente impossibilitadas de terem contato com eles, além de estarem em posição de subordinação perante eles. Tudo justificado e legitimado por ideias, valores e conceitos assimilados por elas. Outro aspecto a ser considerado é que as práticas de controle empregadas estão imbuídas pelo abuso de poder, o que é claramente perceptível diante de exemplos associados a desqualificações e a violência verbal.

À medida que se avançou na pesquisa, constatou-se a existência de assédio moral de âmbito organizacional na empresa estudada expresso por um conjunto de práticas, políticas, elementos culturais e estratégias de gestão instituídos, arraigados, harmonizados quanto ao caráter dominador, em que se destaca o abuso de poder, que sistematiza os ataques e os dirigem ao grupo das operárias. Não se tratava da perseguição de um chefe a certos subordinados por razões específicas; todas as mulheres sofriam, de uma maneira ou de outra, a violência de sua superior hierárquica. Todas sem exceção participavam do "jogo" de domínio, no qual não eram vencedoras, como colaboradoras, como vítimas, como reprodutoras da violência.

Estando dominadas, subtrai-se o poder que teriam de resistir à violência, nada podem fazer para derrubar o sistema de gestão, cuja intenção é obter o maior rendimento das trabalhadoras a despeito de qualquer valor humanitário. A produtividade é percebida como o meio que assegura a manutenção do poder. Conforme Gaulejac (2006), a detenção do poder é acompanhada pela agonia provocada pelo medo de perdê-lo. Por essa razão, vive-se uma apreensão inexorável de corresponder ao que ele requer.

Referências bibliográficas

BARRETO, M. M. S. *Violência, saúde e trabalho*: uma jornada de humilhações. São Paulo: EDUC, 2006.

BARROSO, C. *Mulher, sociedade e Estado no Brasil*. São Paulo: Brasiliense/Fundo das Nações Unidas para a Infância (Unicef), 1982.

BEAUVOIR, S. de. *O segundo sexo*. Rio de Janeiro: Nova Fronteira, 1980.

BERGER, P. L.; LUCKMANN, T. *Modernidade, pluralismo e crise de sentido*: a orientação do homem moderno. Petrópolis: Vozes, 2004.

BLANCH RIBAS, J. M. Trabajar em la modernidad industrial. In: BLANCH RIBAS (Coord.). TOMÁS, M. J. E.; DURÁN, C. G.; ARTILES, A. M. (Org.). *Teoría de las relaciones laborales fundamentos*. Barcelona: Editorial UOC, 2003.

BOURDIEU, P. *A dominação masculina*. 3. ed. Rio de Janeiro: Bertrand Brasil, 2003.

_____. *O poder simbólico*. 7. ed. Rio de Janeiro: Bertrand Brasil, 2004.

BRADASCHIA, C. A. *Assédio moral no trabalho*: a sistematização dos estudos sobre um campo em construção. Dissertação (Mestrado em Administração de Empresas) — Fundação Getúlio Vargas (Eaesp), São Paulo, 2007. 230 p.

BRUSCHINI, M. C. A. Trabalho e gênero no Brasil nos últimos dez anos. *Cadernos de pesquisa*, revista de estudos e pesquisa em educação. São Paulo: Fundação Carlos Chagas, v. 37, n. 132, set./dez. 2007.

_____. Fazendo as perguntas certas: como tornar visível a contribuição econômica das mulheres para a sociedade? In: ABRAMO, L.; ABREU, A. R. P. (Orgs.). *Gênero e trabalho na sociologia latino-americana*. São Paulo/Rio de Janeiro: Alast/Sert, 1998, Série II, Congresso Latino-Americano de Sociologia do Trabalho.

BRUSCHINI, M. C. A.; LOMBARDI, M. R. S. São Paulo: *Banco de Dados Carlos Chagas*, 2004. Disponível em: <http://www.fcc.org.br/mulher/apresbd.html>. Acesso em: 10 maio 2009.

_____; PUPPIN, A. B. *Cadernos de Pesquisa*, São Paulo, v. 34, n. 121, jan./abr. 2004.

CALÁS, M. B.; SMIRCICH, L. Do ponto de vista da mulher: abordagens feministas em estudos organizacionais. In: CLEGG, S. R.; HARDY, C.; NORD, W. (Orgs.). *Handbook de estudos organizacionais*. São Paulo: Atlas, 2007.

CALDAS, M. P. *Demissão*: causas, efeitos e alternativas para empresa e indivíduo. São Paulo: Atlas, 2000.

CARVALHO, M. G. de. Gênero e tecnologia: estudantes de engenharia e o mercado de trabalho. In: SEMINÁRIO INTERNACIONAL "MERCADO DE TRABALHO E GÊNERO: COMPARAÇÕES INTERNACIONAIS BRASIL-FRANÇA", *Anais...*, 2007.

CASTRO, Rocio. Gênero e participação cidadã para o desenvolvimento local: os conselhos municipais de Salvador-Bahia. *Organizações & Sociedade*, Salvador, v. 6, n. 16, p. 129-149, set./dez. 1999.

CHAMPION, D. J. *A sociologia das organizações*. São Paulo: Saraiva, 1979.

CITELI, M. T. Genética, química e anatomia na atribuição de diferenças sexuais. In: SANTOS, Lucy Woellner et al. *Ciência, tecnologia e gênero*: desvelando o feminino na construção do conhecimento. Londrina: Iapar, 2006.

COUTINHO, M. C. *Participação no trabalho*. São Paulo: Casa do Psicólogo, 2006.

DARCANCHY, M. V. Assédio moral no meio ambiente do trabalho. *Jus Navigandi*, Teresina, v. 10, n. 913, 2006. Disponível em: <http://www.jus2.uol.com.br/doutrina/texto.asp?id=7765>. Acesso em: 1º maio 2010.

DEJOURS, C. *A banalização da injustiça social*. 5. ed. Rio de Janeiro: Editora FGV, 2003.

EINARSEN, S. The nature, causes and consequences of bullying at work: the Nowegian experience. *Pistes*, v. 7, n. 3, 2005. Disponível em: <http://www.pistes.uqam.ca/v7n3/articles/v7n3a1en.htm>. Acesso em: 1º maio 2010.

FONSECA, T. M. G. *Gênero, subjetividade e trabalho*. Rio de Janeiro: Vozes, 2000.

FOUCAULT, M. *Arqueologia do saber*. 7. ed. Rio de Janeiro: Forense Universitária, 2004.

FOUCAULT, M. *Vigiar e punir*. Petrópolis: Vozes, 1984.

FREITAS, M. E. de. Quem paga a conta do assédio moral no trabalho? *RAE eletrônica*, v. 6, n. 1, jan./jun. 2007.

_____. Assédio moral e assédio sexual: face do poder perverso nas organizações. *Revista de Administração de Empresas*, São Paulo, v. 41, n. 2, p. 8-19, abr./jun. 2001.

_____; HELOANI, J. R.; BARRETO, M. *Assédio moral no trabalho*. São Paulo: Cengage Learning, 2008.

FREITAS, A. B. de. Traços brasileiros para uma análise organizacional. In: MOTTA, F. C. P.; CALDAS, M. P. (Org.). *Cultura organizacional e cultura brasileira*. São Paulo: Atlas, 1997.

FUNDAÇÃO CARLOS CHAGAS. Apresenta informações relativas a participação das mulheres trabalhadoras em entidades sindicais. Disponível em: <http://www.fcc.org.br/gt.html>. Acesso em: 21 abr. 2009.

_____. Apresenta informações a respeito de diferenças salariais entre os sexos. Disponível em: <http://www.fcc.org.br/ghgm.html>. Acesso em: 21 abr. 2009.

GARCÍA, M. I. G; SEDEÑO, E. P. Ciência, tecnologia e gênero. In: SANTOS, L. W. et al. *Ciência, tecnologia e gênero*: desvelando o feminino na construção do conhecimento. Londrina: Iapar, 2006.

GAULEJAC, V. de. Crítica dos fundamentos da ideologia de gestão. In: CHANLAT, J. F.; FACHIN, R.; FISCHER, T. (Org.). *Análise das organizações*: perspectivas latinas, v. 1. Olhar histórico e constatações atuais. Porto Alegre: UFRGS, 2006.

_____. Do assédio moral ao assédio social. In: SEIXAS, J.; BRESCIANI, M. S. (Org.). *Assédio moral*: desafios políticos, considerações socais, incertezas jurídicas. Uberlândia: Edufu, 2006.

GIL, A. C. *Administração de recursos humanos*: um enfoque profissional. São Paulo: Atlas, 1994.

GIRÃO, I. C. C. Representações sociais de gênero: suporte para as novas formas de organização do trabalho. In: PIMENTA, Solange Maria; CORRÊA, Maria Laetitia (Org.). *Gestão, trabalho e cidadania*: novas articulações. Belo Horizonte: Autêntica/Cepead/Face/UFMG, 2001.

HARDY, C.; CLEGG, S. R. Alguns ousam chamá-lo de poder. In: CLEGG, S. R.; HANDY, C.; NORDW. R. (Org.). *Handbook de estudos organizacionais*: reflexões e novas direções. São Paulo: Atlas, 2001. v. 2.

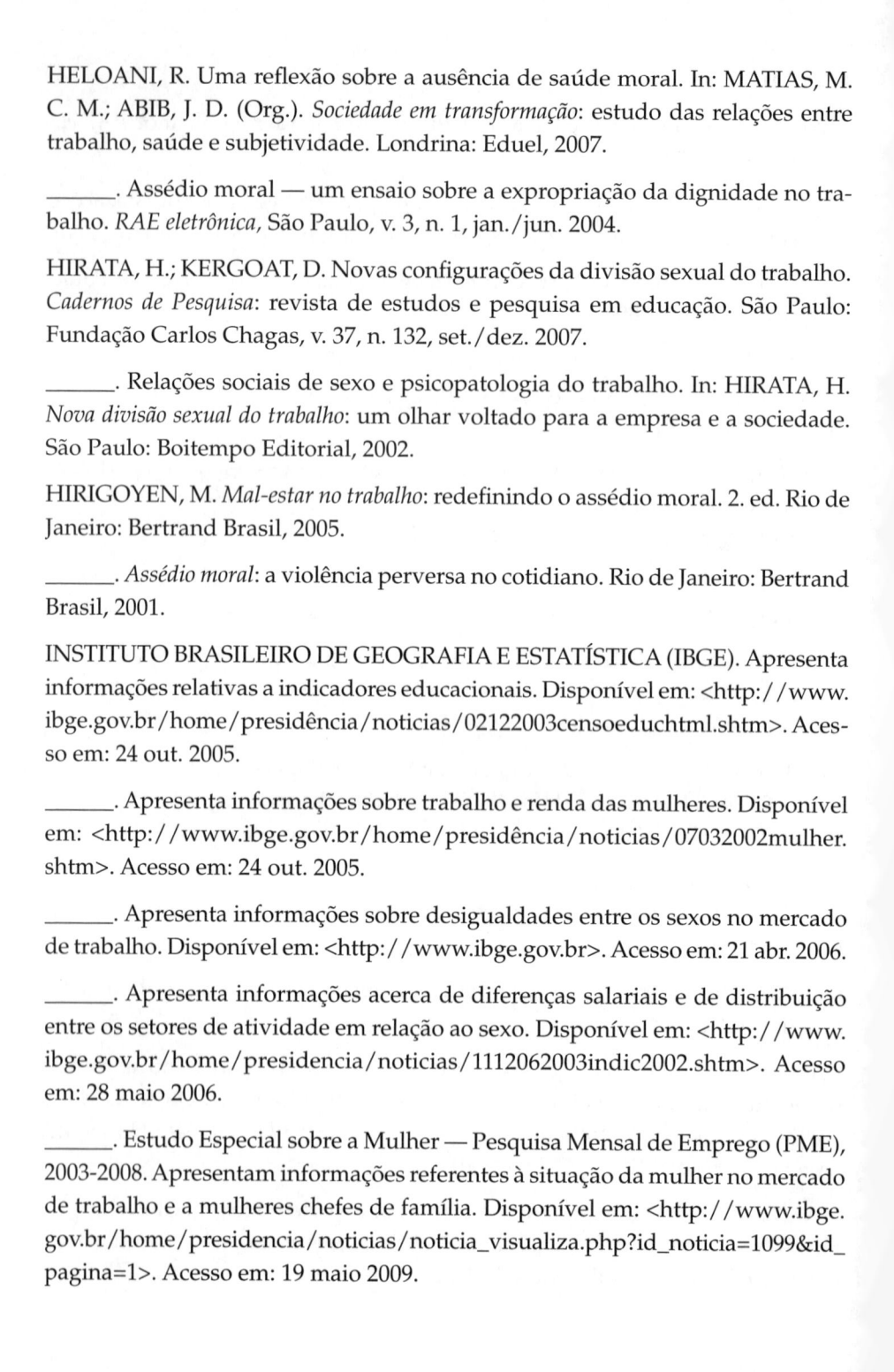

HELOANI, R. Uma reflexão sobre a ausência de saúde moral. In: MATIAS, M. C. M.; ABIB, J. D. (Org.). *Sociedade em transformação*: estudo das relações entre trabalho, saúde e subjetividade. Londrina: Eduel, 2007.

_____. Assédio moral — um ensaio sobre a expropriação da dignidade no trabalho. *RAE eletrônica*, São Paulo, v. 3, n. 1, jan./jun. 2004.

HIRATA, H.; KERGOAT, D. Novas configurações da divisão sexual do trabalho. *Cadernos de Pesquisa*: revista de estudos e pesquisa em educação. São Paulo: Fundação Carlos Chagas, v. 37, n. 132, set./dez. 2007.

_____. Relações sociais de sexo e psicopatologia do trabalho. In: HIRATA, H. *Nova divisão sexual do trabalho*: um olhar voltado para a empresa e a sociedade. São Paulo: Boitempo Editorial, 2002.

HIRIGOYEN, M. *Mal-estar no trabalho*: redefinindo o assédio moral. 2. ed. Rio de Janeiro: Bertrand Brasil, 2005.

_____. *Assédio moral*: a violência perversa no cotidiano. Rio de Janeiro: Bertrand Brasil, 2001.

INSTITUTO BRASILEIRO DE GEOGRAFIA E ESTATÍSTICA (IBGE). Apresenta informações relativas a indicadores educacionais. Disponível em: <http://www.ibge.gov.br/home/presidência/noticias/02122003censoeduchtml.shtm>. Acesso em: 24 out. 2005.

_____. Apresenta informações sobre trabalho e renda das mulheres. Disponível em: <http://www.ibge.gov.br/home/presidência/noticias/07032002mulher.shtm>. Acesso em: 24 out. 2005.

_____. Apresenta informações sobre desigualdades entre os sexos no mercado de trabalho. Disponível em: <http://www.ibge.gov.br>. Acesso em: 21 abr. 2006.

_____. Apresenta informações acerca de diferenças salariais e de distribuição entre os setores de atividade em relação ao sexo. Disponível em: <http://www.ibge.gov.br/home/presidencia/noticias/1112062003indic2002.shtm>. Acesso em: 28 maio 2006.

_____. Estudo Especial sobre a Mulher — Pesquisa Mensal de Emprego (PME), 2003-2008. Apresentam informações referentes à situação da mulher no mercado de trabalho e a mulheres chefes de família. Disponível em: <http://www.ibge.gov.br/home/presidencia/noticias/noticia_visualiza.php?id_noticia=1099&id_pagina=1>. Acesso em: 19 maio 2009.

INSTITUTO BRASILEIRO DE GEOGRAFIA E ESTATÍSTICA (IBGE). Pesquisa Nacional por Amostra de Domicílios de 2001 e 2005. Apresenta informações sobre escolaridade das mulheres e dupla jornada de trabalho. Disponível em: <http://www.ibge.gov.br/ibgeteen/noticias/frameset.php?link=/ibgeteen/noticias/dia_da_mulher.html>. Acesso em: 19 maio 2009.

_____. Pesquisa Nacional por Amostra de Domicílios de 2001 e 2005. Apresenta dados sobre trabalho doméstico. Disponível em: <http://www.ibge.gov.br/home/presidencia/noticias/noticia_impressao.php?id_noticia=954>. Acesso em: 18 maio 2009.

_____. Síntese de Indicadores Sociais — 2007. Apresenta dados sobre mulheres responsáveis por domicílios e distribuição ocupacional feminina no mercado de trabalho. Disponível em: <http://www.ibge.gov.br/ibgeteen/datas/mulher/mulherhoje.html> Acesso em: 5 maio 2009.

LAMAS, M. Gênero: os conflitos e desafios do novo paradigma. *Proposta*, n. 84-85, p. 12-26, mar./ago. 2000. Disponível em: <http://www.fase.org.br/projetos/vitrine/admin/Upload/1/File/Marta_lamas>. Acesso em: 3 set. 2009.

LEITE, C. L. de P. *Mulheres*: muito além do teto de vidro. São Paulo: Atlas, 1994.

LIPOVETSKY, G. *A terceira mulher:* permanência e revolução do feminino. São Paulo: Companhia das Letras, 2000.

LOBO, E. S. *A classe operária tem dois sexos*: trabalho, dominação e resistência. 1. ed. São Paulo: Brasiliense, 1991.

LOMBARDI, M. R. Engenheira & Gerente: desafios enfrentados por mulheres em posições de comando na área tecnológica. *Revista Tecnologia e Sociedade*, Curitiba, n. 3, 2006. [Versão eletrônica.]

LOURO, G. L. Nas redes do conceito de gênero. In: LOPES, M. J. M; MEYER, D. E.; WALDOW, V. R. (Orgs.). *Gênero e saúde*. Porto Alegre: Artes Médicas, 1996.

MARRAS, J. P. *Administração de recursos humanos*: do operacional ao estratégico. São Paulo: Futura, 2005.

MELO, M. C. de O. L. et al. Representações Femininas na Mídia de Negócios Brasileira, *O&S*, v. 11, n. 31, set./dez. 2004.

MORGAN, G. A face repugnante: as organizações vistas como instrumentos de dominação. *Imagens da organização*. São Paulo: Atlas, 1996.

MOTTA, F. C. P.; CALDAS, M. P. (Org.). *Cultura organizacional e cultura brasileira*. São Paulo: Atlas, 1997.

MURARO, R. M. *A mulher no terceiro milênio*: uma história da mulher através dos tempos e suas perspectivas para o futuro. 3. ed. Rio de Janeiro: Rosa dos Tempos, 1993.

NOGUEIRA, M. C. A mulher e a sua luta contra a opressão e a exploração. *Revista Espaço Acadêmico*, Maringá, n. 58, 2006. Disponível em: <http://www.espacoacademico.com.br/>. Acesso em: 10 dez. 2010.

_____. A feminização no mundo do trabalho: entre a feminização e a precarização. *Participacção boletim do bloco de esquerda para o trabalho*, n. 10, Lisboa/Porto, 2004.

PAGÈS, M.; BONETTI, M.; GAULEJAC, V. de; DESCENDERE, D. *O poder das organizações*: a dominação das multinacionais sobre os indivíduos. São Paulo: Atlas, 1987.

PARKER, M. *Against management*: organization in the age of managerialism. Cambridge: Polity Press, 2002.

PERREAULT, Michel. A diferenciação sexual no trabalho: condições de trabalho diferentes ou uma questão de sexo? In: CHANLAT, Jean-François (Coord.). TÔRRES, Ofélia de Lanna Sette (Org.). *O indivíduo na organização*. São Paulo: Atlas, 1993.

PRATES, M. A. S.; BARROS, B. T. de. O estilo brasileiro de administrar: sumário de um modelo de ação cultural brasileiro com base na gestão empresarial. In: MOTTA, F. C. P.; CALDAS, M. P. (Org.). *Cultura organizacional e cultura brasileira*. São Paulo: Atlas, 1997.

PUPPIN, A. Mulheres em cargos de comando. In: BRUSCHINI, C.; SORJ, B. (Org.). *Novos olhares*: mulheres e relações de gênero no Brasil. São Paulo: Marco Zero/Fundação Carlos Chagas, 1994.

RAMOS, A. G. *A nova ciência das organizações*: uma reconceituação da riqueza das nações. Rio de Janeiro: Fundação Getulio Vargas, 1989.

SAFFIOTI, H. I. B. *O poder do macho*. São Paulo: Moderna, 1987.

SALIN, D. Ways of explaining workplace bullying: a review of enabling, motivating and precipitating structures and processes in the work environment. *Human Relations*, Londres, v. 56, n. 10, p. 1213-1232, 2003.

SCOTT, J. Gênero: uma categoria útil de analise histórica. *Educação e Realidade*, Porto Alegre, n. 16, v. 2, p. 5-22, 1990.

SEGNINI, L. R. P. *Mulheres no trabalho bancário*: difusão tecnológica, qualificação e relações de gênero. São Paulo: Ed. da Universidade de São Paulo, 1998.

SILVA, G. G. J. et al. Considerações sobre o transtorno depressivo no trabalho. *Revista Brasileira de Saúde Ocupacional*, São Paulo, v. 34, n. 119, p. 79-87, 2009.

SILVA, L. H. Admitimos mulheres, para trabalhos leves. *Estudos Feministas*, Rio de Janeiro, v. 3, n. 2, p. 349-361, 1995.

STEIL, A. V. Organizações, gênero e posição hierárquica: compreendendo o fenômeno do teto de vidro. *Revista de Administração*, São Paulo, v. 32, n. 3, p. 62-69, jul./set. 1997.

STOFFEL, I. O fator humano na prevenção de acidentes. In: VIEIRA, S. I. (Coord.). *Medicina básica do trabalho*. Curitiba: Gênesis, 1996. v. 2.

TEIXEIRA, A. L. Trabalho feminino e reestruturação produtiva: formas reconfiguradas de exploração ou novos horizontes de emancipação? In: PIMENTA, Solange Maria; CORRÊA, Maria Laetitia (Org.). *Gestão, trabalho e cidadania*: novas articulações. Belo Horizonte: Autêntica/Cepead/Face/UFMG, 2001.

THIRY-CHERQUES, H. R.; PIMENTA, R. da C. A vitória aparente: a ética e a mulher nas empresas. *ESPM*, São Paulo, v. 11, n. 4, p. 70-83, jul./ago. 2004.

VIEIRA, S. R. Noções de toxicologia ocupacional. In: VIEIRA, S. I. (Coord.). *Medicina básica do trabalho*. Curitiba: Gênesis, 1996. v. 2.

WEBER, M. *Sociologia da burocracia*. Rio de Janeiro: Zahar, 1978.

LEIA TAMBÉM

▶ "EMPRESA CIDADÃ"
uma estratégia de hegemonia

Mônica de Jesus César

1ª edição (2008)
328 páginas
ISBN 978-85-249-1421-8

É uma leitura para profissionais das áreas de Ciências Sociais e Humanas denvolvidos na prática social. Encontra-se aqui um tratamento teórico rigoroso ao tema, diante da difícil discriminação que envolve as continuidades e rupturas na tessitura da realidade contemporânea.

LEIA TAMBÉM

▶ **MÃES ABANDONADAS**
a entrega de um filho em adoção

Maria Antonieta Pisano Motta

3ª edição - 1ª reimp. (2011)
228 páginas
ISBN 978-85-249-0815-6

Esta obra cobre uma lacuna da literatura científica brasileira sobre adoção, focalizando as mães que entregam seus bebês. A autora, psicanalista e psicóloga, mostra não só o que pensam e sentem essas mulheres, como também oferece valiosos elementos teóricos para o enfrentamento dos mitos e preconceitos que as cercam.

LEIA TAMBÉM

▶ **TRABALHO E DESGASTE MENTAL**
o direito de ser dono de si mesmo

Edith Seligmann-Silva

1ª edição - 1ª reimp. (2012)
624 páginas
ISBN 978-85-249-1756-1

O livro *Trabalho e Desgaste Mental*: o direito de ser dono de si mesmo apresenta uma notável revisão bibliográfica no campo da Saúde Mental Relacionada ao Trabalho (SMRT). Percorre as Ciências Sociais e as Ciências da Saúde, explicitando suas convergências e contribuições para este campo multidisciplinar. Tendo o trabalho dominado como fio condutor, evidencia os processos de desgaste, sofrimento e adoecimento dos trabalhadores no mundo contemporâneo marcado pela precarização social, mostrando a necessidade de uma clínica contextualizada.